中等职业教育数字化创新教材

供护理、助产专业使用

心理与精神护理

主　编　张小燕
副主编　凌　敏　谢旭光　田禾丰
编　者　（按姓氏汉语拼音排序）
　　　　陈依妮（沈阳市中医药学校）
　　　　冯艳华（吕梁市卫生学校）
　　　　雷洪梅（沈阳市中医药学校）
　　　　凌　敏（大连铁路卫生学校）
　　　　牛　利（长治卫生学校）
　　　　田禾丰（安徽省淮南卫生学校）
　　　　汪永君（黑龙江省林业卫生学校）
　　　　王敏敏（昆明卫生职业学院）
　　　　肖　苹（新疆克州中等职业技术学校）
　　　　谢旭光（开封大学医学部）
　　　　张小燕（太原市卫生学校）
　　　　周雅馨（太原市卫生学校）

科学出版社
北　京

内 容 简 介

全书共分为十二章，内容包括绪论、心理过程与人格、心理应激与危机干预、心理评估与心理治疗、病人的心理护理、精神障碍的基础知识、精神疾病的治疗与护理、器质性精神障碍病人的护理、心理因素相关生理障碍病人的护理、心境障碍病人的护理、神经症与癔症病人的护理、精神分裂症病人的护理。书末附有实训部分、教学大纲、心理测量量表等。全书紧扣护考大纲、中等职业学校护理专业教学标准、教学大纲，内容丰富、结构合理、案例典型、逻辑严密、构思新颖、图文并茂，是一本有利于学生的执业资格考试并具有实用价值的教科书。

本书可供中职护理、助产等相关专业师生使用，也可供临床护理人员和从事心理精神护理专业的人员使用。

图书在版编目(CIP)数据

心理与精神护理/张小燕主编．—北京：科学出版社，2016
中等职业教育数字化创新教材
ISBN 978-7-03-048720-9

Ⅰ.心… Ⅱ.张… Ⅲ.精神障碍-护理学-中等专业学校-教材　Ⅳ.R473.74

中国版本图书馆 CIP 数据核字 (2016) 第 129201 号

责任编辑：张　茵 / 责任校对：邹慧卿
责任印制：赵　博 / 封面设计：张佩战

科学出版社 出版
北京东黄城根北街 16 号
邮政编码：100717
http://www.sciencep.com

北京华宇信诺印刷有限公司印刷
科学出版社发行　各地新华书店经销
*

2016 年 6 月第　一　版　开本：787×1092　1/16
2025 年 1 月第 九 次印刷　印张：12
字数：285 000
定价：36.00 元
(如有印装质量问题，我社负责调换)

前 言

人类进入21世纪，随着社会的巨大变迁，科学和信息技术的飞速发展，人们的生活节奏、活动范围、人际交往、社会地位、人才竞争等方面发生了前所未有的变化，使得人类的精神卫生问题已成为严重社会问题，亟待全社会的关注与行动。大量事实证明，只有身体健康、心理健康及社会适应良好的人，才能接受时代的挑战，适应社会环境的变革，成为新世纪社会竞争的强者！"善医者必先医其心，而后医其身"，可见心理精神护理的重要性。"关注心灵，领悟生命"已成为现代人保障身心健康、获得幸福感受以及构建和谐社会的当务之急。作为护理人员，维护和促进人类的心理健康显得尤为重要。

为了使护生直接对接护理专业的职业标准、岗位需求，科学出版社卫生职业教育出版分社以《中等职业学校专业教学标准（试行）》为依据，组织编写了中等职业教育数字化创新教材《心理与精神护理》一书，该教材始终以"人的心理健康"为中心，以护理程序为框架，以现代护理观为指导，紧扣护考大纲，融传授知识、培养能力、提高素质为一体，旨在培养立德为人，面向工作岗位的德智体美全面发展的技能型护理专业人才。

本教材在编写过程中始终遵循教材的思想性、科学性、适用性、实用性、创新性原则，树立"以就业为导向，以能力为本位，以发展技能为核心"的职业教育培养理念，体现职业教育的三个"贴近"：贴近社会对教育和人才的需求；贴近岗位对专业人才知识、能力和情感的要求；贴近受教育者专业成长的需求。

本教材融"护理心理学"与"精神科护理学"为一体，依据教学大纲和《护士执业资格考试大纲（试行）》要求，严格筛选教学内容。全书共分为十二章，内容包括绪论、心理过程与人格、心理应激与危机干预、心理评估与心理治疗、病人的心理护理、精神障碍的基础知识、精神疾病的治疗与护理、器质性精神障碍病人的护理、心理因素相关生理障碍病人的护理、心境障碍病人的护理、神经症与癔症病人的护理、精神分裂症病人的护理。

为了弥补传统教材冷酷、森严和乏味的局限性，充分调动学生学习的积极性、主动性和创造性，我们采用了大量具有知识性、典型性、针对性、启发性、趣味性和实践性的案例进行教学。为了方便教学活动的开展，为了提高学生的护资通过率，每章中间设计了案例导入、考点提示、知识链接、护考链结；章末有小结、目标检测；书后附录中有心理测评量表供学生应用。实训部分以任务驱动的形式引出实训任务，以案例讨论、临床见习、实训室模拟等方法进行实践，旨在提高学生的综合素质和应用能力。

本书主要供中等卫生职业教育护理专业、助产专业和临床护理人员使用。

本书在编写过程中得到了科学出版社卫生职业教育分社、临床一线的护理专家、精神卫生中心的专家、医学院校的专家教授、各位编者单位领导的大力支持，在此一并致谢。

由于编者经验不足，知识和能力水平有限，时间仓促，难免存在错误和疏漏，敬请各位护理同仁、专家、读者批评指正。

张小燕
2016 年 4 月

目 录

第一章 绪论 ………………………………………………………………… 1
　第一节 概述 ……………………………………………………………… 1
　第二节 心理现象与心理实质 …………………………………………… 8
第二章 心理过程与人格 …………………………………………………… 13
　第一节 心理过程 ………………………………………………………… 13
　第二节 人格 ……………………………………………………………… 29
第三章 心理应激与危机干预 ……………………………………………… 39
　第一节 心理应激 ………………………………………………………… 39
　第二节 护理工作中的应激现象 ………………………………………… 48
　第三节 心理危机干预 …………………………………………………… 50
第四章 心理评估与心理治疗 ……………………………………………… 54
　第一节 心理评估 ………………………………………………………… 54
　第二节 心理治疗 ………………………………………………………… 59
第五章 病人的心理护理 …………………………………………………… 69
　第一节 心理护理概述 …………………………………………………… 69
　第二节 病人角色及心理需要 …………………………………………… 70
　第三节 不同年龄阶段病人的心理护理 ………………………………… 73
　第四节 不同病症病人的心理护理 ……………………………………… 77
第六章 精神障碍的基础知识 ……………………………………………… 83
　第一节 精神障碍的病因与诊断 ………………………………………… 83
　第二节 精神障碍的常见症状 …………………………………………… 86
第七章 精神疾病的治疗与护理 …………………………………………… 100
　第一节 精神药物治疗与护理 …………………………………………… 100
　第二节 电痉挛治疗与护理 ……………………………………………… 104
　第三节 心理治疗与护理 ………………………………………………… 106
　第四节 工娱治疗和康复治疗与护理 …………………………………… 107
第八章 器质性精神障碍病人的护理 ……………………………………… 111
　第一节 谵妄综合征病人的护理 ………………………………………… 111
　第二节 阿尔茨海默症病人的护理 ……………………………………… 114
第九章 心理因素相关生理障碍病人的护理 ……………………………… 120
　第一节 进食障碍病人的护理 …………………………………………… 120
　第二节 睡眠障碍病人的护理 …………………………………………… 123
第十章 心境障碍病人的护理 ……………………………………………… 129
　第一节 躁狂症病人的护理 ……………………………………………… 129

第二节　抑郁症病人的护理 …………………………………………………… 132
第十一章　神经症与癔症病人的护理 ………………………………………………… 138
　　第一节　神经症病人的护理 …………………………………………………… 138
　　第二节　癔症病人的护理 ……………………………………………………… 144
第十二章　精神分裂症病人的护理 …………………………………………………… 150
　　第一节　概述 …………………………………………………………………… 150
　　第二节　精神分裂症病人的护理 ……………………………………………… 150
实训指导 ………………………………………………………………………………… 158
　　实训 1　气质类型问卷、A 型行为问卷调查分析 …………………………… 158
　　实训 2　SCL-90、SAS、SDS 量表测验 ……………………………………… 160
　　实训 3　精神障碍案例分析 …………………………………………………… 163
　　实训 4　精神障碍病人的安全用药指导 ……………………………………… 164
　　实训 5　阿尔茨海默症病人安全的护理 ……………………………………… 165
　　实训 6　抑郁症病人的健康教育 ……………………………………………… 168
　　实训 7　精神分裂症病人的护患沟通 ………………………………………… 170
附录 ……………………………………………………………………………………… 173
心理与精神护理教学大纲 ……………………………………………………………… 180
参考文献 ………………………………………………………………………………… 185
自测题参考答案 ………………………………………………………………………… 186

第一章 绪 论

21世纪,人们在分享生产力高度发展所带来的各种物质生活和精神生活的同时也承受着各种压力。随着人们的生活节奏不断加快、人际关系日益复杂、社会竞争异常激烈、社会阅历的扩展和思维方式的变更,人们在工作、学习、生活、人际关系和自我意识等方面可能遇到心理失衡现象。作为护理工作者,增强人类的心理健康意识、帮助人类减轻心理社会因素对健康的消极影响、树立全面健康观、促进精神疾病病人全面康复、提高护理对象整体护理效果已显得刻不容缓。学习和应用心理与精神护理的理论和技术是当务之急。

第一节 概 述

案例 1-1

李某,女,17岁,中专生。10年前父母离异,跟随母亲生活,家庭拮据,每次看见母亲严肃的样子,就非常恐慌,担心自己有什么事情做错了。只要母亲没有笑容,就感到焦虑,有压力,非常苦恼。该生见人腼腆,遇到生人或校领导更加局促不安,如遇男生,会手足无措,面红心悸,交谈时口吃,惹同学嗤笑。性格孤僻、内向,同班中无知心好友,严重时心烦意乱,消沉苦闷,经常失眠、呆纳,多次要求中止学业。

请问:

1. 引起该女生焦虑的主要心理社会因素是什么?
2. 举例说明影响健康的心理社会因素有哪些?
3. 结合心理健康的标准对该女生的心理健康状况进行分析。

一、心理与精神护理的基本概念

1. 心理学 心理学是研究人的心理现象及其行为规律的科学。心理现象又称心理活动。心理又称精神,一个人的心理活动也就是精神活动。人类之所以能成为万物之灵,是因为人类有着丰富多彩及其微妙复杂的心理活动。恩格斯把人的心理现象誉为"地球上最美的花朵"。人的心理现象包括心理过程和人格两个方面。

链接

科学心理学之父——冯特

威廉·冯特（Wilhelm Wundt，1832—1920），德国心理学家，哲学家，世界上第一个心理学实验室的创立者，构造主义心理学的代表人物。他的《生理心理学原理》是近代心理学史上第一部最重要的著作。1856年冯特获得医学博士学位，1875年任德国莱比锡大学哲学教授，1879年在该校建立世界上第一个心理实验室，从而使心理学成为一门独立学科。

2. 精神疾病　精神疾病是指在理化、生物、心理、社会因素影响下，大脑功能失调，导致认知、情感、意志行为等精神活动出现不同程度障碍为临床表现的疾病。精神疾病泛指所有的精神活动障碍，主要包括轻性精神障碍和重性精神障碍。精神疾病的共同临床特征：心理功能障碍，表现为心理活动能力的减弱，或心理功能发育不良，或个性特征等心理活动的紊乱。精神疾病属于精神医学研究的范畴。

链接

如何区分神经病、神经症、精神病

神经病指神经系统发生的器质性疾病。中枢神经与周围神经或者内脏神经与躯体神经表现出解剖学上的病理特征。

神经症是一组轻性心理障碍的总称，神经症是由心理因素引起的，主要特征是主观感觉方面的不良，没有相应的器质性损害。表现为当事人一般社会适应能力保持正常或影响不大，有良好的自知力，对自己的不适有充分的感受，一般能主动求治。

精神病指严重的心理障碍，病人的认识、情感、意志、动作行为等心理活动均可出现持久的明显的异常；不能正常的学习、工作、生活；动作行为难以被一般人理解，显得古怪、与众不同；在病态心理的支配下，有自杀或攻击、伤害他人的动作行为；有程度不同的自知力缺陷，病人往往对自己的精神症状丧失判断力，认为自己的心理与行为是正常的，拒绝治疗。

3. 精神医学　精神医学是研究精神疾病的病因、发病机制、临床表现、诊断、发展规律、治疗措施、预防等，以及研究心理、社会因素对人的健康、疾病的影响的一门医学科学。

4. 心理与精神护理　心理与精神护理是护理学与心理学、精神医学相结合，将心理学和精神医学的理论和技术运用于现代护理领域，以现代医学模式和系统化整体护理为指导，研究和帮助病人恢复健康，研究和帮助健康人群保持健康（尤其是保持心理健康）和预防疾病的一门综合性应用学科。

> 考点：心理学的概念、心理与精神护理的概念

二、心理社会因素对健康的影响

（一）心理因素

1. 认知评价　由于个体的人格特征、文化水平、社会环境、价值观、宗教信仰和

既往经历的差异，均会影响个体对同一件事的认知评价。所谓"仁者见仁，智者见智"就是这个道理。如若个体的认知能力不足或有障碍，会影响个体对外界的各种刺激做出正确的评价和合理的决定。在对事物的认知评价中，一些学者认为持悲观归因模式者对消极事件作内部的、稳定的和一般的归因，降低了个体的自尊和自信，容易产生挫折，甚至构成重大精神创伤而损害健康。个体的认知特征与某些心理疾病、心身疾病甚至躯体疾病的发生、发展和康复有密切的关系。

2. 情绪因素　在外界环境因素的作用下，个体会产生各种情绪活动，情绪活动在相当大的程度上又影响着人体的新陈代谢和全身各器官的功能状态。美国生物学家坎农很早就分析了不同情绪对胃肠功能的影响，他认为焦虑、忧愁、恐惧等情绪对消化、心血管、肌肉、呼吸、泌尿等系统都有不良影响，若不良情绪反复或持续地存在，能引起内脏功能紊乱，最后导致器质性疾病。

3. 人格特征　人格心理特征不仅影响心理健康，而且还会影响躯体健康。临床资料表明，某些特殊人格常常成为某些神经症的发病基础。例如：具有谨小慎微、追求完美、拘谨呆板、敏感多疑、责任心过重或苛求自己等人格特征的人易患强迫性神经症；具有富有暗示性、情绪多变、容易激动、自我中心等人格特征的人易患癔症。大量研究表明，不同的人格特征易患的疾病有所不同，存在一定的疾病倾向性。美国医学家弗雷德曼和罗森曼研究发现冠心病病人中，A型人格的比例高达70.9%，心肌梗死的发病率是B型人格的2～4倍。在1977年国际心肺及血液病学会上，已确认A型人格是引起冠心病的一个重要的危险因素。C型人格是大多数癌症病人的一种普遍人格特征。

4. 心理冲突　个体面对难以抉择的处境时，会产生心理冲突。经常剧烈而持久的心理冲突会影响人的身心健康。

（二）社会因素

1. 环境因素　环境是人类和生物赖以生存和发展的各种因素的总和。环境与人相互对立又相互制约，相互依存又相互转化。环境给人类的生存和发展提供了一切必要的条件。人类在改造环境的同时，也将大量的废弃物带给了环境，造成了环境污染。诸如大气污染、水体污染、土壤污染等威胁着人类的身心健康。此外，社会政治制度的变革、战争、经济收入低下、居住拥挤、工作竞争、不良的工作环境、人口的高度集中等社会因素均会对人的身心健康产生影响，进而导致疾病的发生。大量调查资料证明，高血压和冠心病的发病率，发达国家高于发展中国家，城市高于农村，脑力劳动者高于体力劳动者。

2. 生活方式　在影响人类健康寿命的因素中，60%为生活方式。可见，健康的生活方式是人类身心健康的重要保证。据调查，因生活方式病而死亡的比例在中国达到67%。我国前十位死因疾病中，不良生活方式、不良行为在致病因素中占44.7%，不吃早餐、长期吸烟、过量饮酒、熬夜、不当的膳食和缺少体育活动等不良生活方式是发生这些疾病的主要因素。目前生活方式病已经成为人类的头号杀手。

3. 生活事件　个体在社会生活中会遇到各种生活事件，如升职、受奖、离婚、失业、人际关系紧张、亲人死亡等。其中负性事件会使个体产生悲观、怨恨、绝望等消极情绪。尤其是一些突发的负性事件对个体的身心健康影响最大。正性事件一般有利于个体的身心健康，但如果不能正确处理，也会对健康不利，如个人取得显著成就。

4. 社会文化因素 文化是在某一特定群体或社会的生活中形成的，并为其社会成员所共有的生存方式的总和。包括语言、风俗习惯、艺术、社会道德规范、价值观、宗教信仰、思维方式、社会观念等。随着时代的变迁、社会的发展以及个体生活环境的变化，作为生存在特定的社会文化环境中的每个社会成员，必须学习、接受、选择、应对各种复杂的社会文化，这样有助于人格的形成和发展，有助于自我概念和社会角色的建立，从而有利于个体的身心健康。

5. 社会支持 是指个体与社会各方面，包括亲属、朋友、同事、伙伴等社会人以及家庭、单位和社团组织等产生的精神上和物质上的联系程度。大量的研究结果表明，在压力情境下，那些受到来自伴侣、朋友或家庭成员较高社会支持的人，比受到较少社会支持的人身心更为健康。

三、心理健康的概念和标准

（一）心理健康的概念

心理健康又称为精神健康。1946年召开的第三届国际心理卫生大会提出心理健康的定义："所谓心理健康，是指在身体、智能以及情感上与他人的心理健康不相矛盾的范围内，将个人心境发展成最佳状态。"

世界心理卫生联合会则将心理健康定义为："身体、智力、情绪十分协调；适应环境，人际关系中彼此能谦让；有幸福感；在工作和职业中，能充分发挥自己的能力，过着有效率的生活。"

《简明不列颠百科全书》将心理健康解释为："心理健康是指个体心理在本身及环境条件许可范围内所能达到的最佳功能状态，但不是十全十美的绝对状态。"

链接

世界精神卫生日

1992年世界精神病学协会发起创立"世界精神卫生日"，并将时间定为每年的10月10日。随后的十多年里，许多国家参与进来，将每年的10月10日作为特殊的日子，以提高公众对精神疾病的认识，分享科学有效的疾病知识，消除公众的偏见。世界卫生组织认为，精神卫生是指一种健康状态，在这种状态中，每个人都能够认识到自身潜力，能够适应正常的生活压力，能够有成效地工作，并能够为其居住的社区做出贡献。

（二）心理健康的标准

心理健康的标准至今尚无统一的模式，由于受时代、民族、文化等因素的制约以及人们的心理健康水平呈动态变化，故心理健康的标准是相对的。

1. 国外的心理健康标准

（1）美国著名心理学家马斯洛和米特尔曼为心理健康提出了10条标准：①有足够的自我安全感；②能充分地了解自己，并对自己的能力做恰当的估计；③生活理想切合实际；④不脱离周围现实环境；⑤能保持人格的完整与和谐；⑥善于从经验中学习；⑦能保持良好的人际关系；⑧能适度地发泄情绪和控制情绪；⑨在不违背团体要求的前提下，能作有限度的个性发挥；⑩在不违背社会规范的前提下，能适当地满足个人的基本需求。

(2) 美国心理学家奥尔波特提出心理健康的6条标准：①力争自我成长；②能客观地看待自己；③人生观的统一；④具有与别人建立亲睦关系的能力；⑤人生所需的能力、知识和技能的获得；⑥具有同情心，对一切生命或事物充满爱。

2. 我国著名心理学家郭念锋先生提出了评估心理健康水平的10条标准

(1) 心理活动强度：这是指对于精神刺激的抵抗能力。一种强烈的精神打击出现在面前，抵抗力低的人往往容易遗留下后患，可能因为一次精神刺激而导致反应性精神病或癔症，而抵抗力强的人虽有反应但不会致病。

(2) 心理活动耐受力：长期经受精神刺激的能力称为心理活动耐受力。耐受力差的人，会在这种慢性精神折磨下，出现心理异常、人格改变、精神不振，甚至出现严重躯体疾病。耐受力强的人虽然也体验到这种慢性精神刺激带来的痛苦，但不会在精神上出现严重问题。

(3) 周期节律性：人的心理活动在形式和效率上都有着自己内在的节律性。比如白天思维清晰，注意力好，适于工作；晚上能进入睡眠，以便养精蓄锐，第二天很好地工作。如果一个人每到晚上就睡不着觉，那表明他的心理活动的固有节律处在紊乱状态。

(4) 意识水平：意识水平的高低，往往以注意力水平为客观指标。如果一个人不能专注于某种工作，不能专注于思考问题，思想经常开小差或者因注意力分散而出现工作上的差错，就有可能存在心理健康方面的问题了。

(5) 暗示性：进行良性暗示，有利于人们的身心健康。易受消极暗示影响的人，往往容易被周围环境引起情绪的波动和思维的动摇，有时表现为意志力薄弱。他们的情绪和思维很容易随环境变化，使精神活动处于不太稳定的状态。

(6) 心理康复能力：由于人们各自的认识能力不同，人们各自的经验不同，从一次打击中恢复过来所需要的时间也会有所不同，恢复的程度也有差别。这种从创伤刺激中恢复到往常水平的能力，称为心理康复能力。

(7) 心理自控力：情绪的强度、情感的表达、思维的方向和过程都是在人的自觉控制下实现的。当一个人身心十分健康时，他的心理活动会十分自如，情感的表达恰如其分、词令通畅、仪态大方，既不拘谨也不放肆。

(8) 自信心：一个人是否有恰当的自信心是精神健康的一种标准。自信心实质上是一种自我认知的能力，这种能力可以在生活实践中逐步提高。

(9) 社会交往：一个人与社会中其他人的交往，也往往标志着一个人的精神健康水平。当一个人严重地、毫无理由地与亲友断绝来往，或者变得十分冷漠时，这就构成了精神病症状，叫作接触不良。如果过分地进行社会交往，也可能处于一种躁狂状态。

(10) 环境适应能力：环境就是人的生存环境，包括工作环境、生活环境、工作性质、人际关系等。人不仅能适应环境，而且可以通过实践和认识去改造环境。当生活环境条件突然变化时，一个人能否很快地采取各种办法去适应，并保持心理平衡，往往标志着一个人心理活动的健康水平。

考点：心理健康的标准

判断一个人的心理健康状况，不能简单地根据一时一事下结论，偶尔出现一些不健康的行为和心理，并非意味着就一定是心理不健康。

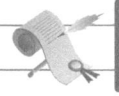

> **链接**
>
> **判断心理健康与不健康的原则**
>
> 目前尚无量化水平比较理想的方法或工具来界定一个人心理是否健康，但专业心理工作者仍可利用现有的工具和手段把两者分开并划分出不同的水平。判断心理健康与不健康的原则是：①心理活动与外部环境是否具有同一性，即一个人的所思所想、所作所为是否正确地反映外部世界，有无明显的差异；②心理过程是否具有完整性和协调性，即人的心理活动中认知、情感、意志三个过程内容是否完整，是否协调一致；③人格心理特征是否具有相对稳定性，即在没有重大的外部环境改变的前提下，人的气质、性格、能力等人格心理特征相对稳定，行为表现出一贯性。

四、心理与精神护理中护士应具备的素质

（一）职业道德素质

从事心理与精神护理专业的护士应该充分认识到自己的工作对社会、护理对象的价值。心理和精神疾病的病人属于特殊的病人，理应得到理解和关心。

1. 尊重病人的人格　在临床工作中面对精神病人的怪异思维、赤身裸体、敌视、谩骂、强食异物、毁物伤人等病态表现，护士不可谈笑、贬低、羞辱病人，而应同情、理解、尊重、关心、保护病人。精神病病人的不幸和痛苦是有目共睹的，他们无法学习、工作，生活不能自理，亲友疏远，精神残疾的后果远比身体残疾更加严重。我国著名精神病专家粟宗华教授曾讲："内、外科病人的病史是用笔墨写的，而精神科病人的病史是用血和泪写的。"因此，在工作中护士应以真诚、尊重的态度，不断增强病人的自信心，维护其自尊。

2. 保护病人的隐私　在采集病人的病史资料和临床诊疗过程中，应恪守保护性医疗制度的原则，对病人的生活隐私、病情资料要严守秘密。以免病人在得知其隐私被泄漏、传播之后，不堪精神重负而加重病情，甚至自杀。

3. 具有"慎独"精神　护士工作独立性很强，经常要单独处理问题，独立完成大量的护理操作。精神科护士尤其需要"慎独"精神，因为精神科护士服务的对象无自制力，缺乏自我保护意识，不能客观反映自己身体的不适，对护士的工作质量和护理行为上的一些过失起不到监督作用。所以，在临床实践中，护士应恪守良好的"慎独"精神，严肃认真、一丝不苟，力求做到昼夜一样，检查与不检查一样，领导在与不在一样，自觉履行职责和义务，为病人的生命安全保驾护航。

（二）专业素质

1. 专业知识　由于心理与精神疾病的发病和病情进展不仅与生物学因素有关，更与心理社会因素有着密切的关系。为了提高心理与精神护理的质量，在对病人的治疗和护理过程中，需要心理学、社会学等的知识与技巧。因此，护士不仅要具备精神病学知识和一般医学、护理学专业的理论知识，还应具备心理学、社会学、伦理学、人际沟通学、美学、行为学、哲学、法律等人文、社会科学知识。

2. 娴熟技能

（1）敏锐的观察能力：心理与精神障碍的病人与一般病人不同，出现的症状大多缺乏主诉，也不能正确认识和判断自己的认知、情感、意志、行为，需要护士进行严密地观察。要善于观察病人的言语、姿态、表情、眼神、行为等，并进行分析与判断，防止意外事件的发生。

（2）机智的应急能力：在临床工作中，由于疾病的原因加之病人缺乏自知力，在幻觉、妄想等病态思维的支配下，病人易出现攻击行为、癫痫发作、逃逸、毁物、自伤、自杀等意外事件，护理人员需在做出正确的判断和分析的基础上，要有预见性地采取一切措施，预防突发性事件的发生，并沉着、冷静、果断地采取措施，使病人生理、心理危险降低到最低。

（3）良好的沟通能力：心理与精神疾病病人一般来说呈现较多的心理问题和内心体验，以及各种精神症状的干扰，更需要护士灵活运用沟通技巧，与病人进行有效沟通，才能了解病人的心理状态和需要，从而满足病人的合理需求，提高护理质量。在工作中护士恰当适度的共情、耐心倾听、语言和非语言沟通技巧的使用都非常有利于病人的康复。另外，和病人交往时，护士要把握好沟通的分寸，态度要自然大方，举止要稳重端庄，女护士不要过分打扮，对异性病人不要过分地热情或有轻浮的表现，以免促使病人产生"钟情妄想"，不利于病人的康复。

链接

共　情

共情（empathy），也称为神入、同理心，共情又译作移情、同感、同理心、投情等。由人本主义创始人罗杰斯所阐述的概念。共情是指能设身处地体验他人的处境，对他人情绪情感具备良好的感受力和理解力。在与他人交流时，能进入到对方的精神境界，感受到对方的内心世界，能将心比心地体验对方的感受，并对对方的感情做出恰当的反应。共情这一概念最初只是针对医患关系而谈的，但现在已经由医患双方扩展到几乎一切人与人之间的关系了。

（三）身体素质

为了避免病人随时会出现的自杀、伤人、毁物、出走等意外事件和医疗纠纷的发生，护士要不间断地巡视病房，时刻提防；加之病人多，病种复杂；护士岗位缺编、超负荷工作、频繁的倒班，如果护士没有一个健康的体魄，就无法保证心理与精神护理工作的顺利开展。

（四）心理素质

由于精神疾病的特殊性，临床上精神科病人病情变化多端，不确定因素多，精神科护士在工作中心理始终处于高度紧张状态，既要注意病人的安全，又要注意自身的安全。社会上有一部分人程度不同地对心理与精神护理工作存在误解、偏见，因而护士自身的职业价值得不到体现而产生情绪低落、身心疲惫等不良反应。因此，护士要学会自我心理调节，不断提高自身的文化修养及生活情趣，提高自身的心理耐受能力，乐观向上，情绪稳定，以积极的心态去面对工作、生活中的种种压力。

第二节 心理现象与心理实质

案例 1-2

山东人刘某，日本侵略中国时他被当作劳工抓往日本，因为忍受不了牛马生活和毒打折磨，毅然逃进了深山老林，足足过了十多年的野人生活。由于他昼伏夜出，完全与世隔绝，导致智力减退，精神不正常，就连语言也基本忘光了，并失去了作为人的一些习性。1958年他从日本送回祖国时，心理状态已经很不正常。在现实社会环境中又经历了相当长的适应过程后，才逐渐地恢复了正常人的心理状态。

请问：

1. 为何刘某的野人生活使他失去了作为人的一些习性？
2. 请依据刘某的野人生活经历阐释心理实质。

一、心理现象

（一）心理现象的结构

心理学是研究人的心理现象及其行为规律的科学。人们无论从事什么活动都伴随有心理现象。人的心理现象就是人们时时刻刻体验着的心理活动，是人脑对客观现实的反映。心理现象包括心理过程和人格。心理过程又包括认知过程，情绪情感过程和意志过程。简称知、情、意。

1. 心理过程

（1）认知过程：是人类接受、加工、存储和理解各种信息的过程，是人脑对客观事物的现象和本质的反映过程，是最基本的心理过程，包括感觉、知觉、记忆、思维、想象等。

（2）情绪情感过程：人们在认识客观事物时，总是要表现出一定的态度和倾向，产生满意、喜爱、恐惧、愤怒等主观体验，这些现象就是情绪、情感过程。

（3）意志过程：为了改造客观世界，达到预期的目的，人就要制定计划，选择一定的方法并克服各种困难以实施计划，最终达到目的，这一心理过程就是意志过程。

2. 人格 人们在认识事物、改造世界的过程中，由于每个人的先天素质和后天环境不同，心理过程的产生常表现出个人的不同特点，从而形成了不同的人格。古人说的好：人心不同，各如其面。人格心理结构主要包括人格倾向性、人格心理特征、自我意识三个方面。

（1）人格倾向性：是指与后天社会环境条件和实践活动有关，并随环境而变化的心理倾向性反应。包括需要、动机、兴趣、理想、信念和世界观等。人格倾向性是人们从事活动的基本动力，决定着人的行为的方向。

（2）人格心理特征：是指与先天遗传素质有关且在一个人身上经常表现出来的相对稳定的心理特征。包括能力、气质和性格。

（3）自我意识：是人格中的自我调控系统，包括自我认知、自我体验、自我控制。通过对个性中的各个成分的调控，保证人格的完整、统一、和谐。

心理现象是一个有机的整体。其结构如图 1-1 所示。

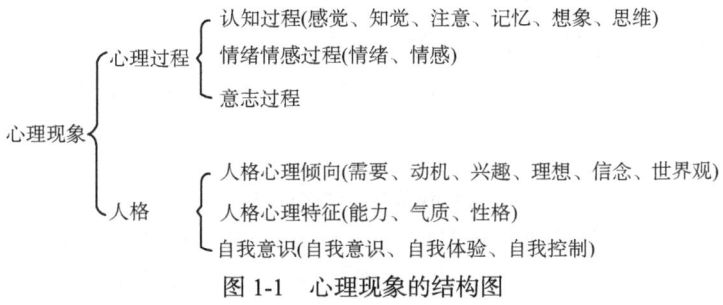

图 1-1　心理现象的结构图

考点：心理现象的结构

（二）相互联系

人的心理过程之间以及心理过程和人格之间是相互密切联系的。情绪情感过程和意志过程是在认知过程的基础上产生的，认知过程又受到情绪情感和意志的影响。情绪情感影响着意志，意志又丰富着情绪情感。心理过程是人格形成和发展的基础，如果没有对客观事物的认识，没有对客观事物产生的情绪和情感，没有对客观事物引发的意志过程，人格是无法形成的。同时，人格又制约和调节着心理过程的进行，并在心理活动过程中得以表现。

二、心理实质

关于人的心理的实质，在人类历史上一直争论不休，唯物主义、唯心主义两大哲学派别持有不同的解释和各自的观点。后来，大量事实证明马克思主的辩证唯物主义的观点是科学、合理的。辩证唯物主义的观点是：心理是脑的功能，心理活动是对客观现实的反映。

（一）心理是脑的功能

1. 动物的心理发展是以脑的进化为物质基础　动物在演化过程中，到了一定阶段就产生了神经系统这一物质基础，有了神经系统就开始出现了简单的心理现象，而且随着动物的进化，脑的结构越是复杂，心理活动亦越得到发展和丰富。

动物心理的演变可划分为三个阶段。①感觉阶段：无脊椎动物阶段，如腔肠动物、环节动物、节肢动物等，因为神经系统仅有网状结构或神经节、神经索，结构简单，所以它们的心理仅仅处于感觉阶段。②知觉阶段：从无脊椎动物发展到脊椎动物，脊椎动物为了适应更加复杂的生活环境，神经系统形成了脊髓和脑，于是心理也发展到更高一级的阶段——知觉阶段。如两栖类、爬行类、鸟类等。③思维萌芽阶段：从脊椎动物进化到哺乳动物，哺乳动物的神经系统发展趋于完善，大脑皮层出现了沟回。脑的不同部位执行不同的功能。如猫、狗不仅知觉水平较高，而且有一定的记忆能力。当哺乳动物演化到灵长类时，它们的心理发展达到最高水平。

2. 个体心理的发展以脑的发育为物质基础　随着脑的发育和复杂化，个体心理也相应发展。人在出生时，虽然已经具备了人所特有的解剖生理机制，为以后的心理发展提供了可能性，但还没有成熟。随着脑的发育成熟，心理活动才复杂、丰富起来。新生儿脑重平均为 390g，心理活动水平低于成人，只有激动和哭叫。之后，出生后 9 个月的婴儿平均脑重为 660g，2.5～3 岁时幼儿脑重为 900～1000g，7 岁时平均脑重达1280g，12岁时脑的平均重量已经和成人差不多，达到1400g，心理发展趋于成熟，形象思维进一步发展，开始形成逻辑思维，想象力更加丰富，开始体验成人的情绪，初步产生了友谊感、道德感、理智感等社会情感。

因此，人类高度发展的心理活动是以高度发达的大脑为物质基础。

链接

大脑受损后的盖吉

1848年9月13日，铁路工人菲利斯·盖吉向预先钻好的孔洞中塞满炸药、铺设引信、盖上沙土，用铁棍捣实。就在这时，炸药意外爆炸，铁棍穿过他的下巴，贯穿整个脑袋，飞出10米远。没过几分钟，盖吉拍拍屁股爬起来，慢慢走开。几天之后，他的脑袋中长出一个真菌瘤。又过了几周，他的头部流出两百多毫升脓液。由于额叶皮质严重受损，盖吉完全忘记了社会禁忌，经常行为不端。他的朋友和家人也发现他脾性大变。今天，盖吉的头骨和那根铁棒都陈列于波士顿沃伦解剖博物馆。

（二）心理活动是对客观现实的反映

人的心理活动是脑的功能，离开了人脑这个物质基础就不能产生人的心理活动。但是，如果没有客观现实作用于人脑，心理活动便无从产生。

1. 客观现实是心理活动的源泉　客观现实是指人们赖以生存的自然环境和社会环境。无论是简单还是复杂的心理活动都可以在客观事物中找到它的源泉。人的大脑好像是个"加工厂"，客观现实是"原材料"，心理活动是加工后的"产品"。

2. 社会实践促进心理活动的发展与完善　人的一切心理活动的产生与发展，都离不开人的社会实践。如果一个人生后不与人类社会接触，脱离社会生活，即使有正常人的脑组织也不可能产生正常人的心理。例如印度狼孩等野生儿，虽然后来回到人类社会，但大脑的发育已经受到严重的限制。

链接

狼 孩

狼孩是从小被狼攫取并由狼抚育起来的人类幼童。1920年，在印度加尔各答东北的一个名叫米德纳波尔的小城，人们常见到有一种"神秘的生物"出没于附近森林，往往是一到晚上，就有两个用四肢走路的"像人的怪物"尾随在三只大狼后面。人们在打死大狼后，于狼窝里发现了两个由狼抚育过的女孩，其中大的7～8岁，被取名为卡玛拉，小的约2岁，被取名为阿玛拉。后来她们被送到一个孤儿院去抚养。阿玛拉于第2年死去，卡玛拉一直活到1929年。孤儿院的主持人J.E.辛格在他所写的《狼孩和野人》一书中，详细记载了这两个狼孩重新被教化为人的经过：只知道饿了找吃的，吃饱了就睡；不吃素食而要吃肉（不用手拿，放在地上用牙齿撕开吃）；不会讲话，每到午夜后像狼似地引颈长嚎，怕火和光，也怕水。据研究，七八岁的卡玛拉刚被发现时，她只懂得一般6个月婴儿所懂得的事，花了很大气力都不能使她很快地适应人类的生活方式，2年后才会直立，6年后才艰难地学会独立行走，但快跑时还得四肢并用。直到去世也未能真正学会讲话，4年内只学会6个词，听懂几句简单的话，经过7年的教育卡玛拉才学会45个词并勉强地学会几句话，开始朝人的生活习性迈进。她死时16岁左右，但其智力只相当于3～4岁的孩子。

3. 心理是对客观现实主观能动的反映 心理活动是对客观现实的反映，虽然反映的内容是客观的，但对客观现实的反映总是由一定的主体进行的。一个人在过去实践中已形成的知识经验、世界观和个性心理特点总会影响他对客观现实的反映。人对客观现实的反映，不是像镜子反映物象一样消极被动的，而是积极能动的反映。人脑不仅反映客观现实的外部特征，而且能够揭示其本质和规律。在认识客观事物的过程中，人们总是主动地把客观事物反映到主观上来，并通过主观改造客观，使之符合人的需要和意愿。

考点： 心理的实质

小结

心理学是研究人的心理现象及其行为规律的科学。

心理与精神护理是护理学与心理学、精神医学相结合，将心理学和精神医学的理论和技术运用于现代护理领域，以现代医学模式和系统化整体护理为指导，研究和帮助病人恢复健康，研究和帮助健康人群保持健康（尤其是保持心理健康）和预防疾病的一门综合性应用学科。

心理健康是指在身体、智能以及情感上与他人的心理健康不相矛盾的范围内，将个人心境发展成最佳状态。

心理现象包括心理过程和人格。心理过程又包括认知过程，情绪情感过程和意志过程。简称知、情、意。人格心理结构主要包括人格心理特征、人格倾向性、自我意识三个方面。

辩证唯物主义的观点认为人的心理实质是：心理是脑的功能，心理活动是对客观现实的反映。

自测题

一、A1 型题

1. 心理产生的物质基础是
   A. 自然现实　　　B. 社会现实
   C. 客观现实　　　D. 大脑
   E. 实践活动

2. 兽孩由野兽抚育大，无法产生人的心理活动，不能恢复到人类的正常生活状态，这是因为在成长过程中缺少
   A. 客观现实　　　B. 主体的自身状态
   C. 自然现实　　　D. 实践活动
   E. 社会环境

3. 在影响人类健康寿命的因素中，生活方式占的比例是
   A. 15%　　　　　B. 35%
   C. 40%　　　　　D. 50%
   E. 60%

4. 心理与精神护理中护士应具备的素质不包括
   A. 职业道德素质　B. 心理素质
   C. 高超的攻关技巧　D. 专业素质
   E. 身体素质

5. 心理现象分为
   A. 认知过程、情绪情感过程及意志过程
   B. 人格倾向性、人格特征
   C. 认知过程和人格
   D. 心理过程和人格
   E. 人格和自我意识

6. 人的心理活动是对客观现实的
   A. 机械反映　　　B. 主观反映
   C. 客观反映　　　D. 主观能动反映
   E. 实际反映

7. 以下哪个心理现象不能独立存在
   A. 感知觉　　　　B. 想象
   C. 思维　　　　　D. 记忆
   E. 注意

8. 科学心理学的创始人是
   A. 艾宾浩斯　　　　B. 冯特
   C. 马斯洛　　　　　D. 弗洛伊德
   E. 华生
9. 患癌症的概率最高的人群是
   A. 亚稳定人格　　　B. A 型人格
   C. B 型人格　　　　D. C 型人格
   E. D 型人格
10. 对心理实质错误的认识是
    A. 心理的物质基础是脑
    B. 心理的内容是客观现实
    C. 人的心理内容是对主观意识的反映
    D. 人的心理是对客观现实主观能动的反映
    E. 心理发生、发展的基础是活动
11. 下列说法哪种不当
    A. 人的心理现象包括心理过程和人格两个方面
    B. 心理现象又称为心理活动
    C. 恩格斯把人的心理现象誉为"地球上最美的花朵"
    D. 心理学的研究对象是人的想法
    E. 一个人的心理活动就是精神活动
12. 动物的心理发展是以（　　）的进化为物质基础的
    A. 神经　　　　　　B. 大脑
    C. 血管　　　　　　D. 心脏
    E. 组织
13. 心理健康的标准不包括
    A. 恰当的自我评价　B. 稳定的生活环境
    C. 良好的人际关系　D. 足够的自我安全感
    E. 生活理想切合实际
14. 不容易发生冠心病的人群是
    A. 亚稳定人格　　　B. A 型人格
    C. B 型人格　　　　D. C 型人格
    E. D 型人格
15. 冠心病的发生与下列相关的行为特征为
    A. A 型行为　　　　B. B 型行为
    C. C 型行为　　　　D. X 型行为
    E. 不确定
16. 心理学是研究人的（　　）及其行为规律的科学。
    A. 心理现象　　　　B. 精神活动
    C. 思维　　　　　　D. 记忆
    E. 大脑
17. 心理活动的源泉是
    A. 感觉器官　　　　B. 心脏
    C. 客观现实　　　　D. 大脑
    E. 神经系统

二、A2 型题

18. 某女，32 岁，患有精神分裂症，无自制力，缺乏自我保护意识，不能客观反映自己身体的不适，对护士的工作质量和护理行为上的一些过失起不到监督作用。所以护士更应注重下列哪方面素质的培养
    A. 具有慎独精神　　B. 心理素质
    C. 保护病人的隐私　D. 专业素质
    E. 身体素质
19. 某男，34 岁，患有精神分裂症，具有怪异思维、赤身裸体、敌视、谩骂、强食异物、毁物伤人等病态表现。所以护士更应注重下列哪方面素质的培养
    A. 尊重病人的人格　B. 心理素质
    C. 保护病人的隐私　D. 专业素质
    E. 身体素质
20. 某男，30 岁，患有精神分裂症，并有"钟情妄想"。所以护士更应注重下列哪方面能力的培养
    A. 敏锐的观察能力　B. 机智的应变能力
    C. 良好的沟通能力　D. 分析问题的能力
    E. 解决问题的能力

（张小燕）

第二章 心理过程与人格

> 每个人都有自己独特的心理和人格,"其人如面,各不相同",不一样的心理活动和人格造就我们不同的人生。我们是怎样认识世界、感受世界并为之付出行动的呢?我们是否了解自己,真正认识自我?通过心理过程和人格的学习,我们将丰富心理学知识,促进心理和谐和人格健全,更有助于我们演绎幸福、健康和成功的人生。

第一节 心理过程

案例 2-1

清晨醒来,小丽看见光亮照进屋子,听到窗外鸟儿的叫声。她打开窗户,她感到了凉爽,嗅到了花香。她还记得,花园里的花,现在已开了。她很喜欢花,今天应该去逛逛。忽然她又想起,作业还没有写完,必须忍耐一下,坚持写完作业。

请问:要解释小丽的行为,在下面的学习中应完成哪些任务呢?
1. 复习心理现象的有关知识。
2. 进一步学习心理过程和人格。
3. 请同学们熟记心理过程的相关概念,理解心理过程的三个方面。

一、认知过程

认知过程又称为认识过程,是指人们认识事物、获取知识和信息的过程,包括感觉、知觉、记忆、思维、想象等,注意伴随认知活动的过程中。

(一)感觉

1. 概念 感觉是人脑对直接作用于感觉器官的客观事物的个别属性的反映。例如,一只苹果,用眼睛看到它的颜色、形状;手感到它的硬度、重量;鼻子闻到它的香味;咬在嘴里有甜味。这里的颜色、形状、硬度、重量、气味及味道等就是苹果的个别属性。大脑对这些个别属性的反映,就是感觉。

感觉是最基本、最简单的心理现象,一切高级的、复杂的心理活动都是通过感觉后产生的。感觉对于人来说具有重要的意义,它是人们认识客观世界的基础。感觉使人获取内外环境的信息,维持信息平衡,保证正常的心理活动。感觉剥夺的实验已证实,人们若没有感觉的刺激,身心健康会受到明显的影响,精神会崩溃,思维会紊乱。

考点: 感觉的概念

> 链接
>
> **感觉的剥夺实验**
>
> 1954年,加拿大麦克吉尔大学的心理学家首先进行了"感觉剥夺"实验:实验中给被试者戴上半透明的护目镜,使其难以产生视觉;用空气调节器发出的单调声音限制其听觉;手臂戴上纸筒套袖和手套,腿脚用夹板固定,限制其触觉。被试者单独待在实验室里,几小时后开始感到恐慌,进而产生幻觉。在实验室连续待了三四天后,被试者会产生许多病理心理现象:出现错觉、幻觉、注意力涣散、思维迟钝、紧张、焦虑、恐惧等,实验后需数日方能恢复正常(图2-1)。

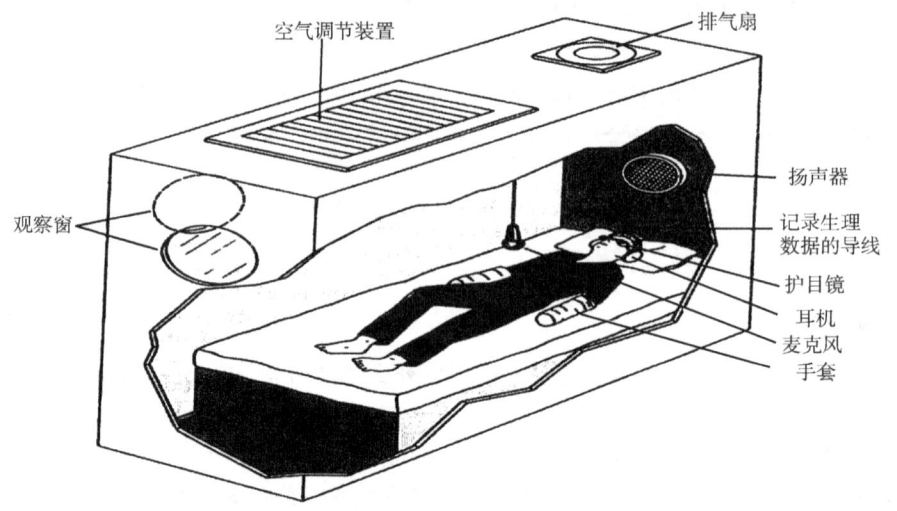

图2-1 感觉剥夺实验示意图

> 这个实验表明:外界刺激对维持人的正常生理、心理活动非常重要。大脑的发育,人的成长成熟是建立在与外界环境密切接触的基础之上的。只有通过跟外界广泛的接触,更多地感受到与外界的联系,人才可能正常地生存和发展。

2. 感觉的种类

(1) 外部感觉:由外部刺激引起,并反映外部事物属性的感觉称为外部感觉。它包括视觉、听觉、嗅觉、味觉、皮肤觉(包括触压觉、温度觉和痛觉)等。

(2) 内部感觉:由机体内部刺激引起,并反映它们属性的感觉称为内部感觉。它包括运动觉、平衡觉、内脏觉(如饥饿、渴、便意、性等感觉)。

3. 感受性与感觉阈限 感受性是指感觉器官对适宜刺激的感觉能力。感受性的高低通常用感觉阈限来衡量。绝对感觉阈限是指刚好能引起感觉的最小刺激量,差别感觉阈限是指刚能引起差别感觉的刺激的变化量。感受性的高低与感觉阈限成反比关系。

4. 感觉的特性

(1) 感觉适应:指由于刺激物持续作用于感觉器官,而使感受性发生变化的现象称为感觉的适应。例如,视觉的暗适应和明适应;"入芝兰之室,久而不闻其香;入鲍鱼之肆,久而不闻其臭",这是嗅觉适应。根据适应的速度快、慢,适应分为快适应和慢适应。触压觉、嗅觉适应现象明显。听觉的适应时间短,恢复也很快。痛觉的适应很难。感觉的适应具有重要的生物学意义。

(2) 感觉对比：指同一感觉器官接受不同刺激而使感受性发生变化的现象，一般分为同时对比和继时对比。两种感觉同时发生所形成的对比为同时对比，如图2-2中灰色纸片放在白色背景下不如在黑色背景下亮。两种感觉先后发生所形成的对比称为继时对比。例如，吃糖果后再吃苹果会觉得苹果是酸的，就是这个道理。

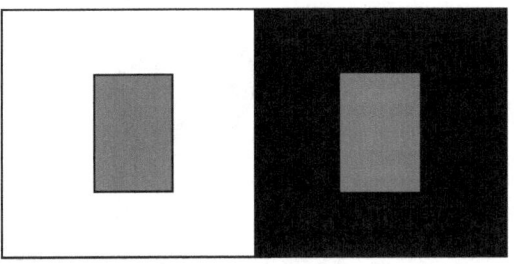

图2-2　同时对比

(3) 感觉的补偿与发展：感觉的补偿是指某种感觉器官的功能丧失后，由其他感觉器官的功能来弥补的现象。例如，聋哑人、盲人等，虽然他们失去了听觉和视觉，但可以利用其他健全的感觉来代偿失去的功能，所以盲人的听觉和嗅觉就比一般人发达，也表明人的感受性是可以通过实践训练得到发展的。

(4) 联觉：指一种感觉兼有另一种感觉的心理现象。例如，红、橙、黄等使人有温暖的感觉，因而被称为暖色。蓝、青、绿等颜色使人有寒冷的感觉，因而被称为冷色。联觉作用在绘画、建筑设计、室内装饰、环境布置等方面也被广泛应用。

(5) 后像：指当外界刺激作用停止后，感觉在短时间内不会马上消失的现象。后像存在于各种感觉中，在视觉中更为明显。例如，电影、电视利用的就是视觉后像。视觉后像有正后像和负后像两种。注视亮灯一会儿后闭上眼睛，灯的光亮形象出现在黑色背景上，这是正后像。随后会出现灯的黑色形象出现在明亮背景上，这是负后像。

（二）知觉

1. 知觉的概念　知觉是人脑对直接作用于感觉器官的客观事物的整体属性的反映。例如，一个西瓜有形状、大小、颜色、味道、重量等，当西瓜作用于人的感觉器官时，人脑对它的整体属性做出反映，这就是知觉。知觉与感觉是两种不同的心理现象，但又是不可分割的。感觉只反映事物的个别属性，而知觉所反映的是事物的整体属性。感觉和知觉都是客观事物直接作用于感觉器官而产生的，属于感性认识阶段，是对客观事物生动的、直接的反映。

考点：知觉的概念

2. 知觉的种类　根据知觉时起主导作用的感官的特性，可以把知觉分为视知觉、听知觉、触知觉、嗅知觉、味知觉等；根据所认识的事物特性，可以把知觉分为空间知觉、时间知觉和运动知觉。

(1) 空间知觉：指人对物体的形状、大小、方位、深度等空间特性的知觉。

(2) 时间知觉：指人对客观现象的延续性和顺序性的知觉，包括对时间的估计、对时间的分辨、对时间的确认和对时间的预测。

(3) 运动知觉：指人对物体的静止、运动及运动速度的知觉。

3. 知觉的特性

(1) 选择性：指人在面临许多客观事物时，总是根据自己的需要，有选择的把少数事物当成知觉的对象，而把其他事物当成知觉的背景，以便更清楚地感知一定的事物，这就是知觉的选择性。知觉对象和背景之间是可以相互转换的（图2-3）。

图 2-3　知觉的选择性

（2）整体性：事物具有多种属性，当事物的部分属性作用于人的感觉器官时，人在过去经验的基础上把由多种属性构成的事物知觉为一个统一的整体（图 2-4）。

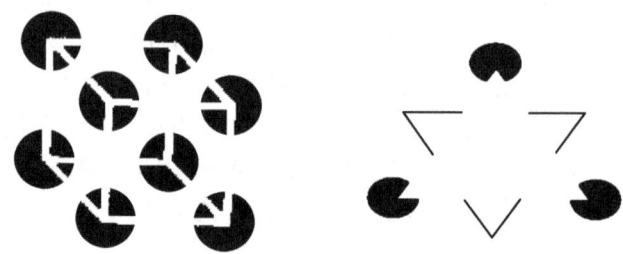

图 2-4　知觉的整体性

（3）恒常性：当知觉条件在一定范围内改变时，人对物体的知觉印象仍保持相对不变，这就是知觉的恒常性。它是人们知觉客观事物的一个重要特性（图 2-5）。

图 2-5　知觉的恒常性

（4）理解性：人们在认识客观事物的过程中，总是运用过去的知识经验，对知觉对象做出最佳的解释和说明，这就是知觉的理解性。知觉的理解性是以知识经验为基础的，知识经验越丰富，理解就越深刻（图 2-6）。

4. 错觉　人在特定的条件下发生的对客观事物的错误的知觉叫错觉。错觉现象非常普遍，最常见的是视错觉（图 2-7）。

错觉产生的原因很复杂，主要是由生理和心理因素引起的。往往带有固定的倾向性，主观没有办法克服，只要条件具备，错觉就会发生。当某些疾病如感染、中毒等引起精神症状时也可出现错觉。研究错觉具有重要的理论和实践意义。

考点：知觉的特性

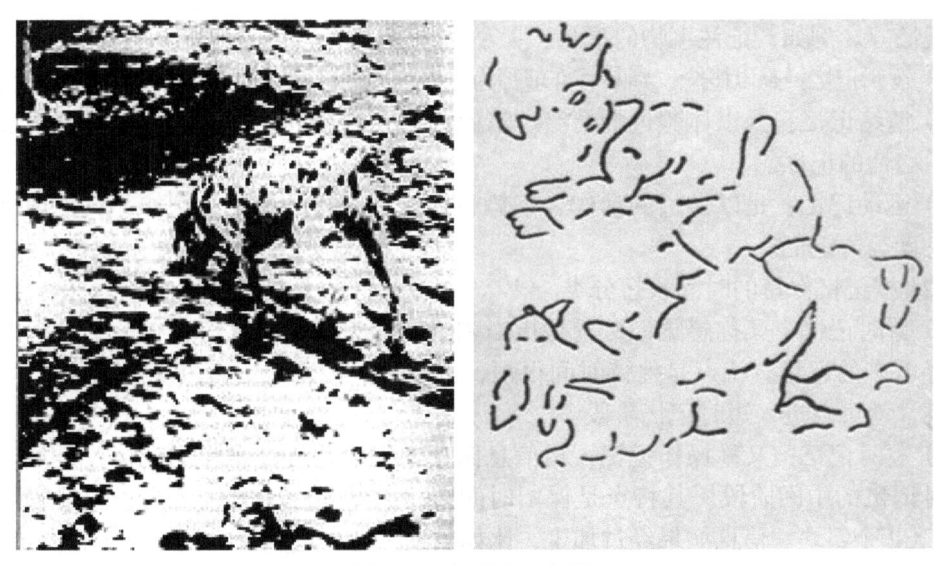

图 2-6 知觉的理解性

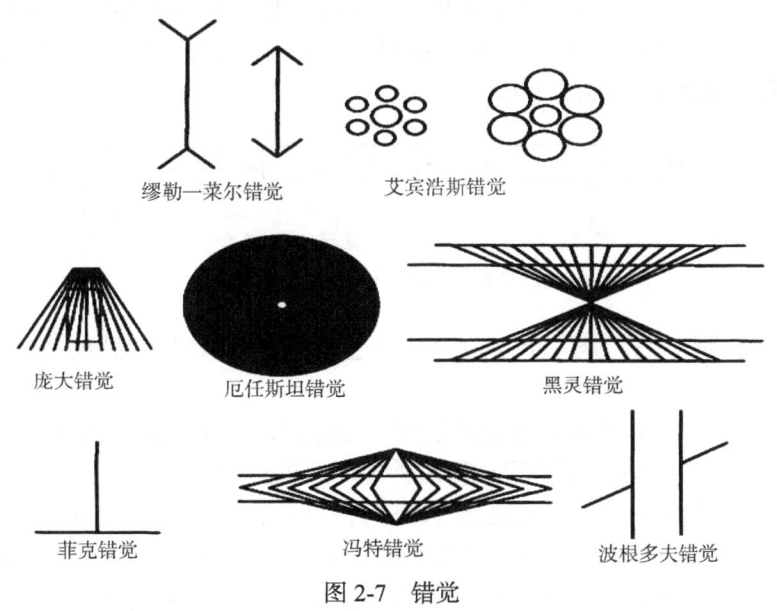

图 2-7 错觉

（三）记忆

1. 记忆的概念 记忆是过去经验在人脑中的反映。过去经验是指人们过去感知过的事物、思考过的问题、体验过的情绪、从事过的活动等，这些经历过的事物都会在人脑中或多或少地留下痕迹，并在一定条件下恢复、重现。这就是记忆。记忆与感知觉不同，感知觉是人脑对当前直接作用的事物的反映，而记忆是人脑对经历过的事物的反映，是获得新知识的一种形式。记忆是保证人正常生活的基本心理过程，在人的心理发展和人格形成过程中起着重要作用。

2. 记忆的分类

（1）按记忆的内容分类

1）形象记忆：是以感知过的事物形象为内容的记忆。包括听觉、触觉、嗅觉、味觉、视觉记忆等。例如，记住事物的形状、大小、味道等。

2）逻辑记忆：是以概念、判断、推理等为主要内容的记忆。例如，对定义、公式的记忆。

3）情绪记忆：是以体验过的情绪、情感为主要内容的记忆。例如，对上次过生日时快乐心情的记忆。

4）运动记忆：是以做过的动作、姿势和技能为内容的记忆。例如，对护理操作、做健身操等的记忆。

（2）按记忆保持的时间长短分类

1）瞬时记忆：又称感觉记忆，是指当刺激物消失后，感觉信息在一个极短的时间内保存下来的记忆。特点是保持时间很短，为 0.25～2 秒；记忆的容量较大。如果特别注意，就可以进入短时记忆阶段。

2）短时记忆：又称操作记忆，指信息储存、提取并进行操作的记忆，是瞬时记忆和长时记忆的中间阶段。其特点是保留时间短，大约是在 1 分钟之内；容量有限，一般是 7±2 个组块。信息如果经过加工，比如复述，即可进入长时记忆，若不经过加工，就会遗忘。

考点：记忆的分类

3）长时记忆：是指信息经过充分和一定深度的加工后在头脑中长时间保留下来的记忆。时间为 1 分钟以上、几天、几年甚至终生。有的信息因为印象深刻一次形成长时记忆。三种记忆的关系如图 2-8。

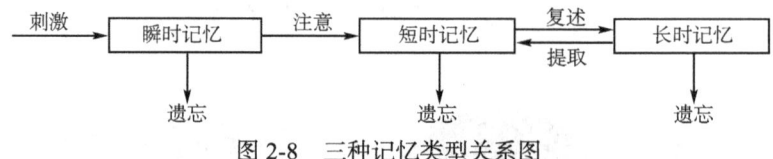

图 2-8 三种记忆类型关系图

3. 记忆的过程 记忆是一个复杂的心理过程，它由识记、保持、再认或回忆三个环节构成。

（1）识记：是指识别并记住事物的过程，是记忆的开始，是对信息反复感知、思考和实践活动后在头脑中留下痕迹形成暂时神经联系的过程。

根据识记的目的性和是否需要意志努力，可将识记分为无意识记和有意识记。①无意识记。是没有预定的目的，不需要意志努力的识记，也称不随意识记。例如，童年的经历、无意记住的交通事故的场面等。②有意识记：是有预定的目的，需要意志努力的识记，又称随意识记。例如，为了考试获得好成绩，我们有计划地记忆知识、技能等。

根据识记的理解性，可把识记划分为机械识记和意义识记。①机械识记：是指在没有理解材料的情况下，采用机械重复方式多次进行的识记。例如，记忆人名、地名、手机号码等。②意义识记：是指在理解材料的基础上，根据材料间的内在联系而进行的识记。例如，用推理的方式记住数学公式。一般来说意义识记优于机械识记，在实际生活中，为了提高识记的效果，人们经常采用意义识记和机械识记相结合的方法。

（2）保持：是知识经验在头脑中储存和巩固的过程。保持是记忆的中间环节，没有保持就没有记忆。保持是一个动态过程，知识和经验在保持的过程中是有变化的。

(3) 再认或回忆：是对储存的知识经验进行提取的过程。具体内容如下。①再认：是指感知过的事物再度出现时，能够正确地识别出来。例如，几年未见的同学再次相遇时，能够认识。②回忆：又称为再现，是过去感知过的事物不在眼前时，在头脑中重新出现的过程。例如，同学聚会时，在头脑中回忆班主任召开班会的场景。一般来说再认比回忆要容易。

考点：记忆的过程

4. 遗忘　遗忘是指对识记过的事物不能再认和回忆，或出现错误的再认和回忆。遗忘有积极作用，也有消极作用。忘记烦恼和忧愁有利于身心健康，这是遗忘的积极作用。遗忘给人的学习和生活带来诸多不便，这是遗忘的消极作用。根据遗忘的程度和时间可将遗忘分为：部分遗忘和完全遗忘；暂时遗忘和永久遗忘。

德国著名心理学家艾宾浩斯对遗忘的规律进行了深入的研究。他根据实验结果得到的数据绘制了一条著名的曲线，即艾宾浩斯遗忘曲线，见图2-9。从这条曲线充分说明了遗忘规律是：遗忘的进程是不均衡的，呈现先快后慢的规律（表2-1）。

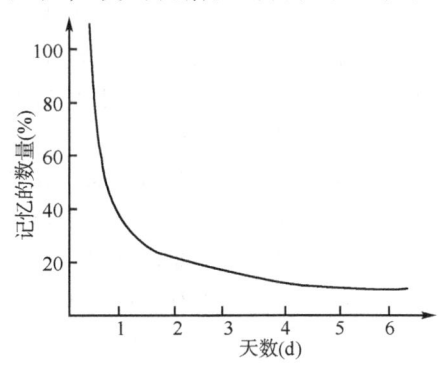

图 2-9　艾宾浩斯遗忘曲线

表 2-1　遗忘的进程

次序	时距（小时）	保持百分数（%）	遗忘百分数（%）
1	0.33	58.2	41.8
2	1	44.2	55.8
3	8.8	35.8	64.2
4	24	33.7	66.3
5	48	27.8	72.2
6	144	25.4	74.6
7	744	21.1	78.9

考点：遗忘的规律

5. 记忆的品质

(1) 敏捷性：是指记忆速度的快慢，以规定的时间内记忆信息的数量为标准，是记忆的重要品质。记忆的敏捷性存在着很大的个体差异。加强记忆的锻炼、记忆时集中注意力、充分的利用原有知识均可提高记忆的敏捷性。

(2) 持久性：是指记忆的信息在头脑中保持时间的长短。记忆的持久性取决于记忆痕迹的牢固性。记忆痕迹越巩固，保持就越持久。只有在对记忆材料理解的基础上加强记忆痕迹的牢固性，才能保证记忆的持久性。

(3) 准确性：是指记忆材料的准确程度。要提高记忆的准确性，一方面要认真准确的识记，另一方面养成良好的记忆习惯，利用复述分清记忆中的对与错，减少错误的发生。

(4) 准备性：是指需要时能够及时正确地把记忆材料提取出来。如果一个人的记忆准备性较高，就能在需要时从记忆中提取所需要的材料。而一个记忆准备性较低的人，则很难做到这一点。

案例 2-2

战国时期，齐国的孙膑初到魏国，魏王要考查一下他的本事。一天，魏王召集众臣，当面考查孙膑的智谋。魏王对孙膑说："你有什么办法让我从座位上下来吗？"孙膑捻捻胡须道："大王坐在上边嘛，我是没有办法让大王下来的。"魏王问："那你怎么办？"孙膑道："如果大王在下边，我却有办法让大王坐上去。"魏王得意扬扬地说："那好"，就从座位上走了下来，"我倒要看看你有什么办法让我坐上去。"周围的群臣一时没有反应过来，也哄笑孙膑无能。忽然，孙膑却哈哈大笑起来，说："我虽然无法让大王坐上去，却已经让大王从座位上下来了。"这时，大家才恍然大悟，对孙膑的才华连连称赞。

请问：要解释孙膑的智谋，在下面的学习中应完成哪些任务呢？
1. 复习知觉和记忆的相关知识。
2. 掌握思维的概念，思维的分类和思维的品质。
3. 理解思维的过程、问题解决的过程。

（四）思维

考点：思维的概念

1. 思维的概念 思维是指人脑对客观事物间接的、概括的反映。它反映的是事物的本质属性、内在联系和发展规律，是人借助语言、表象或动作完成的，是认识过程的高级形式。

2. 思维的基本特征

（1）间接性：是指人脑对客观事物的反映，不是客观事物直接作用的结果，而是借助于一定的媒介并依据知识经验，对客观事物进行间接的认识。例如，中医通过望、闻、问、切四诊可以判断病人的病情；气象工作者通过气象云图能预报天气情况；教师通过观察学生的表情，推断他们对所学知识的理解程度。

考点：思维的特征

（2）概括性：是指在感性材料的基础上，认识一类事物共同的本质特征及事物之间的内部联系。思维的概括性使人透过事物的现象，看见事物本质及内部联系和规律，拓展了认识范围，加强了认识深度。科学的原理、定律都是思维概括的结果。

3. 思维的分类

（1）根据思维过程中的凭借物不同分类

1）动作思维：是依据实际动作来解决问题的思维方式。幼儿的思维活动往往是在实际操作中，借助触摸、摆弄物体来完成的。例如，医生给病人进行身体检查时，通过触摸、按压、活动关节等动作，一边检查一边思考，完成对疾病的排查。幼儿在学习简单计数和加减法时，常常借助数手指，实际活动一停，他们的思维便立即停下来。

2）形象思维：是运用事物的具体形象和已有表象来解决问题的思维方式。例如，医护人员布置手术室的治疗摆设，文学艺术家创造典型人物形象，设计师设计出建筑物的图纸，都是形象思维在实际中的应用。

3）抽象思维：是以概念、判断、推理的形式来解决问题的思维方式。例如，医生对疾病的诊断与治疗，学生用公式定理解决问题都属于抽象思维。抽象思维是人类所特有的高级思维形式，在认识世界和改造世界的过程中发挥重要作用。

人的思维发展一般都经历动作思维、形象思维和抽象思维三个阶段。人在解决问题时，这三种思维往往是相互联系，相互补充，共同参与思维活动。例如，进行科学实验时，既需要高度的科学概括，又需要展开丰富的联想和想象，同时还需要在动手操作中探索问题。

（2）根据探索答案的方向不同分类

1）聚合思维：又称求同思维，是把问题所提供的各种信息综合起来，朝着一个方向进行，得出唯一正确答案的思维方式。例如，医生从各种治疗方案中筛选出一种最佳治疗方案。

2）发散思维：又称求异思维，依据所提供的信息，沿着各种不同途径寻求各种解决问题答案的思维方式，它的特点是求异性和创新性。例如，"举一反三""一题多解"，护理工作中面对某一护理问题时，提出多种护理方案的思维。

（3）根据思维的主动性和独创性的不同分类

1）习惯性思维：又称常规思维，是依据已有知识和成功经验，按照现有的方法程序来解决问题的思维方式。例如，护士在填写评估报告时，在表格的适当项目上划勾。

2）创造性思维：是指突破常规，用新颖、独特的方法来解决问题的思维方式。创造性思维是多种思维的综合体现。科学发明、技术创新过程中等都包含着创造性思维。

4. 思维的过程　人类的思维活动是一个复杂的心理活动过程，是在原有知识经验的基础上，对外界事物的信息通过分析与综合、比较与分类、抽象与概括而实现的。

（1）分析与综合：分析是指在头脑中把事物或现象的整体分解成各个组成部分、方面或个别属性的思维过程。例如，我们把一篇课文分解成几个段落；把一项护理操作分解成几个步骤等均属于分析。综合是在头脑中把事物或现象的各个组成部分、方面或个别属性综合起来，形成整体认识的思维过程。例如，我们把课文的几个段落组合成一篇文章；把分解了的护理操作重新组合成一套完整的操作等均属于综合。分析和综合是同一思维过程中不可分割的两个方面。

（2）比较与分类：比较是把不同事物或现象加以对比，确定它们之间的异同点的思维过程。比较可以在同一类事物和现象之间进行，也可以在不同类的，但具有某种关系或联系的事物和现象之间进行。例如，感觉和知觉有何区别？分类是依据事物或现象的本质特征，按照一定的标准，把事物归入适当的类别的思维过程。又如，我们把护理操作分成无菌技术操作和非无菌技术操作。分类是比较的前提，比较是分类的基础。

（3）抽象和概括：抽象是在头脑中把事物或现象的共同的、本质的属性或特征抽取出来，舍弃个别的、非本质属性或特征的思维过程。例如，我们通过对各种各样的鸟禽进行分析、比较，从它们的各种属性或特征中抽取出"有羽毛""会生蛋""两只脚"这些有关鸟禽的一般的、本质的属性，而舍弃其"种类""大小""颜色"等这些个别的、非本质的属性和特征，这就是思维的抽象过程。概括是在头脑中把抽象出来的事物或现象的共同本质属性或特征综合起来并推广到同类事物或现象中去的思维过程。例如，我们把"有羽毛""会生蛋""两只脚"这些有关鸟禽的一般的、本质的属性综合起来，从而认识到只要属于鸟禽，就有羽毛、两只脚、会生蛋。

5. 问题解决的思维过程　问题解决的思维过程包括四个阶段。

（1）发现问题：是解决问题的第一步，是认识到问题的存在，并产生动机的阶段。例如，心理医生要解决某个人的心理问题，就必须先了解这个人的情况，即心理评估，在分析资料的基础上找出要解决的问题。问题普遍存在，能不能发现，与一个人的态度、责任心、求知欲、知识经验等因素有关。

（2）分析问题：在发现问题的基础上，通过正确的分析与比较找出问题的关键，明确思维活动的方向。例如，分析导致病人焦虑的原因。

（3）提出假设：就是提出解决问题的方法、途径。例如，知道了病人焦虑的原因，那如何为病人解除焦虑？采用什么方法和途径？这是解决问题的关键。

（4）检验假设：就是通过实验或实践活动来检验假设。问题得以解决，证明假设正确。反之，则假设错误。例如，为焦虑的病人采取措施后，症状明显减轻或消除，那就说明措施正确。

> 考点：问题解决的思维过程

6. 思维的品质　良好的思维品质主要表现在以下几个方面。

（1）广阔性：是指思维的广度。具有思维广阔性的人，考虑问题全面，既能看到事物的局部也能看到整体，既能看到事物的正面，也能看到事物的反面。那种只见树木不见森林，以点带面，一叶障目的思维是狭隘性的。

（2）深刻性：是指思维的深度。它集中地表现在是否善于深入地思考问题，抓住事物的规律和本质，预见事物的发展和进程。具有思维深刻性的医护工作者，能透过病人的表象，抓住问题的实质，确定解决问题的方法和手段，并能预见结果良好或不良。

（3）独立性：指思考问题的独立程度。思维具有独立性的人不依赖现成的解决问题的方案，而是创造性地寻求新途径、新方法。不轻易受别人的暗示和影响，但也不固执已见，唯我是从。

（4）灵活性：是指思维的灵活程度。当问题的情况与条件发生变化时，思维灵活的人能随机应变，不失时机地采取措施。这一品质与思维的敏捷性联系密切，没有敏捷性，就没有灵活性。

（5）逻辑性：是指思维逻辑的严密程度。具有思维逻辑性的人能条理清楚、层次分明、概念准确、论证有力。缺乏思维逻辑性的人表现为东拉西扯、语无伦次、思维跳跃等。

（6）敏捷性：是指思维过程的快慢程度。思维敏捷的人能在短时间内迅速发现并正确地处理问题。例如，具有这种品质的医护人员能迅速发现病人的病情变化，快速果断地采取救护方案，抢救病人的生命。

（7）批判性：是指善于批判地评价他人的思想与成果，也善于批判地对待自己的思想与成果。我们在学习和工作中都应该具有这种思维，既不能全盘接受也不能一概否决，要吸取精华，摒弃糟粕，遇事多问几个为什么。

> 考点：思维的品质

（五）想象

1. 想象的概念　想象是人脑对已储存的表象进行加工改造形成新形象的思维过程。想象以表象为基础，没有表象就没有想象。表象是指感知过的事物不在眼前时，在头脑中留下的映像。人脑中存储的表象越多、越细，想象力就越丰富、越生动。想象材料的形象可以是世界上存在的事物，也可以是世界上暂时不存在或根本不存在的形象。

例如,"孙悟空""嫦娥""外星人"都是我们想象的结果。想象在日常生活、学习和工作中具有重要意义,创造与发明更离不开想象。

2. 想象的分类　根据有无预定的目的,可把想象分为无意想象和有意想象。

(1) 无意想象:指没有预定目的,不由自主的想象。例如,望着天上的浮云,会浮想联翩。课堂上走神时,想入非非。梦是无意想象的极端形式,它具有离奇性和逼真性两大特点。

(2) 有意想象:是依据一定目的,自觉进行的想象。它包括再造想象、创造想象和幻想。①再造想象:根据言语、图样、音乐等的描述和示意,在人脑中形成新形象的过程。例如,建筑个人根据图纸,在头脑中想象出建筑物的形象;阅读《孔乙己》时脑海里可以出现孔乙己的形象。②创造想象:是根据一定的目的、任务,在人脑中独立创造出新形象的过程。例如,作家创作艺术形象,科学家的发明创造,工程师设计新的器械等。③幻想:指与个人愿望相联系,并指向未来事物的想象。幻想又分为理想和空想两种。理想是指符合客观规律和社会条件,通过努力能实现的幻想。空想是指客观规律和社会条件不允许或不可能实现的幻想。对科学的幻想可以激励人们去探索、发明、创造。

(六)注意

1. 注意概念　注意是指心理活动对一定事物的指向和集中。注意具有指向性和集中性两大特点。指向性是指心理活动有选择地朝向一定事物,并保持一定的时间;集中性是指心理活动专注于所选择的事物或活动上,保证反映的清晰度。注意本身并不是一个独立的心理过程,而是伴随在其他心理过程的始终并在其中起指向作用。没有注意的参与,任何心理过程都无法进行。"目不转睛""全神贯注""专心致志",就是注意的具体表现。

2. 注意的分类　根据注意时有无目的性及是否需要意志的努力,可将注意分为无意注意、有意注意和有意后注意三种。

(1) 无意注意:又称为不随意注意,是事先没有预定的目的,也无需意志努力的注意。例如,在上课时,同学们在专心致志的听老师讲课,突然有个同学尖叫一声,大家都不由自主地转过头去注意发出声音的地方,这就是无意注意。

(2) 有意注意:又称为随意注意,是指有预定目的,需要意志努力的注意。例如,学生听课、画家画画、工人做工等活动都有一定的目的,也需要付出努力才能完成。

(3) 有意后注意:是有预定目的、无需意志努力的注意。它是注意的一种特殊形式,是在有意注意的基础上发展来的高级注意。在对有意注意的对象发生了浓厚的兴趣或者熟悉到一定程度时,继续保持注意就不需要意志努力,有意注意就转变为有意后注意。例如,学开汽车,开始的时候必须通过意志努力来维持自己的注意,这是有意注意。慢慢学会了,熟练了,就不需要很大的意志努力来注意它了,只需要在交通复杂的情况下注意就行了,这就是有意后注意。

3. 注意的品质

(1) 注意的广度:也称注意的范围,是指在同一时间内能清晰把握的对象数量。一般成人在1/10秒时间内对黑色圆点的注意广度平均是8个左右,对于不相关字母的注意广度为4~5个。影响注意广度的因素如下。①注意对象的特点:对象集中、有规律、有联系，被注意的范围就大。例如，字母排列成行比分散注意的数目要多；颜色形状相同的图形要比不相同的注意范围广。②个体因素：个人的活动任务和知识经验影响注意的广度。活动任务越简单，注意的范围就越大；活动任务越复杂，则注意范围就越小；知识经验越丰富，注意的范围就越大。有意识地扩大注意的范围，会给我们的生活、工作、学习带来益处。

（2）注意的稳定性：又称为注意的持久性，是指注意力长时间地保持在某种事物和某项活动上。保持稳定的注意在实践中具有重要意义，许多工作都需要有高度稳定的注意。例如，外科医生做手术、司机开车等。影响注意稳定性的因素如下。①注意对象的特点：一般来说，注意对象的内容丰富、多变、运动，注意就较稳定和持久。②人自身的特点：意志坚强、善于控制自己的人，注意的稳定性就好。③其他：人对事物的积极态度，对目的任务的明确认识，对活动意义的深刻理解，是否有浓厚的兴趣和高度的责任心，也是影响注意稳定性的条件。

（3）注意的分配：是指在同一时间内，人把注意指向两种或两种以上的事物或活动上。例如，学生听课时边听、边记、边思考、边注视教师和黑板。这都需要很好地分配注意力。良好的注意分配决定两个条件。一是人对活动的熟练程度，在同时进行的多种活动中，只能有一种活动是生疏的，而其余动作已成为熟练的动作，达到了自动化或半自动化程度。例如，边织毛衣边看电视。二是注意分配能力的训练。例如，汽车驾驶员经过专门训练，形成了一定的动作系统，已不需要特别的意志努力就可以把注意分配到行车、会车、转弯、绕过障碍物及注意路面情况上，所谓"眼观六路""耳听八方"就是形容这种状况。

（4）注意的转移：是指依据新任务的要求有目的、主动地把注意从一个对象转向另一个对象上。例如，护理完第一个病人，就应努力把注意力转移到第二个病人身上。一般注意转移的快慢与原来注意的紧张程度和新活动的性质有关，原来的注意紧张程度越高，新活动又不符合人的需要和兴趣，注意转移就越困难。

考点：注意的品质

总之，人们在注意的品质上存在着个别差异，这与大脑皮质的状态有关。正常人通过有意识的训练，可以改变注意的品质，提高注意的能力。

案例 2-3

小郑是一名中职学校一年级的学生，在第一学期的期中考试中他的成绩是全班第一名。为此他兴奋得翻来覆去一夜睡不着觉，认为自己真是不简单，觉得周围的一切都是那么美好。可是好景不长，在期末考试中他却考砸了。他同样又是一夜没合眼，认为自己怎么这样无能，真是丢人，无法向父母交代。第二天，同桌小李说风凉话：全班第一名不是那么好拿的，上一次还不知道是让你怎么蒙上了。小郑听了顿时生起一股无名的火，觉得自己咽不下这口气，于是一拳打过去……小李把这事告诉了班主任，小郑知道自己这下可闯了祸，既后悔又害怕。

请问：请分析小郑情绪变化的过程，在下面的学习中应完成哪些任务呢？

1. 复习认知过程相关知识。
2. 掌握情绪情感的概念和分类、情绪管理的策略。
3. 理解健康情绪的标准。

二、情绪和情感过程

人非草木,孰能无情?人在认识客观世界的时候,遇到得失、顺逆、荣辱、美丑等情景时会感到喜悦、气愤、悲伤和忧虑,这就是情绪和情感。

(一)情绪和情感的概念

情绪和情感是人对客观事物是否符合自己的需要而产生的态度体验。当客观事物符合人的需要时,就会产生快乐、满意等积极的、肯定的情绪和情感,反之,则会产生悲伤、愤怒等消极、否定的情绪和情感。例如,优美的音乐使人轻松愉悦,考试的失利会使人沮丧烦恼。

考点: 情绪和情感的概念

(二)情绪与情感的联系与区别

情绪与情感是同一心理过程的两个不同方面,两者统称为感情。它们既有联系,又有区别。

区别主要表现在:情绪主要源于人的生理性需要,例如,人们对食物、睡眠、休息、性的需要,这些需要能否得到满足而产生的喜、怒、哀、乐的体验,情绪是低级简单的体验。情感主要源于人的社会性需要,例如,交往、爱情、尊重等需要是否满足而产生的体验,是高级复杂的体验。情绪发生早,是人和动物均具备的,它带有本能的特点;情感则发生较晚,是人类独有的心理现象,是个体在社会实践中逐渐发展起来的。情绪具有外显性、情境性、激动性和暂时性;而情感具有内隐性、稳定性、深刻性和持久性。

联系:情绪依赖情感,情绪的变化受情感及其特点的制约,情感也依赖情绪,情感总是在不断变化的情绪中表现出来。情绪是情感的外部表现,情感是情绪的本质内容,同一情感在不同条件下表现出来的情绪各不相同。

(三)情绪和情感的分类

1. 基本情绪 是人和动物所共有的原始情绪。包括快乐、愤怒、恐惧和悲哀。

(1)快乐:是指盼望的目标达到或需要满足时产生的积极情绪体验。快乐的程度与愿望满足程度和意外程度有关,可分为满意、愉快、欢乐、狂喜等。

(2)愤怒:是指在目标即将达成时总是受到阻碍,内心积聚的消极情绪体验。愤怒的程度与妨碍作用的大小和对其察觉的程度有关,可分为不满、愠怒、大怒、狂怒等。

(3)恐惧:是指企图逃避某种危险情景而又感到无能为力时产生的情绪体验。恐惧的产生与缺乏处理可怕情景的能力或缺少对付危险情境的手段有关,可分为惊讶、害怕、惊骇、恐怖等。

(4)悲哀:是指在失去自己所爱的人和物或自己的愿望破灭时所产生的情绪体验。悲哀的程度与失去对象的重要性有关,可分为失望、难过、悲伤、哀痛等。

2. 情绪的状态

(1)心境:是一种微弱而持久的情绪状态。它具有弥散性的特点,不具有指向性,而是作为一种心理背景,在某一段时间内,使人的全部活动都带有某种情绪色彩。"人逢喜事精神爽""感时花溅泪,恨别鸟惊心"指的就是心境。

心境对生活、工作、学习和健康有很大的影响。良好的心境能使人更好地发挥积极性、创造性，提高工作效率，有益于健康。不良的心境则会使人消极颓废，降低工作效率，有损于健康。

（2）激情：是一种强烈的、短暂的、爆发性的情绪状态，如狂喜、暴怒、绝望等。激情具有冲动性，发生时强度很大。在激情状态下，机体内部伴随有强烈的生理变化，并有明显的外部表现。如狂喜时手舞足蹈、热泪盈眶，暴怒时面红耳赤、咬牙切齿。激情还具有爆发性，发生的速度很快，持续的时间很短暂，一旦离开引起激情的具体情境，会很快冷静下来或转化为心境。

引起激情的原因很多。首先，对人具有重大意义的突发事件可以引起激情，如重大的喜讯、亲人的亡故等。其次，对立意向的冲突或过度的兴奋与抑制也容易引起激情，如对某种痛苦忍耐过久，抑制过度，一旦爆发出来，就会成为十分强烈的、难以控制的激情。

激情分为积极和消极两种，对人的活动有不同的影响。积极的激情常常能调动人身心的巨大潜力，成为激励人行为的强大动力。消极的激情则会使人出现"意识狭窄"现象，即认识范围缩小，不能正确评价自己行为的意义和后果，做出一些鲁莽的行为，甚至铸成千古之恨。当然消极的激情也并非不可控制，事实证明，人能意识到自己的激情状态，并可有意识地调节和控制。

考点：三种情绪状态的特点

（3）应激：是出乎意料的紧急状况下所引起的高度紧张的情绪状态。例如车祸、火灾、地震等，在这些情况下人们所产生的特别紧张的情绪状态就是应激状态。另外，重大的生活事件、难于适应的社会变革和文化冲击、工作中的应激事件也会使个体处于应激状态。

在应激状态下，机体会产生一定的生理反应如肌肉紧张、呼吸急促、血压升高，机体代谢水平也有明显的变化。人在应激状态下有两种表现：一种是头脑清醒，语言准确，急中生智，调动全身力量迅速而及时地解决当前问题。另一种是思维混乱，动作迟缓，惊慌失措，目瞪口呆。严重者可导致心身疾病的发生，甚至出现休克或死亡。人在应激状态下的表现与生活经历和个性特征有关，但人的应激能力是可以通过训练提高的。

3. 情感的分类

（1）道德感：是根据一定的道德标准，在评价自身或他人的思想和行为时所产生的主观体验。如荣誉感、责任感、民族自豪感等。道德感具有社会性，不同的社会、不同的历史时期、不同的社会集团或民族，有着不同的道德标准和行为规范，因而道德感也不相同。

（2）理智感：是人在智力活动中所产生的情感体验。它是与人的好奇心、求知欲、探求和热爱真理的需要相联系的，如有新发明时的惊喜感、振奋感。理智感是在认识事物的过程中产生与发展的，是认识世界的一种动力。

考点：情感的分类

（3）美感：是根据一定的审美标准评价各种事物时所产生的情感体验。如人对浩瀚的大海、蔚蓝的天空、美丽的容貌、优美的音乐、艺术珍品等表示的赞美、喜爱等都是美感的表现。美感与人的审美能力、知识经验及所处的社会历史背景有关。人的审美能力不同，知识经验不同，所处的历史时期不同，审美标准也不尽相同，对同一事物产生的美的体验也会千差万别。

（四）情绪与健康

1. 情绪与健康 俗话说："笑一笑，十年少；愁一愁，白了头"。情绪对人的心理、生理等都会产生很大的影响。积极的情绪可以使人心情舒畅、积极向上、精力充沛，可使人乐观地对待困难和挫折，增强机体的免疫力。相反，消极的情绪对人的身心健康危害极大，不仅降低生活质量，影响学习和生活，且易导致各种身心疾患。大量的临床医学研究表明，长期充满心理矛盾、压抑、不安全感和不愉快情绪体验的人，免疫力减弱，内分泌紊乱，容易患癌症。才貌双全的林黛玉，多愁善感，忧郁猜疑，最终积郁成疾，呕血身亡。三国时期的周瑜，因为妒忌多疑、心胸狭窄，而被诸葛亮活活气死。总之，情绪对人的身心健康有直接的影响，用积极的态度和方法调控情绪是一个人身心健康的重要保证。

链接

什么是情商？

情商（EQ）又称为情绪智力，主要是指人在情绪、情感、意志、耐受挫折等方面的品质。以往人们认为，一个人能否在一生中取得成就，智力水平是第一重要的，即智商越高，取得成就的可能性就越大。但是，心理学家们普遍认为，情商的高低对一个人能否取得成功有着重大的影响作用。

情商主要包括：①了解自己情绪的能力；②控制自己情绪的能力；③激励自己行为的能力；④了解别人情绪的能力；⑤与别人友好相处的能力。

2. 情绪的调节与控制 生活中，每个人都不可避免地会遇到失意、困难、险境，从而产生各种各样的消极情绪，若得不到及时排解，这种不良心理能量的积聚超过一定的负荷时就会破坏心理平衡，引起心理疾病。采用适当的方法和途径，合理宣泄，就可以调控不良情绪。常用的方法如下。

(1) 自我放松训练。
(2) 改变认知方式。
(3) 调整行为目标。
(4) 改变或转变情景。
(5) 恰当幽默。
(6) 求助于专业机构。

三、意志过程

案例 2-4

海伦·凯勒在出生后19个月的时候失去了视力和听力。不久，她又丧失了语言表达能力。然而她没有放弃，而是自强不息，在她的导师安妮·莎莉文的努力下，海伦用顽强的毅力克服了生理缺陷所造成的精神痛苦。她热爱生活，逐渐学会了读书和说话，并开始与他人沟通。经过不懈的努力，她以优异的成绩毕业于美国哈佛大学，成为掌握英、法、德、拉丁、希腊五种文字的盲聋哑女作家、教育家、慈善家、社会活动家。她走遍美国和世界各地，为盲人学校募集资金，把自己的一生献给了盲人福利和教育事业。她赢得了世界各国人民的赞扬，并得到许多国家政府的嘉奖。

请问：
1. 海伦·凯勒的身上有哪些优秀的意志品质？
2. 结合自身分析意志的特征和意志的品质。

（一）意志的概念

意志是指人自觉地确定目的，并根据目的主动地调节和支配自己的行为，克服困难去实现预定目标的心理过程。

（二）意志的特征

1. 明确的目的 目的是意志行动的方向和结果，离开了自觉确定的目的，就没有意志行动可言。目的越明确，价值越大，克服困难的动力也越大，意志也就越坚强。

2. 随意运动 人的运动可分为随意运动和不随意运动两类。不随意运动是不由自主的运动，如瞳孔的对光反射。随意运动是受意识支配熟练的运动，如写字、画画等。意志是以随意运动为基础的。没有随意运动，任何打算、愿望都会付诸东流。

3. 克服困难 意志是在人们克服困难的过程中表现出来的。不克服困难，意志就无从表现出来。困难是意志的试金石，只有那些和克服困难相联系的、有目的的随意运动才是意志行动。

> 考点：意志的特征

（三）意志的品质及培养

1. 意志的品质

（1）自觉性：是指对自己行动的目的有清醒而深刻的认识，并能按照目的调控行动以达到既定目标的品质。具有自觉性的人，行为能检点规范、遵守纪律、信守原则、不随波逐流、不为兴趣所左右、不轻易接受外界的影响和干扰、也不会拒绝他人的有益意见和劝告。与自觉性相对立的是受暗示性和独断性。

（2）果断性：是指个体善于明辨是非，适当而又当机立断地采取决定并执行决定的品质。果断性以自觉性为前提，以深思熟虑、大胆勇敢为条件。具有果断性的人，很会把握机会。与果断性相对立的是优柔寡断和鲁莽。

（3）坚韧性：指为实现目的，以坚韧的毅力和充沛的精力克服各种困难，顽强拼搏，百折不挠，奋斗到底的品质。具有坚韧性的人，在困难面前不退缩，在压力面前不屈服，在诱惑面前不动摇，不达目的誓不罢休。与坚韧性品质相对立的是动摇和执拗。

（4）自制性：是指善于支配和调控自己行动能力的品质。具有自制力的人善于控制自己的情感，约束自己的言行，遵守纪律，坚持原则。与自制性品质相对立的是任性和怯懦。

> 考点：意志的品质

2. 意志品质的培养

（1）加强目标教育，培养正确的道德观，树立崇高的理想。
（2）组织实践活动，在行动中锻炼顽强的意志品质。
（3）充分发挥集体和榜样的教育作用。
（4）启发个人觉悟，加强自我锻炼。

第二节 人　格

案例 2-5

小欣和小梅一同从农村考入省会的一所职业学校，新生开学不久，性格活泼的小欣就和班里同学混熟了，有了很多朋友。而开学两个多月了，小梅却还独来独往，甚至常与寝室同学发生不愉快，小梅很苦恼，上课也感觉听不进去，甚至想要退学。

请问：小欣和小梅为什么会有不同的人际关系结果，在下面的学习中应完成哪些任务呢？

1. 复习心理过程相关知识。
2. 掌握人格的心理特征和人格的形成的影响因素。
3. 理解人格的相关概念、自我意识的调控作用。

一、人格的概念和特征

（一）人格的概念

人格是指人的整体的心理面貌。即一个人经常表现出来的具有一定倾向性、相对稳定的心理特征的总和。它包括人格心理特征、人格倾向性、自我意识三部分。

生活中的人格和个性

心理学中的人格又称为个性，不同于我们日常所说的人格和个性。日常生活中常把人格视为人品或尊严，如人格高尚或人格卑劣，是从伦理道德层面上对人的一种认知。而生活中的个性也多指的是性格，即人们在行为举止中表现出来的对现实及外界的态度。如把服饰或观念、行为标新立异称之为个性，可以说，生活中的个性是一个狭义的概念。性格是人格的核心，但不能完全表示人格。

（二）人格的特性

1. 整体性　强调人的心理是多样性的统一，是有机的整体。一个正常的人具有多种心理成分和特质，如情绪、愿望、才智、价值观和习惯等，它们并不是孤立存在的，而是密切联系并整合为一个有机组织。一个人的表现不只是某个特定方面产生的结果，而总是与其他方面紧密联系、协调一致进行活动的结果。当一个人人格的各种特性和谐一致时，他的心理是健康的。

2. 稳定性　是指内在的、本质的自我具有持久性。每个人的自我，在社会实践活动中逐渐形成，过去的我透过现在的我，影响着我的现在和将来，这就是自我的持续性。表现为对人的行为影响的一贯性，而不受时间和地点的限制，"江山易改，禀性难移"说的就是人格具有稳定性。人格的表现是经常出现的心理现象，那些暂时的、偶尔表现出来的行为不属于人格特征。例如，一个平日开朗活泼、爱交际的人在某种场合偶然表现出安静、对人冷淡，并不表明他具有安静内向的性格特点。人格的稳定性随着人的年龄和人生阅历的增长逐渐加强，但并不意味着人格是一成不变的，由于现实生活非常复杂，人格也可能会发生不同程度的改变。当然，这个变化是比较缓慢的。

3. 独特性 独特性是指人格的个体差异性。人与人的心理和行为各不相同，就如同世界上没有两片完全相同的树叶一样，世界上也没有两个完全相同的人。由于人格结构组合的多样性，使每个人的人格都具有不同于他人的心理特点，即使孪生兄弟姐妹也不会有完全相同的心理面貌。我们随时随地都能观察到每个人的需求、爱好、认知、情感和行为等不同于他人的表现。人格具有独特性，但人与人之间也具有一定的心理共同之处。

4. 社会性 社会性是指在个人身上体现的社会化程度或角色行为。人是生物个体，也是社会成员，人从踏入社会的那一天起，就生活在一个具有各种复杂关系的社会环境中，其人格必然会受到他所生活的社会文化的教育和影响。同时，其满足自身需要的内容和方式也是受具体的社会历史条件制约的。人是社会的人，人格是个体的自然性和社会性的综合，社会性是人格的本质特征。生活在一定的群体环境和生活环境中的人具有共同的、典型的心理特点。

> 考点：人格的概念，人格的特性

二、人格心理特征

人格心理特征是指个人所表现出的比较稳定的心理特点。主要包括能力、气质和性格等，其中能力是人格心理特征的综合表现。

（一）能力

1. 能力的概念 能力是影响人的活动效率并使活动得以顺利完成所具备的人格心理特征。能力是在学习知识、技能的过程中形成和发展起来的，而掌握知识和技能又以能力为前提，相互影响和促进。简单说，知识、技能只是人脑中的储存，而能力是决定知识技能的掌握程度及所达到的水平。例如记住数理公式、定理等并不一定能够灵活运用于解题中。能力是一种心理特征，一个人的能力是通过活动来体现的，要完成某种活动，往往需要多种能力的结合，能把这些能力综合起来顺利有效完成某种活动就称为才能。

> **护考链接**
> 观察力、记忆力、思考力都属于
> A. 特殊能力　B. 一般能力
> C. 操作能力　D. 交往能力
> E. 认知能力
> 分析：感觉、知觉、记忆、思维等都属于心理过程中认识过程，反映的是人的认知能力。故选E。

2. 能力的分类
（1）按能力的结构可划分为：一般能力、特殊能力。
（2）按能力所涉及的领域可划分为：认知能力、操作能力、社交能力。
（3）按能力的创造程度可划分为：模仿能力、再造能力、创造能力。

> 考点：能力的概念

（二）气质

1. 气质的概念 气质指一个人生来就有的心理活动的动力特征。它主要表现在心理活动产生时的强度、变化速度、稳定程度及心理活动的指向性等特点。气质具有天赋性、稳定性和较小的可塑性。生活中，我们可以感受到身边有的人是急性子，做事慌张，爱发脾气；有的人是慢性子，行动缓慢，遇事冷静；有的人总是活泼好动，而有的人总是安静稳重。这些心理特性方面的差异就是气质特征，它与遗传有很大关系，在个体生活早期往往就可以观察到，一生中少有改变。

2. 气质类型学说

（1）体液学说：古希腊医生希波克拉底认为，人体内有四种体液，即血液、黄胆汁、黑胆汁和黏液，机体的状态决定四种体液的混合比例。体液学说认为某种占优势的体液决定一个人的气质，因而有四种气质类型：多血质、胆汁质、抑郁质、黏液质。现代观点看来，用四种体液来解释气质类型并无科学依据。但生活中确实可以观察到它所描述的四种气质类型，所以这四种气质类型的用语一直沿用至今。

（2）高级神经活动类型学说：俄国生理学家巴甫洛夫在大脑皮质活动研究中对气质的生理基础进行了探讨，认为高级神经系统活动的基本过程是兴奋和抑制，具有强度、均衡性和灵活性三个基本特性。强度指神经系统承受外界刺激的能力和界限。均衡性指兴奋和抑制的相对均势或优势。灵活性是二者相互转换的速度。由神经活动过程三个基本特性的结合不同，巴甫洛夫提出了高级神经活动的四种类型：兴奋型、活泼型、安静型和抑制型，它们分别对应体液学说的四种气质类型（表2-2）。

考点：气质的概念、类型

3. 气质的外在表现 根据气质的特性和每种气质类型神经过程的特点，各型的主要外在表现如下（表2-2）。

表 2-2 气质分型及主要表现特征

气质类型	神经过程的基本特征	高级神经活动类型	主要表现特征
胆汁质	强 不平衡	兴奋型	易冲动、办事粗心、精力充沛、不易疲劳、自制力差、严重外倾
多血质	强 平衡 灵活	活泼型	活泼好动、言行敏捷、待人热情、粗心浮躁、兴趣多变、外倾
黏液质	强 平衡 不灵活	安静型	动作稳而慢、善忍耐、固执拘谨、情感不外露、内倾
抑郁质	弱 不平衡	抑制型	观察细微、情感体验深刻、稳定、敏感、孤僻、多虑、严重内倾

（1）胆汁质：属于兴奋而暴躁的类型。胆汁质的人感受性低而耐受性高；能忍受强烈刺激，精力特别旺盛；直爽热情，情绪兴奋性高；心境变化剧烈，脾气暴躁，难于自我克制，行为严重外倾。

（2）多血质：属于活泼而好动的类型。多血质的人的感受性低而耐受性高；言语行动敏捷，活泼好动，情绪不稳定；不怯生，善交际，兴趣多，容易适应外界环境的变化，行为外倾。

（3）黏液质：属于缄默而沉静的类型。黏液质的人感受性低而耐受性高，兴奋性低；举止平和，不善言谈，交际适度；头脑清醒，做事有条不紊、循规蹈矩，行为内倾。

（4）抑郁质：属于敏感而羞涩的类型。抑郁质的人感受性高而耐受性低，兴奋性弱；多疑多虑，多愁善感，内心体验极为深刻，善于观察细节；胆小，孤僻，不善交往；动作迟缓、做事认真仔细，行为严重内倾。

4. 气质的意义

（1）气质不决定人的社会价值和智力水平：气质不涉及心理活动的方向和内容，仅使人的行为带有某种动力特征。每种气质类型都既有积极一面，也有消极一面，任何一种气质都可能培养和发展成为社会有用之才，不能依据个体的气质去判断一个人的社会价值和智力水平。

气质有好坏之分吗?

每个人都有自己与生俱来的独特气质,自己的气质好还是不好?哪种气质最好呢?以俄国四大文豪的气质类型为例:普希金属于胆汁质,赫尔岑属于多血质,克雷洛夫属于黏液质,果戈理属于抑郁质。现实生活中也有大量的实例,我们看到不同气质类型的人却同样功成名就,而一样气质类型的人既可能成为成就卓越之人,也可能成为一事无成之人;各种气质类型的人既可能成为品德高尚之人,也可能成为道德败坏之人。可见,气质本身并无好坏之分。但气质类型对工作方式和效率是有一定影响的,我们选择职业时要多注意自己的自然倾向,增加职业适应性会更有利于事业成功。

(2)气质具有稳定性和较小可塑性:气质由神经活动过程的特点所决定,因此,气质受遗传素质影响大,稳定性大,可塑性较小。但气质也不是一成不变的,如在童年时期生活环境恶劣或在成年时期遭遇重大的负性生活事件,可以导致人的气质发生显著改变。人由于后天环境和教育的影响,气质也往往会被掩饰或修饰,发生缓慢的、一定程度的改变。所以,气质类型的单纯型及典型型少见,混合型及近似型多见。

(3)气质影响人的心身健康:不同气质类型个体的生理特点及其适应环境的能力不同,因为不同的气质类型个体对刺激有不同的敏感性倾向,形成不同的情绪倾向。情绪不稳定,容易伤感、性急、冲动等特征都不利于心身健康,是心身疾病的易感因素。据临床观察,极端的胆汁质和抑郁质类型是神经症或精神病的主要潜在人群。

(三)性格

1. 性格的概念　性格是人格的核心,是指个体对己、对人、对社会所持的稳定的态度和习惯化的行为模式。人在社会实践活动中,总会对相关各种事物产生看法,做出一定的选择,并采取一定的行为方式,这个过程就是性格的表现,即一个人心理面貌的本质体现。

2. 性格的特征　性格是一个十分复杂的心理构成物,包含着多种多样的性格特征,总体上我们可以从下面四个方面分析性格特征。

(1)态度特征:是指人对待和处理社会各方面关系的性格特征,是性格中具有核心意义的特征。包括人对社会、集体、他人、自己及工作、学习等的态度。如有的人助人为乐、正直诚实,而有的人自私自利、阴险虚伪;有的人做事认真、细心,而有的人则粗心、懒惰等。

(2)理智特征:是指人在感知、记忆、思维和想象等认识活动方面表现出来的特点与风格。如在感知方面,有的人是主动观察型,有的人属被动感知型;在思维方面,有的人是独立思考型,而有的人是盲目模仿型。

(3)情绪特征:是指人情绪活动的强度、稳定性、持续性及主导心境等方面的特征。如情绪反应的强弱,情绪产生后持续时间的长短等。有的人情绪产生快而强,难以自我控制,而有的人情绪产生慢而弱,容易控制情绪。

(4)意志特征:是指人在意志行动中所表现出来的性格特点,即自觉调节自身行为方面的性格特征。如有的人目标明确有主见,做事果断、勇敢,而有的人盲动蛮干易受暗示，遇事优柔寡断、胆小怯懦等。

3. 性格的类型 常见的性格分类有三种。

（1）按照心理活动的心理功能划分。①理智型：以理智的尺度来衡量一切并支配行动，有头脑，有主见。②情绪型：情绪体验深刻，举止易受情绪左右，易感情用事。③意志型：目标明确，行动自觉主动，以意志支配行为。

（2）按照心理活动的倾向性划分。①内倾型：心理活动内向，表现为沉静、少言、多虑、感情深沉、处事谨慎、适应环境比较缓慢。②外倾型：心理活动外向，表现为活泼、开朗、热情、情感外露、善于交际、适应环境能力较强。

> **护考链接**
>
> 在个性结构中，有道德评价意义的是
> A. 气质 B. 性格
> C. 能力功能 D. 意志
> E. 动机
> 分析：性格的形成更多地依赖后天的环境和教育，影响人的态度和习性，因而具有社会意义。故选B。

考点：性格的概念、特征

（3）按照心理活动的独立性划分。①独立型：具有坚定的信念，善于独立思考，不易受外界事物干扰，遇事镇定，喜欢固执己见。②顺从型：独立性差，易受暗示，容易不加批判地接受他人意见，总是听从别人安排，不善于应对紧急情况。

（4）按照心身疾病的易罹患性划分。①A型行为：性情急躁，争强好胜，做事认真负责，时间紧迫感强。这种类型的人易患冠心病、高血压等疾病。②B型行为：性情平和，随遇而安，行为迟缓，生活满足感强。③C型行为：压抑情绪，谨慎、克制，过分忍耐。这种类型的人易患癌症。

链接

你是A型行为性格吗？

A型行为性格的人，常常苛求自己超负荷工作，努力实现目标，终日紧张忙碌，心理和生理负担都十分沉重。罹患心血管病在几种行为类型中概率最高，冠心病人中A型行为者占70.9%，心肌梗死的发病率是B型人格的2～4倍。"经常想到有许多事情要做，却没有时间去做"，焦虑、紧张之下，高血压、心脏病、胃溃疡等疾病就随之发生了。怎样缓解A型人过度紧张和压力呢？请试试以下方法：①根据自己实际能力制订一个适中的目标；②合理安排时间并预留回旋的余地；③划清工作与休息的界限；④培养能够身心放松的业余爱好；⑤参加体育锻炼，提高身体素质。

考点：性格类型

三、人格倾向性

人格的倾向性是指人的需要、动机、兴趣、理想、信念和世界观等，是人格结构中比较容易变化的部分。

（一）需要

1. 需要的概念 需要是指个体对自身生存和发展所必备条件的渴望和欲求。它是个体感到某种欠缺而力求获得满足的一种内心状态，是心理活动与行动的基本动力，人的活动总是受某种需要所驱使，需要一旦被意识到并驱使人行动时，就以动机的形式表现出来。需要的满足与否直接影响个人的情绪和行为，需要是人格倾向性的基础。

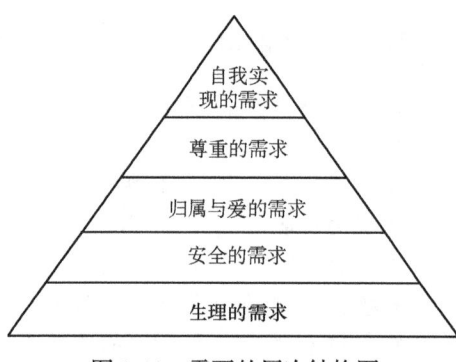

图 2-10 需要的层次结构图

2. 需要的层次理论 美国人本主义心理学家马斯洛认为,生物体的一切活动都是为了满足需要,他在1943年出版的《调动人的积极性的理论》一书中提出需要层次理论。按需要发生的先后顺序及对人生存、生活意义的大小,需要由低到高分为生理需要、安全需要、归属与爱的需要、尊重的需要、自我实现的需要五个层次(图2-10)。需要是发展的,当低层次的需要得到满足,人们又会追求新的高一层次的需要,需要是人的活动积极性的源泉。

考点:马斯洛的需要的层次论

护考链接

充分发挥才能,体现自身价值的需要属于
A. 生理需要　　　　B. 安全需要　　　　C. 归属与爱的需要
D. 尊重的需要　　　E. 自我实现的需要
分析:最大限度发挥个人的能力和潜能,实现个人理想、抱负的需要,是最高层次的需要,即自我实现的需要。故选E。

(二)动机

1. 动机的概念 动机是指为满足某种需要而产生行动以达到目的的内部驱动力。动机产生需要具备两个条件,一是内部的需要,如冷了、饿了等;二是外部的刺激或诱因,如名誉、地位等。动机具有激活、指向、强化功能。动机可分为生物性动机和社会性动机等。

2. 动机冲突 当有多种需要不能同时满足,个体存在难以决定取舍的心理矛盾,在行动上犹豫不决,这种相互冲击的心理状态,称为动机冲突。动机冲突主要有以下几种类型。

(1)双趋冲突:指两种目标对个体都具有吸引力,但无法同时实现,二者必舍其一的矛盾心理。如"鱼与熊掌不可兼得"。

(2)双避冲突:指两种目标对个体都具有威胁性,但无法同时回避,二者必取其一的矛盾心理。如"前是悬崖,后有追兵"。

(3)趋避冲突:指某一事物对个体具有利与弊的双重意义时,既想得好又想避恶的矛盾心理。如"想吃鱼,又怕腥"。

考点:动机的概念、动机冲突的类型

(4)多重趋避冲突:指两个或两个以上的目标同时出现,而每个目标都各有利弊,无法简单选择其中目标的矛盾心理状态。生活中多重趋避冲突更为常见。

(三)兴趣

1. 兴趣的概念 兴趣是人积极认识某种事物或参加某种活动的心理倾向。人的兴趣是在需要的基础上产生和发展的,兴趣是动机的重要表现形式,也是动机中最活跃的成分,是认识客观事物和从事实践活动的巨大动力。

2. 兴趣的品质 是指人在认识事物的过程中形成和表现出来的、稳定的心理特征。

包括：①倾向性，对什么发生兴趣；②广阔性，兴趣的范围大小；③稳定性，兴趣持续的时间长短；④效能性，兴趣产生的作用大小。

四、自我意识

（一）自我意识的概念

自我意识是人对自己及自己与客观世界关系的认识。自我意识是意识发展的最高阶段，是人格中的自我调控系统，人正是由于具有自我意识，才使人能对自己的思想和行为进行监控和调节，形成完整的人格。

（二）自我调控系统

1. 自我认识 是对自己的洞察和理解，包括自我观察和自我评价。它是自我调节控制的心理基础。

2. 自我体验 是伴随自我认知而产生的内心体验，即对自己所持的态度，是自我意识的情绪、情感表现。自尊心和自信心是自我体验的重要内容。

考点：自我意识的概念、自我调控系统

3. 自我控制 是自觉对自己的行为、态度进行调控的过程，是自我意识的意志表现，它保证了人格的完整、统一、和谐。

五、人格的形成与发展

案例 2-6

小王，男性，18岁，无业。10岁时父母离异，跟奶奶生活时间较多。小王从小顽皮，性格倔强；自父母离异后开始出现旷课、逃学、撒谎等行为，上初中后明显不服家人管教，顶撞、吵闹，以至打骂奶奶、妈妈；摔东西，打同学，对人冷漠无情。在学校不遵守学校纪律，常因逃学、打架、破坏公物及学习成绩太差等原因被老师叫家长，中考时未能考上高中。家长托关系先后联系过几所高中、职业学校让他上学，均入学几个月后自行退学，后坚决不肯上学，也不肯去打工，现在家白天睡觉，晚上上网，无所事事1年多。

请问：
1. 小王的人格健全吗？为什么？
2. 影响小王人格形成的因素有哪些？

（一）人格的形成

人刚出生时，还不具有人格，人格是在社会生活中逐渐形成的。人在较长的生理发育期依赖他人生活，不断向他人学习生活经验，早期经历对人格的形成有重大的影响。随着社会生活的日益复杂，人在社会实践中不断学习和适应，为人格的发展创造了广阔前景。

（二）人格形成的影响因素

要认识、分析人格必须重视影响人格形成的主要因素。

1. 遗传因素 遗传因素指一个人的先天素质或叫天赋，它为人格发展提供了生物学基础。气质类型较多地受遗传因素的影响，记忆、反应能力等某些方面也与遗传因素密切相关。

2. 环境与教育 单纯的遗传因素只是一种潜能，后天的学习、教育、生活环境及发展条件等是遗传潜能得以显现的必要条件。脱离人类社会由动物哺养长大的孩子，即使回到人类社会，智力发展也难以达到正常水平。

（三）人格形成的标志

1. 自我意识的确立 自我意识是人对自己的认识和评价，人在与自然和社会的交往中逐渐形成了自我意识。

2. 社会化 是个体的观念、行为被社会施压而符合社会规范的过程，即自然的人成为社会的人的过程。人在社会文化的影响下，人格必然与社会的要求密切关联。没有社会化阶段，就不可能形成真正的人格。

考点：人格形成的标志

六、常见的人格障碍

人格障碍是指明显偏离正常的、习惯化的、不良的生活行为模式，又称为病态人格，表现为对环境适应不良。病人的社交和职业功能往往会受到影响，自己感觉痛苦，也给他人或社会造成不良影响。

（一）特点

1. 人格偏离正常，主要表现为认知方式、情绪方式异常及人际关系失调。
2. 认识能力完整，但对自身人格缺陷缺乏自知力。
3. 人格障碍一般起始于儿童、青少年期，并持续至成年或终身。部分病人到中老年后症状可逐渐减弱。
4. 人格障碍的行为问题各有不同，严重障碍者危害社会。

（二）分类

1. 偏执型 以猜疑和偏执为主要特征。主要表现为：谨慎多疑，不相信他人，警惕和防卫心理过重；敏感固执，易记恨，对侮辱和伤害耿耿于怀，常有回击和报复心理；自视过高，自命不凡，易感委屈、不满；嫉妒心强，常对别人的成就或荣誉紧张和责问；多疑且固执于偏见，忽视或不相信与自己想法不符的客观证据，因而难以用说理或事实改变其想法。

2. 分裂型 以观念、行为、外貌装饰奇特，情感冷漠和人际关系缺陷为主要特征。主要表现为情感冷淡，缺乏温情，不能体会人间的种种乐趣。性格明显内向，孤独、被动和退缩，疏远家庭和社会，基本不主动与他人交往，很少有知心朋友；表情呆板，对周围事物缺乏情感体验；常沉溺于脱离现实的幻想之中，有偏执、奇异信念；常不修边幅，服饰奇特，行为怪异不合时宜或风俗习惯等。

3. 反社会型 以行为不符合社会规范，经常违法乱纪，极易发生攻击性行为为主要特征。主要表现为行为不符合社会规范，缺乏爱心和责任心，对人冷酷无情，常撒谎、欺骗、伤害他人；无道德观念，缺乏罪恶感，无内疚、羞耻心理；易激惹、冲动，有攻击行为。

4. 冲动型 又称攻击型，以情感爆发伴明显行为冲动为主要特征。主要表现为易激惹，情绪不稳，易与他人发生冲突，发作后虽有悔意，但不能防止再发生；情绪不能自控，冲动暴发时不可遏制，可对人或对己有暴力行为，有不可预测和不考虑后果倾向。

5. 表演型 又称癔症型。以过分感情用事或夸张言行吸引注意为主要特征。主要表现为人格不成熟和情绪不稳定，常感情用事，按个人喜好判断事物的好坏；爱表现自己，常以夸张的言行、外貌吸引人注意，犹如演戏；以自我为中心，强求别人满足自己意愿，喜怒变化无常。爱幻想，喜欢参加各种人多的活动。

6. 强迫型 以过分注意自己行为是否符合要求而强烈自控为主要特征。主要表现为过分要求严格与追求完美，内心有不安全感，做事总是反复检查核对，苛求别人，过分挑剔；自信心不足，总有一种不够完善之感；做事循规蹈矩，过分小心谨慎，往往对他人做事不放心。

7. 焦虑型 又称回避型。以持久紧张、胆怯和自卑为主要特点。主要表现为缺乏自信，常有不安全感，总是提心吊胆，生怕出错，习惯于夸大生活中的潜在危险；敏感、自卑，过于在意批评意见，常回避社交活动。

8. 依赖型 也称被动型。以缺乏自信而过度依赖为主要特征。主要表现为独立性差，自认无能，自尊低下，情愿把自己置于从属地位，过分地服从他人的意志；允许他人安排自己的生活，使自己的需要服从他人需要，即使是合理的要求也不提。因时时依赖他人，故常有压力感。

小结

心理过程是心理现象发生发展的过程，包括认知过程、情绪情感过程和意志过程。三者彼此联系、相互渗透、互相制约。情绪情感是人对自身需要是否满足时产生的态度体验，包括快乐、愤怒、悲哀、恐惧四种基本情绪，心境、激情、应激三种情绪状态和道德感、理智感、美感三种情感。意志包括自觉性、果断性、坚韧性、自制性四种意志品质。人格是指一个人的整体心理面貌，即一个人经常表现出来的具有一定倾向性、相对稳定的心理特征的总和，包括人格心理特征、人格倾向性、自我意识三部分。人格心理特征包括能力、气质、性格。人格倾向性包括需要、动机和冲突。自我意识是人对自己的认识和评价，人通过自我意识对自己进行控制调节，形成自己独特而完整的人格。人格障碍是人格畸形发展而导致的持续适应不良的行为模式。人格障碍表现各异，对自己、他人和社会造成不良影响。

自测题

A1 型题

1. 工程师根据图纸想象出建筑物的形象，这种想象属于
   A. 创造想象　　B. 无意想象
   C. 再造想象　　D. 理想
   E. 幻想

2. 记忆过程包括
   A. 再认和回忆
   B. 保持和遗忘
   C. 识记、保持、再认或回忆
   D. 识记、保持和遗忘
   E. 识记、再认和回忆

3. 一支白粉笔，无论把它置于明亮处还是黑暗处，人们都会把它知觉为是白粉笔，这种知觉特性被称之为
   A. 知觉的整体性　　B. 知觉的理解性

C. 知觉的选择性　　D. 知觉的恒常性
E. 知觉的对比性

4. 俗话说"人逢喜事精神爽"，这种情绪状态属于
　A. 激情　　　　　B. 应激
　C. 心境　　　　　D. 热情
　E. 兴奋

5. 一位小学生在没有人督促的情况下，能够独立地完成各项作业，反映了其意志的
　A. 自觉性　　　　B. 果断性
　C. 自制性　　　　D. 坚韧性
　E. 独立性

6. 在特定条件下，个体对客观事物所产生的歪曲知觉被称为
　A. 梦　　　　　　B. 无意识
　C. 错觉　　　　　D. 幻觉
　E. 以上均不是

7. 关于情绪，错误的说法是
　A. 只有人才能产生
　B. 情绪的产生多与生理需要有关
　C. 情绪具有较大的情景性和冲动性
　D. 情绪产生多伴有生理、行为上的变化
　E. 以上均不正确

8. 思维的过程不包括
　A. 分析　　　　　B. 回忆
　C. 综合　　　　　D. 比较
　E. 抽象与概括

9. 以下属于非智力因素的是
　A. 观察力　　　　B. 记忆力
　C. 意志力　　　　D. 思维力
　E. 注意力

10. 以下哪一项不是心理过程
　A. 语言　　　　　B. 想象
　C. 注意　　　　　D. 学习
　E. 需要

11. 既有目的又无需意志努力的注意，被称为
　A. 无意注意　　　B. 有意注意
　C. 不随意注意　　D. 有意后注意
　E. 以上均不是

12. 医生通过观察、号脉、听诊能诊断病人的病情，这属于哪种思维的特性
　A. 概括性　　　　B. 直接性

C. 抽象性　　　　D. 间接性
E. 以上都不是

13. 短时记忆的信息量的组块为
　A. 5～7　　　　　B. 7～9
　C. 5～9　　　　　D. 5～11
　E. 7～11

14. 个性倾向性主要包括
　A. 情绪、情感
　B. 自我意识
　C. 感觉、思维、想象
　D. 需要、动机、兴趣
　E. 能力、气质、性格

15. 具有核心意义的心理特征是
　A. 气质　　　　　B. 性格
　C. 需要　　　　　D. 动机
　E. 能力

16. 俗话说"江山易改，秉性难移"是指人格具有
　A. 独特性　　　　B. 稳定性
　C. 整体性　　　　D. 功能性
　E. 以上均不是

17. 人格的形成和发展受以下哪些因素的影响
　A. 生物遗传因素　B. 家庭因素
　C. 学校因素　　　D. 社会文化因素
　E. 以上均是

18. 小林既想参加比赛锻炼自己，又担心成绩不好被人讥笑，此时的心理冲突是
　A. 挫折感　　　　B. 趋避冲突
　C. 双趋冲突　　　D. 双避冲突
　E. 双重趋避冲突

19. 小玲深沉、不爱与人交往、有孤独感，动作显得缓慢、单调，她的气质特征属于
　A. 稳定型　　　　B. 胆汁质
　C. 多血质　　　　D. 黏液质
　E. 抑郁质

20. 一个人能够对自己的内心和行为进行洞察和理解属于
　A. 自我认识　　　B. 自我体验
　C. 自我检查　　　D. 自我控制
　E. 自我监督

（田禾丰　肖　苹）

第三章 心理应激与危机干预

"天有不测风云，人有旦夕祸福"，人在一定的社会环境中生活，总会有各种各样的情境变化或刺激对人施以影响，如灾难、重大的生活事件、社会的动荡等。作为刺激被人感知到或作为信息被人接收，一定会引进主观的评价，同时产生一系列相应的心理生理的变化。通过信息加工过程，就对刺激作出相应的反应。如果刺激需要人作出较大的努力才能进行适应性反应，或这种反应超出了人所能承受的适应能力，就会引起机体心理、生理平衡的失调，甚至引发各种疾病。护理人员掌握心理应激与危机干预的理论与技术除了可以促进服务对象的身心健康，还有利于自己的职业生涯发展和身心健康。

第一节 心理应激

案例 3-1

有三名学生一起过马路，突然一辆轿车飞速向他们冲过来，其中，一名女生飞快地跑过马路，另一名女生晕倒在地，还有个男孩其先不知所措，但马上缓过神来，抱起晕倒的女生快速跑过马路，跑到马路旁边后瘫倒在地。

请问：
1. 三名同学遇到的什么类型的应激源？
2. 你认为哪种反应是正确的？

一、心理应激的概念

心理应激是个体觉察需求和满足需求的能力不平衡时所表现出的心身紧张反应状态，其结果是适应或不适应。

加拿大生理学家 Hans selye 于 1936 年提出了应激理论，并引入到生物和医学领域。目前，心理应激没有一个公认的概念。在医学护理领域中，把应激概括为三个方面：①应激是一种刺激物，包括躯体的、心理的、社会的、文化的四个方面；②应激是一种反应，是对不良刺激或情景的反应，包括生理反应、心理反应和行为反应；③应激是一种觉察到的威胁。应激是发生在个体觉察或估价一种有威胁的情景时，它的发生并不伴随于特定的刺激或特定的反应。

> 考点：心理应激的概念

二、心理应激的过程

（一）应激源

1. 应激源的概念 应激源又称压力源，指能够引起个体产生心理应激反应的各种体内外环境刺激因素。

2. 应激源的种类

（1）躯体性应激源：指作用于人的躯体、直接产生刺激作用的刺激物。如高温、辐射、电击、创伤、微生物、噪声、疾病等。

（2）心理性应激源：指导致个体产生焦虑、恐惧和抑郁等情绪反应的各种心理冲突和心理挫折。如人际关系紧张、工作压力、考试、心理冲突。

考点：应激源的种类

（3）文化性应激源：指因语言、风俗习惯、生活方式、宗教信仰等文化因素引起心理应激。包括：迁居异地、语言环境改变、不同的价值观念冲突等。

（4）社会性应激源：指那些对人提出适应和应对要求的各种社会生活情境和事件，是现代社会引起人类出现心理应激的重要原因。包括重大生活事件、社会的动荡、经济制度的变革、战争、自然灾害等。

3. 应激源的觉察 机体内外环境的各种刺激因素是否成为应激源，关键在于个体是否觉察到应激源的威胁，只有觉察到应激源的威胁个体则处于应激情境，产生一系列的应激反应。

（二）中介机制

中介机制是指应激情境转变为应激反应的中间环节，是介于应激源与应激反应之间起调节作用的中间因素。

1. 心理防御机制 心理防御机制是个体面对应激情境时，无意识地采用的心理策略。个体采用何种心理防御机制，决定了接下来采取什么样的方式面对应激情境。

2. 认知评价 认知评价是指个体从个人的角度对所遇到的应激情境的性质、程度和可能的危害情况等做出的分析和评价。心理社会应激能否影响健康或导致疾病，很大程度取决于个体对外界刺激的认知与评价。个体认知能力不足或存在歪曲的认知或认知障碍时，不能对外界刺激做出现实的评价与合理的决定，难以采取有效的处理手段，使挫折机会增加，可能导致健康状况恶化。

链接

拉扎勒斯的实验

拉扎勒斯（Lazarus）等对个体如何察觉和评价应激性刺激方面进行了研究。实验中，把受试者分为三组观看一部工业事故影片。①对照组：未给任何解释，仅要求注意观看影片发生什么故事。②理性化组：要求受试者从技术角度探索性分析影片内容，评价故事中工人安全操作技术的有效性。③否认组：告诉受试者影片中事故是演员特技表演，并无工人受伤。实验结果发现理性化组和否认组受试对影片内容无明显情绪反应，而对照组却出现了明显情绪反应指征如心跳加快、皮肤电阻升高等。说明个体的认知评价在察觉应激性刺激的威胁时起调节作用，即通过认知评价可以使威胁"贬值"。

3. 人格特征 人格是构成一个人的思想、情感及行为的特有模式，这个独特模式包含了一个人区别于他人的稳定而统一的心理品质。

（1）与应激相关的人格类型：按对应激源易感或抵抗倾向程度而进行分类，分为易感应激人格及抗应激人格。

易感应激人格包括 A 型行为类型、C 型行为类型。易感应激人格常常存在刻板思维倾向、缺陷评价倾向、情绪焦虑倾向、行为逃避倾向、社交封闭倾向、内心多冲突倾向、选择与决策艰难倾向，这些行为倾向导致个体在总是陷入激烈的内心矛盾与心理应激之中。

抗应激人格为坚韧人格，是由奉献、挑战及控制三种成分所构成，有助于对抗应激与疾病。

（2）人格在应激与疾病关系中的作用：人格既可以作为疾病的非特异性因素，在不同疾病中起作用，也可以成为某种疾病的重要条件，而且与心理健康和心身疾病有密切关系。如 Andrews 发现高应激状态下，若缺乏稳定的个性支持和良好的应对方式，则心理损害的危险度可达 43.3%，为普通人群的两倍以上。一般认为，人格可以通过决定个体的行为方式，影响个体的认知评价、对外界挑战的适应、可能获得的社会支持，从而影响应激反应的程度和结果。

4. 社会支持系统 社会支持系统是指个体与社会各方面包括家庭、亲朋、组织和社团等精神上和物质上的联系。社会支持可有效防止个体受到应激的消极影响，具有屏障作用，是最重要的应对资源和缓解应激反应的中介因素。

5. 应对方式和生活方式

（1）应对方式：应对是个体对现实环境变化有意识、有目的和灵活的调节行为。有积极应对和消极应对。一般来讲倾向于积极应对的人常常能更好地解决问题，避免感受到更多的压力和挫折，有利于身心健康；倾向于消极应对的人常常不能积极地面对现实环境中的问题，采取回避、退缩等不利于问题解决的行为，在现实生活中遭遇更多的挫折，从而影响身心健康。有必要指出的是，所谓积极应对和消极应对是相对的。

（2）生活方式：指处在一定的社会历史条件下的个人生活的行为模式和特征。研究表明，个体面对社会生活压力越大，越容易出现某些不良生活方式，如吸烟、酗酒、药物成瘾等，从而对健康产生影响。

（三）应激反应

应激反应指应激状态引起的个体生理的、心理的和行为的变化（图3-1）。

1. 应激引起的生理反应

（1）急性心理应激可导致眩晕、晕厥等急性反应。

（2）慢性心理应激状态下可引起自主神经系统和内分泌系统的变化，引起疲劳、头痛、失眠、胃肠不适、消瘦和心悸等躯体化症状，称为慢性心理应激综合征。

（3）心理应激还可能引起各种心身疾病，也可加重已有疾病。

Hans selye 将应激的生理反应分为 3 个阶段：警戒期、抵抗期和衰竭期。

（1）警戒期：血压先降低，然后迅速上升。促肾上腺皮质激素（ACTH）和肾上腺皮质激素分泌增多，这是生物体面对应激情境时体内的紧急动员，使能量重新分配，有利于机体增强抵抗或逃避损伤的能力。

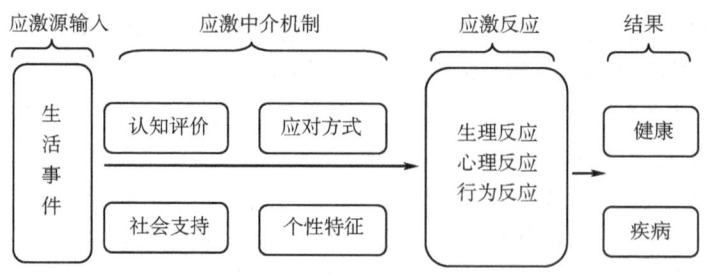

图 3-1　应激的过程

(2) 抵抗期：继续产生的糖皮质激素引起体内脂肪和蛋白质转化为糖，以满足机体的能量需要。但如果时间过长，觉醒水平就会逐渐下降，机体抵抗新的应激源能力下降，并伴随着大量发生应激相关的疾病的前兆。

(3) 衰竭期：机体抵抗能力迅速崩溃，出现各种严重的功能障碍或疾病。

2. 应激引起的心理反应

应激的心理反应可分为积极和消极两个方面。

(1) 积极的心理反应：是指意识清醒、适度的情绪紧张、注意力集中、思维清晰、反应敏捷、行动果断等。这种反应能使个体在应激状态下维持心理平衡，挖掘人的潜能，调动人的主观能动性，准确地评定应激源的性质，作出符合理智的判断和决定。

(2) 消极的心理反应：表现为过度焦虑、紧张、意识不清醒、认识水平降低、情绪波动比较大、思维混乱等。这种反应状态是有害的，它妨碍了个体正确评价现实情境，在一定程度上失去了判断和决策能力。

3. 心理应激引起的行为反应

(1) 社会文化方面表现：积极的反应包括维持良好的人际交往和兴趣，积极寻求社会支持，提高个体适应环境的能力。消极的反应则引起人的认知失调及行为方式的改变，采用无意义的、消极的应对方式，导致个体社会文化功能改变、角色混乱、社会适应性降低。

(2) 行为表现

1) 逃避与回避：逃避是指已经接触到应激源后而采取的远离应激源的行动；回避是指预先知道应激源将要出现，在未接触应激源之前就采取行动远离应激源。

2) 退化与依赖：放弃成年人应对方式而使用幼儿时期的方式应付环境变化或满足自己的欲望，目的是获得别人的同情支持和照顾，以减轻心理上的压力与痛苦。

3) 敌对与攻击：表现为攻击性言语行为，对他人的不友好、谩骂、憎恨或羞辱别人；攻击对象可以是人或物，可以是别人也可以是自己，出现毁物、自损、自伤、自杀行为。

4) 无助：表现出无能为力、听天由命、被动承受的行为状态，通常在经过反复应对不能奏效，对应激情境无法控制时产生。

5) 物质滥用：某些人在心理冲突或应激情况下会以饮酒、吸烟或服用某些药物的行为方式来应对应激。

4. 影响应激反应程度的因素

(1) 个体的自身生理条件因素：即身体器官的脆弱性，不同个体、不同的身体器官对生理应激反应有着不同的耐受力。如胃壁细胞的总数（PCM）、血清胃蛋白酶原 I（PGI）水平高，是十二指肠脆弱性、易发生溃疡的一个标志，高的 PGI 可作为常染色体显性基因特性遗传下来；而饮食不当、药物（糖皮质激素、阿司匹林、保泰松、利血平等）和吸烟等环境因素，会刺激胃过多地分泌这两种物质。

（2）应激源的性质：应激源本身的强度、范围、作用时间的长短、应激事件是否可预料和可控制。大量研究发现，越是强的、大范围的、长时间的、新异的、不可控制的或不可预见的事件，越有可能引发疾病。

（3）心理中介机制：前面所提到的认知评价、人格、心理防御机制的应用、应对方式、生活方式、社会支持，都是影响应激反应的中介因素。

三、心理应激对健康的影响

（一）心理应激对健康的积极影响

1. 适度的心理应激是人成长和发展的必要条件。研究表明，早年的应激经历有利于个体在后来生活中的应对和适应能力，从而能更好地耐受各种紧张性刺激物和致病因素，人离不开刺激，特别是社会的刺激，所谓"寒门出贵子""穷人的孩子早当家"说的就是这个道理。

2. 适度的心理应激是维持人正常功能活动的必要条件，可以提高活动的效率。关于感觉剥夺的实验证实，缺乏适度的应激会损害人的身心功能，适当的刺激和心理应激有助于维持人的生理、心理和社会功能，例如适度的应激可以提高考试、评比、检查和比赛前的效率。

3. 适当的心理应激可以锻炼、发展个体的建设性应对策略，有利于培养个体迅速动员防御力量、抵抗应激源侵袭的能力。

（二）心理应激对健康的消极影响

1. 心理应激引起的生理、心理反应可以成为人们身体不适、虚弱和精神痛苦的根源。心理应激可以引起自主神经系统和内分泌系统的变化，出现：头痛、乏力、心慌、胃肠不适、全身肌肉胀痛等系统器官组织的主诉和症状；急性心理应激可导致眩晕、晕厥等急性反应；慢性心理应激状态下可引起疲劳、头痛、失眠、消瘦和心悸等躯体化症状，又称为慢性心理应激综合征。

2. 心理应激可以加重已有精神和躯体疾病或使其复发。

心理应激可以降低个体对疾病的抵抗力，而且还直接影响其症状的构成。如，高血压病人可于家庭纠纷之时病情加重，冠心病病人看紧张的足球比赛时可能发生心肌梗死。

链接

过度疲劳综合征

过度疲劳综合征是指由于工作应激过强或过于持久，使个体的体力和脑力消耗过度，超过了个体所能承受的限度，从而引起一系列的身心病理反应。该综合征主要有三方面表现：①情绪耗竭，表现为精神上极度困乏、精疲力尽、面容憔悴、意志降低、情绪反应脆弱等；②工作能力下降，表现为注意力分散、记忆下降、动作缓慢且精确性差、思维灵活性差、自控力下降、工作效率明显减退及工作差错增多；③人格解体，属于一种自我意识障碍，以个体不能确认自身的真实感觉为特征。有的过度疲劳者可能体验到失重感、漂浮感、时间变慢或者变快或者倒流等非真实性感觉。

3.心理应激可以造成对疾病的易感状态,在其他因素的共同影响下导致新的疾病。美国精神病学专家霍尔姆斯(Holmes)和雷赫(Rahe)根据生活事件对人的影响大小,以生活变化单位(LCU)定量,编制了《社会再适应评定量表》(SRRS)(表3-1),用来调查生活事件同疾病间的关系,揭示了介于应激源和疾病之间的中介因素。调查表明,生活事件是造成心理应激并进而损害健康的主要应激源。一年内LCU累计分超过300分,则75%的人,在今后两年内有重大疾病发生;一年内累计在150~300分者,则来年有50%的人发病;若LCU一年累计小于150分,第二年可能平安无事,身体健康。

表3-1 社会再适应评定量表(SRRS)

序号	生活事件	LCU	序号	生活事件	LCU
1	配偶死亡	100	23	子女离家	29
2	离婚	73	24	姻亲纠纷	29
3	夫妻分居	65	25	个人取得显著成就	28
4	坐牢	63	26	配偶参加或停止工作	26
5	亲密家庭成员丧亡	63	27	入学或毕业	26
6	个人受伤或患病	53	28	生活条件变化	25
7	结婚	50	29	个人习惯的改变	24
8	被解雇	47	30	与上级矛盾	23
9	复婚	45	31	工作时间或条件的变化	20
10	退休	45	32	迁居	20
11	家庭成员健康变化	44	33	转学	20
12	妊娠	40	34	消遣娱乐的变化	19
13	性功能障碍	39	35	宗教活动的变化	19
14	增加新的家庭成员	39	36	社会活动的变化	18
15	业务上的再调整	39	37	少量负债	17
16	经济状态的变化	38	38	睡眠习惯变异	16
17	好友丧亡	37	39	生活在一起的家庭人数变化	15
18	改行	36	40	饮食习惯变异	15
19	夫妻多次吵架	35	41	休假	13
20	中等负债	31	42	圣诞节	12
21	取消赎回抵押品	30	43	微小的违法行为	11
22	所负担工作责任方面的变化	29			

四、应 对 策 略

(一)应对策略的概念

当个体处于应激情境时,总会自觉或不自觉地采取一些措施以减轻或消除应激对个体造成的影响，保持心理平衡。确切地说，应对策略是个体对生活事件以及因生活事件而出现的自身不平衡状态所采取的认知和行为措施。

（二）应对的方法

应对的方法很多，常用的有以下几种。

1. 正确使用心理防御机制　心理防御机制是弗洛伊德精神分析学说的基本概念之一，是指个体处于挫折与冲突的紧张情境时，在其内部心理活动具有自觉不自觉地解脱烦恼、减轻内心不安，以恢复情绪平衡与稳定的一种适应性倾向。心理防御机制种类很多，按对心理挫折作用的性质来分，可分为建设性心理防御机制（包括升华、幽默、合理化、补偿、抵消、替代等）和破坏性心理防御机制（包括压抑、否认、退化、投射、反向、幻想等）两类。威廉特（Vaillant）将防御机制分为四种类型：自恋型（包括否认、曲解、外射等）、不成熟型（包括退化、幻想、内射等）、神经症型（包括合理化、反向、转移、隔离等）和成熟型（包括升华、幽默、压抑、理智化等）。常见的心理防御机制如下：

1) 否认：无意识地拒绝承认现实中不愉快的方面以保护自我。它是最原始、最简单的心理防御机制。意志薄弱而知识结构又单纯的人，常会情不自禁地使用否认机制。例如，小孩打破东西闯了祸，往往用手把眼睛蒙起来；癌症病人否认自己患病；妻子不相信丈夫突然意外死亡；某些女孩被人强奸后，回忆起强奸过程会一片空白，或记忆不清楚。

2) 压抑：当个体受到挫折后，常将不能被意识接受的欲望和行为不知不觉地压抑到潜意识中去。这是心理防御机制中最基本的方式。由于压抑作用，某些欲望、冲动、威胁、痛苦似乎被遗忘，人在意识层面上不感到焦虑和痛苦，但实际上被抑制的东西没有消失，常常不知不觉地影响人们的日常心理和行为。压抑虽然可以暂时减轻焦虑，但问题并没有真正地解决。如果经常对挫折进行压抑，当痛苦的经验大大地超过自我的控制能力，就会导致心理障碍或疾病。

3) 投射：指个体将自己内心不被允许的冲动、态度和行为，加诸于他人或其他事物上，以保护自己，并以此为自己的行为辩护。例如，表现为把自己的错误、失误归咎于他人，或把自己的欲望态度转移到他人身上，认为别人也是如此，从而掩盖着自己具有的不受欢迎的特征。如受挫折后所表现出的"借题发挥""以小人之心，度君子之腹"，以及鲁迅笔下的"阿Q精神"等，就是典型的投射表现。

4) 合理化（文饰作用）：是一般人运用最多的一种心理防御机制。即个人的目标或行为表现不符合社会常规时，为避免或减低因挫折而产生的焦虑或维护自尊起见，为自己的行为或处境寻找自我认可的理由。虽然这些理由往往并不是主要的原因或是不正确、不客观的或是不合逻辑的，但本人却以这些理由来安慰、说服自己，从而避免精神上的苦恼，减少失望情绪。例如，伊索寓言中的狐狸吃不到葡萄说葡萄是酸的（图3-2），后来得了个柠檬却说柠檬是甜的。又如，一次考试失败了，不

图 3-2　伊索寓言中的狐狸

是说试题太难,就是说教师给分不公正。有的人上课迟到了,当被询问理由时,他可能援引其他人也常常迟到来为自己的行为辩护等。

5)反向:一般来说,个体的行为和他的动机方向是相一致的,个体对自己内心所需要和所爱的事物,在行为上也会很自然地表现出来。但是在自我防御时,由于自己的欲望或行为不能被社会规范容忍,所以表现出来的行为和他的动机方向正好相反。例如,在日常生活中的"矫枉过正""此地无银三百两"等行为,都是典型的反向表现。

6)补偿:指个体因生理上或心理上有缺陷而感到不适时,试图用种种方法来弥补这些缺陷,以减轻不适感。引起心理不适应的原因,可能是生理上或客观现实中的缺陷与不足,也可能是个体的主观感觉或想象。例如,有的大学生因某种生理缺陷无法在运动场上胜过他人,因而在学习上加倍努力,期望在学习成绩上超过他人以维护自尊。现实生活中,补偿也可能过分,过分补偿有时会导致心理活动的畸形。例如,一个自惭形秽的人可能因过分补偿而表现出自高自大,甚至富有攻击性。

7)升华:指将原不被社会或个体的理智所允许的冲动或欲望,用比较符合社会规范、具有建设性、有利于社会和本人的方式表达出来的一种心理防御方式。升华一方面转移和实现了原有的情感,达到了内心平衡;同时,又创造出新的价值。例如,某人强烈嫉妒另一个更有成就的同行,但理智又不允许他将这种心境表现出来,于是他可能发奋努力试图在本专业超过其对手。嫉妒的情绪可通过参加体育活动而转移、升华。司马迁的受挫成就了伟大的历史诗篇《史记》,歌德的失恋促使他完成了《少年维特的烦恼》。升华是心理防御机制中最具积极意义的一种方式。

8)幽默:指运用智慧因势利导,通过幽默的方式弱化和消解矛盾、冲突等不和谐因素,既明确地表达了自己的观念、情感和意图,又不至于引起别人和自己的尴尬与困窘。幽默是一种良好的心理防御机制,但一定要注意,不能嘲笑,要学会自嘲。一个人要是会自嘲了,说明他的心理成熟了,也说明他认识了自己,社会适应能力强了。幽默很容易缩短人与人之间的距离,而且能够帮助你有效地寻求社会支持。即使你这次没做好,别人也能容忍你。

9)抵消:指以象征性的事情来抵消已经发生了的不愉快的事情,以补救其心理上的不舒服的一种心理防御方式。健康的人常使用此法以解除其罪恶感、内疚感,维持良好的人际关系。例如,一位丈夫在娱乐城玩得太晚而回家很晚,他也许会为妻子带回较贵重的礼物来抵消他的愧疚之情。

10)幻想作用:指个体遇到现实困难时,因为无力处理问题,就利用幻想的方法,任意想象应如何处理困难,使自己存在于幻想世界,以获得心理平衡。"灰姑娘""白日梦""自我陶醉"等都是典型的幻想的表现。偶尔为之可以缓冲紧张状态,但如果终日沉溺于幻想之中,则属一种不正常的现象。

任何防御机制都有其积极和消极的一面,运用不当或过分运用都可影响个体对应激的适应,成为病态的表现。在日常的生活和工作中,我们要充分认识到这一点,只有在适当的场合、适当的时间、采用适当的方式运用心理防御机制,才能减轻或消除心理挫折和压力引起的紧张与痛苦。

2. 改变不正确的认知评价 认知评价是应激源和应激反应之间的一个重要的中介之一。个体对事物的认知评价受很多因素的制约,同一应激源在不同的个体身上引起的应激反应差异很大。改变错误的认知评价,首先,要让个体不要只看到事物的消极面，也要看到它积极的一面，换个角度思考问题。如失恋的确是一件痛苦而烦心的事，但这又何尝不是一个新的起点、新的机遇，塞翁失马，焉知非福。其次，要客观正确地评价自己的能力，调整期望值，期望值过高，很容易导致挫败感，过低又不利于自身潜能的发挥。适宜的期望值是"努力一跳，正好抓到"。另外，面对应激情境时要保持冷静，以乐观、豁达的心态对待应激源，最大限度地减轻应激反应的程度。

3. 回避或逃避过强的心理应激源　如果应激源不可避免，可采取回避或逃避的方法。"惹不起还躲不起""眼不见心不烦""鸵鸟政策"说的就是这个道理。

4. 增强自身耐受挫折的能力和应对能力　"雄鹰翱翔天空，难免折伤飞翼；骏马奔驰大地，难免失蹄折骨"。生活中不可能"一帆风顺""事事如意"，困难和挫折不可避免地会出现在我们面前，从儿童到老年几乎都无法避免。因此，在日常的生活和学习中应该有目的地锻炼自己耐受挫折的能力。树立正确的挫折观、加强耐受挫折的心理准备、树立榜样、展开实践活动、模拟应激场景进行实地演练。例如，四川绵阳安县桑枣中学从2005年起，每学期在全校组织一次紧急疏散演习。5·12地震后，该校90多位教师、2200名学生全部冲到操场，用时1分36秒，全校师生无一伤亡。

5. 学会放松技术　个体处于应激情景时必然会引起紧张，长期或过度的精神紧张可导致不良的心身反应。放松可有效地控制不良的应激反应，常用的放松方法有深呼吸、渐进性放松法、生物反馈疗法、倾诉法、放松想象法等。

6. 转移注意力　积极主动地将注意力转移到适合自己的活动上，如听音乐、练书法、绘画、体育锻炼、旅游等，既可陶冶情操，又可减轻应激反应。

7. 取得社会支持　处于应激情景时，人人都希望得到来自社会、家庭、亲朋好友等各方面的精神和物质的支持。良好的社会支持系统，可以有效地缓解应激反应。

8. 求助于医务人员　出现应激反应后，个体应积极进行自我调节。如果不能自我调节或调节不满意时，应立即求医，进行心理咨询、心理治疗，必要时也可使用药物治疗。

五、应激相关障碍

（一）概念

应激相关障碍，旧称反应性精神障碍或心因性精神障碍，指一组主要由心理、社会（环境）因素引起异常心理反应而导致的精神障碍。

应激障碍症是指人在心理、生理上不能有效应对自身由于各种突如其来的、并给人的心理或生理带来重大影响的事件，应激障碍症也叫做应激相关障碍。例如战争、火灾、水灾、地震、传染病流行、重大交通事故等灾难发生所导致的各种心理生理反应。

（二）临床分类

应激相关障碍，主要包括急性应激障碍、创伤后应激障碍、适应障碍三大类。

1. 急性应激障碍　急剧、严重的精神打击，刺激后数分钟或数小时发病，主要表现为意识障碍，意识范围狭窄，定向障碍，言语缺乏条理，对周围事物感知迟钝，可出现人格解体，有强烈恐惧，精神运动性兴奋或精神运动性抑制。

2. 创伤后应激障碍（PTSD）　又称延迟性心因反应，指在遭受强烈的或灾难性精神创伤事件后，数月至半年内出现的精神障碍。如创伤性体验反复出现、面临类似灾难

考点：应激相关障碍种类

境遇可感到痛苦或对创伤性经历的选择性遗忘。

3. 适应障碍 指在易感个性的基础上，遇到了应激性生活事件，出现了反应性情绪障碍，适应不良性行为障碍和社会功能受损。通常在遭遇生活事件后1个月内起病，病程一般不超过6个月。

第二节 护理工作中的应激现象

有研究表明：面对职业压力所产生的心身紧张性反应，如不及时调整，可能会出现对工作的厌恶、疲倦感，表现为工作效率低、对服务对象漠不关心、情绪低落、无工作成就感等。同时有研究显示，护理工作具有较高的应激危险性，护理人员应激水平通常高于其他医务人员及一般人群，持续的高水平应激对护理人员的心身健康和工作质量有显著的影响。

护理工作应激是指护理工作中的各种需求与护理人员的生理、心理素质不相适应的一种心身失衡状态。鉴于持续的高水平应激的存在，护理人员有必要了解护理工作应激的特征和规律，掌握应对的方法，提高护理人员的应对能力，增进护理人员的心身健康，提高护理工作质量。

一、护理工作中常见的应激源

（一）与护理工作性质有关的应激源

1. 角色应激 护理人员的角色功能多样，护理工作责任大、难度大、风险大。首先，护理人员的角色功能是多层次、多方面的。其次，有研究提出对人负责的工作比对物负责的工作所产生的应激程度要高，病人的病情复杂多变，需要细心的观察、及时的处理。再次，随着社会的发展人们对于医疗护理工作的要求越来越高，维权意识强烈，护理工作难度很大。

2. 工作环境 医院内的紧张气氛、难闻的气味，接触濒死和死亡病人都给护理工作者带来了大量的负性感官心理刺激。

3. 工作时间 频繁的轮班、夜班、加班，无规律饮食和睡眠，使护理人员的生活质量普遍较差，据调查中国护理人员有高度疲倦感的人占59.1%。

4. 职业危害 护理人员不可避免地与各种有害的理化、生物因子接触造成职业性危害。

（二）与护理工作负荷有关的应激源

1. 中国护理人员数量普遍不足 随着人们对医疗卫生服务的需求日益增长，护理人员数量已较普遍地相对不足，致使部分护理人员工作负荷过重。

2. 护理管理缺陷 护理管理不科学、护理人力资源配置不合理，临床护理岗位上护士大量短缺，不同护理岗位的工作量不均衡。

（三）与护理工作中人际关系有关的应激源

护理人员需要处理比较复杂的人际关系，要和方方面面的人打交道，病人、家属、医生、医技人员、后勤人员等，带来的压力较大。

（四）与自我价值、期望有关的应激源

护理人员被誉为"白衣天使"，被寄予很高的期望，而有时面对疾病和死亡却无能为力，护理人员难免会产生对自我价值的否认。而且，同其他医务人员相比，护理人员劳动强度大，社会地位、工资福利待遇相对较低，而且常常不被病人、管理者重视和尊重，晋升和继续深造机会较少。

（五）与工作、家庭的矛盾有关的应激源

工作与家庭冲突是指当来自工作和家庭两方面的压力在某些方面出现难以调和的矛盾时，护理人员产生的一种交互冲突，是一种典型的角色冲突。

（六）与心理卫生知识缺乏有关的应激源

在职的护理人员在校教育并未掌握所需要的心理卫生知识，在职教育期间也未把心理卫生知识放在应有位置，导致护理人员心理卫生知识缺乏，心理状态不稳定，一旦在工作中受挫，缺乏运用心理学知识自我平衡的能力，对外界各种应激源应对能力差。

考点：护理工作中常见的应激源

二、护理工作中的应激对护理人员健康的影响

护理工作中的应激对护理人员健康影响主要表现在以下3个方面。①生理方面：常见的症状为头痛、血压升高、心慌、胃肠不适、乏力、睡眠障碍、肌肉紧张等。②心理方面：主要表现为焦虑、注意力不集中、精神疲惫、人际关系不协调、不满、自卑、沟通障碍等。③行为方面：主要表现为吸烟、饮酒、滥用药物等。

三、护理工作中应激的应对策略

（一）提高护理管理水平

1. 培养护理人员正确的职业观 对职业价值结构的研究发现了交往、义利、挑战、环境、权力、成就、创造、求新、归属、责任、自认等11个类别的因子。因此，职业的价值是丰富的，我们要充分认识到职业对个体发展、社会进步所起到的重要作用。护理管理者要加强护理人员的目标引导，加强她们世界观、人生观和价值观的教育，从康复的病人身上发现自身的价值，培养职业责任感。

2. 重视护理人员工作中的保健因素 美国心理学家赫茨伯格（P.Herzberg）在双因素理论中指出，保健因素是防止职工产生不满情绪的因素，是有效激励的保障。护理管理者要重视满足护理人员对保健因素的高需求，关心护理人员的生活，减少护理人员的不满情绪。

3. 强化护理人力资源管理 增加护理人员数量，合理测算护理人员编制科学定岗定职，避免忙闲不均等的人员配置不合理现象，从而减轻护理人员工作负荷。科学核定护理人员职称比例，使护理人员看到自己的工作前途，激励她们积极进取。

4. 加强心理学知识的学习和培训 定期进行系统的心理学知识的培训，提高护理人员的心理素质和心理调适能力。

（二）合理处理护理工作压力

1. 明确目标 进行某项工作前，全面分析该项工作的需要、目的、各阶段的目标，

可能的困难和问题。

2. 方法分析 分析自己的能力、兴趣及完成此项工作的不足之处，针对所存在的问题，提出具体的解决方法。

3. 经验总结 在解决问题中不断陈述自己的行为和行动目标，及时分析和比较行为效果，总结经验。

4. 灵活调整 面对压力，灵活地调整工作方法，选择能带来最佳效果的方法进行该项工作。

（三）提高护理工作人员自身素质

1. 强身健体，合理安排工作和生活，以提高护理人员机体的应对能力。
2. 强化自我职业防护意识，培养预测事态发展的能力。
3. 过硬的技术和一丝不苟的工作作风可以有效避免工作中的失误和挫折，提高护理人员的自信心，减轻心理应激的反应。

第三节 心理危机干预

心理危机是一种正常的生活经历，并非疾病或病理过程，每个人在人生的不同阶段都会经历危机。比如失恋可引起严重的痛苦和愤懑情绪，有的可能自杀，或者把爱变成恨，攻击恋爱对象或所谓的第三者。一般给予适当的帮助和劝告可使当事者顺利度过危机期，随着时间的推移，他们会逐渐恢复正常的生活。

一、引起心理危机的常见原因

（一）心理危机

一般而言，危机（crisis）有两个含义，一是指突发事件，出乎人们意料发生的，如地震、水灾、空难、疾病暴发、恐怖袭击、战争等；二是指人所处的紧急状态。当个体遭遇重大问题或变化发生使个体感到难以解决、难以把握时，平衡就会打破，正常的生活受到干扰，内心的紧张不断积蓄，继而出现无所适从甚至思维和行为的紊乱，进入一种失衡状态，这就是危机状态。

心理危机是指个体突然遭受严重灾难、重大生活事件或精神压力，既不能回避，又无法用通常方法来解决时所出现的一种特殊的心理失衡状态。

（二）引起心理危机的常见原因

心理危机产生的原因很多，概括起来主要有以下几个方面。

1. 情景性危机 是指当出现罕见或超常事件，且个人无法预测和控制时出现的危机。常见原因有急性残疾或急性严重疾病、失恋、婚姻破裂、失去亲人（如父母、配偶或子女）或朋友、失去爱物、破产、重大财产或住房损失、重要考试失败、晋升失败、严重自然灾害（如火灾、洪水、地震等）、重大事故、难以预料的失业等。情景性危机的特点：突发性、随机性、强烈性、震撼性、灾难性和多样性。

2. 发展性危机 是指在正常成长和发展过程中，急剧的变化或转变导致的异常反应。例如，迁居、升学、结婚、生子、离婚、退休、下岗、大学生毕业找不到工作、大学生走向社会等。发展性危机的特点：一般发生在心理发展的关键时期，持续时间长，可突然发生，也可逐渐发生。

3. 存在性危机 是指伴随着重要的人生问题，如关于人生目标、责任、独立性、自由和承诺等出现的内部冲突和焦虑。如"活得太累""没有自由""生活失去目标""后悔死了""活着是个累赘""活的没有意义""活着不如死了好"等都是存在性危机的心理表现。

二、心理危机干预的原则

进行心理危机干预应遵循的原则：明确目标，采取措施；家人和朋友参加干预；鼓励自己解决危机；保护当事人的隐私；当事人不是病人。

三、心理危机干预技术

对于危机事件的心理干预，最佳干预时间在危机发生后24～72小时。危机干预主要应用三类技术：沟通技术、心理支持技术和干预技术。

（一）沟通技术

危机干预技术应用首先要建立沟通技术和建立良好关系，如果不能与危机当事者建立良好的沟通和合作关系，干预技术较难执行和贯彻，从而就不会起到干预的最佳效果。因此，建立和保持医患双方的良好沟通和相互信任，有利于当事者恢复自信和减少对生活的绝望感，保持心理稳定和有条不紊的生活，以及改善人际关系。

影响人际沟通的因素有许多，一般来说，危机干预工作人员应该注意以下几项：

1. 消除内部的干扰，以免影响双方诚恳沟通，提高表达能力。
2. 避免双重和矛盾的信息交流，如工作人员口头上对当事者表示关切，但在态度和举止上却并不给予专心的注意或体贴。
3. 避免给予过多的保证，因为一个人的能力是有限的。
4. 避免应用专业性或技术性难懂的语言，多用通俗易懂的言语交谈。
5. 具备必要的自信，利用可能的机会改善病人的自我内省和感知。

（二）心理支持技术

我们应该给予求助者以心理支持，而不是支持当事者的认知错误。应用心理支持旨在尽可能地解决目前的心理危机，使当事者的情绪得以稳定。可以应用暗示、保证、疏泄、环境改变、镇静的药物等方法，如果有必要，可考虑短期的住院治疗。有关指导、解释、说服主要应集中在放弃自杀的观念上，而不是对自杀原因的反复评价和解释。同时，在干预过程中须注意，不应带有教育的目的。心理教育虽说是心理医生的任务，但应是危机过后和康复过程中的工作重点。

（三）干预技术

危机干预技术，亦称解决问题的技术，是以求助者的认知为前提，一般可以先采用以下方法。

1. 通过会谈来疏泄被压抑的情感。
2. 认识和理解危机发展的过程及与诱因的关系。
3. 学习问题的解决技巧和应对方式。

4. 帮助求助者建立新社交方式，尤其是人际交往关系。同时鼓励他们积极面对现实和注意社会支持系统的作用。

危机干预技术的适应证：在心理危机阶段，求助者是较为开放的，很少是保守的。他们往往乐于且易于接受他人的干预和帮助甚至主动求助。因此危机干预适用于人格稳定和面临暂时困境或挫折的人，以及家庭问题、婚姻问题、儿童问题、蓄意自伤、自杀或意外伤害等急诊情况。可以这样说，危机干预是无绝对禁忌证的，一般认为以下四类人是危机干预的首选。

1. 目前的心理失衡状态直接与某种特殊生活事件相关的人。
2. 急性极度的焦虑、紧张、抑郁和失望等情绪反应或有自杀危险的人。
3. 近期暂时性丧失解决或处理问题能力的人。
4. 求助动机明确并有潜在改善能力。

小结

心理应激是个体察觉需求和满足需求的能力不平衡时所表现出的心理紧张状态，其结果是适应或不适应。应激过程可以分为四个部分：应激源、中介、反应、结果。应激源包括躯体性应激源、心理性应激源、社会性应激源和文化性应激源。中介机制包括认知评价、应对策略、社会支持和个性特征。应激反应是指个体觉察到应激源后，经认知评价而产生的生理、心理和行为反应。应激对健康的影响是双重的。应对策略是个体对生活事件以及因生活事件而出现的自身不平衡状态所采取的认知和行为措施。护理工作应激是指护理工作中各种需求与护士的生理、心理素质不相适应的一种心身失衡状态。应激源有特殊的工作环境、工作负荷等五个方面。其应对策略应从管理方面和护士自身方面考虑。心理危机是指个体突然遭受严重灾难、重大生活事件或精神压力，既不能回避，又无法用通常方法来解决时所出现的一种特殊的心理失衡状态。常见原因有：突发事件、心理失衡。危机干预主要有：沟通技术、心理支持技术和干预技术。

一、A1 型题

1. 所谓否认机制是指
   A. 调整认识，否定生活事件的消极方面
   B. 隐瞒事实，避免应激事件的产生
   C. 隐瞒事实，避免应激反应的产生
   D. 无意识地拒绝承认那些不愉快的现实以保护自我
   E. 以上均不是

2. 合理化机制又称
   A. 抵消作用　　　B. 文饰作用
   C. 投射作用　　　D. 升华作用
   E. 幻想作用

3. 应激过程中的认知评价受以下因素影响的是
   A. 价值观念　　　B. 个性特征
   C. 道德行为准则　D. 生活事件的性质
   E. 以上均是

4. 与健康和疾病关系最直接的应激心理反应是
   A. 认知改变　　　B. 情绪反应
   C. 个性改变　　　D. 社会适应能力下降
   E. 以上都不是

5. 表示生活事件（应激源）的强度最好用以下方式
   A. 情绪焦虑程度　B. 累计 LCU 的值
   C. 心身疾病发生率 D. 转化为生物学指标
   E. 适应的时间

6. 应激生理反应分为以下三期
   A. 警戒期、抵抗期、衰竭期

B. 觉醒期、抵抗期、适应期
C. 警戒期、抵抗期、适应期
D. 觉醒期、抵抗期、衰竭期
E. 警戒期、觉醒期、适应期

7. 要想取得最佳的业绩，最佳的心理状态应该是
   A. 高度紧张状态　　B. 低紧张状态
   C. 适度紧张状态　　D. 无紧张状态
   E. 超紧张状态

8. 在以下应激中消极性最小，积极性最大的是
   A. 情感丧失　　B. 挑战
   C. 威胁　　　　D. 嫉妒
   E. 攻击

9. 心理危机产生的原因包括
   A. 遭遇挫折　　　B. 对环境的不适应
   C. 剧烈的心理冲突　D. 人际关系过于紧张
   E. 以上均是

10. 心理危机干预措施不应包括
    A. 调整认知　　B. 改善应对技巧
    C. 松弛训练　　D. 隔离治疗
    E. 建立支持系统

11. 护理工作中最常见的应激源是
    A. 工作环境　　　　　B. 职业风险
    C. 家庭社会伦理问题　D. 工作负荷过重
    E. 以上均是

12. 心理危机干预的最佳时间是遭遇创伤性事件后
    A. 24 小时内　　B. 24～48 小时
    C. 24～72 小时　D. 48～72 小时
    E. 72 小时以上

13. 下列哪项不是危机干预的原则
    A. 保护当事人的隐私
    B. 迅速确立目标
    C. 鼓励当事人自己解决问题
    D. 把当事人当病人
    E. 允许当事人家人参与干预

14. 危机干预时下列哪项是错误的
    A. 态度诚恳
    B. 避免过多保证
    C. 尽量使用专业术语
    D. 注意非语言交流技巧
    E. 以上均错

二、A2 型题

15. 某学生，在现实生活陷入困境时，常以异想天开的方式在精神上自我满足，如做"白日梦"。这种心理防御机制是
    A. 幻想　　B. 退行
    C. 否认　　D. 解脱
    E. 投射

16. 某男，年轻时遭受失恋打击，几乎失去生活下去的勇气，但他从此全身心投入事业，心无旁骛，付出比常人多出几倍的努力，既克服了自己的颓废情绪，又获得了事业的成功。这是心理防御机制中的
    A. 升华　　B. 补偿
    C. 理智化　D. 合理化
    E. 幻想

三、A3/A4 型题

（17～20 题共用题干）

王女士，55 岁，七年前老伴离世，一直独居，平时嗜烟酒，不爱运动。平时性情抑郁，过分容忍，办事无主见，常顺从于别人。1月前行胃癌切除，术中及术后情绪低落，兴趣下降，独自流泪，有轻生之念。

17. 病人病前的行为特征为
    A. A 型　　B. B 型
    C. C 型　　D. 混合型
    E. 以上都不是

18. 病人术后的情绪反应属于
    A. 焦虑　　B. 抑郁
    C. 恐惧　　D. 痛苦
    E. 内疚

19. 病人患胃癌的主要原因为
    A. 生活事件　　B. 易感性人格特征
    C. 情绪因素　　D. 不良生活习惯
    E. 以上都是

20. 对这种病人临床上应采取哪种措施
    A. 支持性心理治疗　B. 认知疗法
    C. 精神分析疗法　　D. 药物治疗
    E. 以上都是

（雷洪梅）

第四章 心理评估与心理治疗

随着社会的进步和健康概念的演变，对护理人员的综合素质提出了更高的要求。为了提高护理的效果，促进护理对象的身心健康，作为护理人员须学会运用各种心理评估的方法，评估护理对象的心理状态并及时和专业人员一起对其出现的心理问题进行心理干预、心理治疗。

案例 4-1

赵某，女，汉族，18岁。中职学校三年级在读学生，身高1.62米左右，体态端庄，眉心略显惆怅。身体健康，无重大躯体疾病历史，家族无精神疾病历史。目前面临对口升学，觉得如果考不上好的学校就没有前途了，感到压力巨大。最近一个月，感到莫名的焦虑害怕，情绪激动、紧张不安，影响到正常的学习与人际交往，内心感觉十分痛苦却又无力摆脱，故来到医院精神卫生科求助。

请问：
1. 如何对赵某进行心理评估？选择哪种合适的心理量表？
2. 试分析如何对赵某进行心理治疗？

第一节 心理评估

一、心理评估的概念

心理评估是运用心理学的理论和方法，对个体某一心理现象作全面、系统和深入的客观描述的过程。即对个体或群体的某方面心理健康状况或心理特性进行定性或定量的描述，以评定其健康与否，或不健康的性质与程度的过程。所谓心理特性是指心理过程和个性心理等方面的内容，如情绪状态、气质类型、性格特点等。

凡与人交往就要有评估活动。实际上，心理评估的对象是人，不仅仅是病人，也可以是健康人，故评估的范围既涉及了疾病，又涉及了健康，而且更重视健康的评估。无论是病人还是健康人，心理评估的目的就是要帮助人们及时发现存在的心理问题，及时调整或矫正，达到平衡状态，提高生活质量。因此，心理评估广泛应用于心理学、医学、教育、人力资源、军事、司法等领域。其中，在医学领域应用于临床方面时则称为临床心理评估。当然在某项具体临床工作或研究中，常常需有所侧重，但在分析结果时应全面考虑其他方面的影响。

二、心理评估应具备的条件

（一）心理评估者的条件

心理评估是一项专业性极强的工作，同时心理评估容易受主观因素影响，因此，对心理评估工作者的基本知识、技术和心理素质都提出了较高的要求。

1. 专业知识 心理评估者首先要具备心理学方面的专业知识，较好地掌握心理评估理论和操作技术，能够及时鉴别正常和异常的心理现象，要对所评估的内容有充分的认识，否则既不会做出正确评估，也无法解释结果。同时，心理评估者还要有与各种年龄、性别、教育水平、职业及各种疾病的人交往的知识和经验。

2. 心理素质 要求心理评估者有敏锐的观察能力、较高的智力水平、清晰的自我认识能力、善于与人交往、通情、健康的人格。如果不具备上述心理素质，便很难与被试者建立和谐而持久的协调关系，从而影响心理评估的进行，甚至得到错误的评估结果。

3. 职业道德 心理评估工作涉及被评估者切身利益（如健康问题和国家法律规定的某些权利），有时还涉及法律问题（如司法鉴定等）。心理评估者应持严肃、认真、科学、谨慎、客观的态度；注意保护被试者利益，尊重被试的人格，对个人隐私要保密；管理好心理评估工具，标准化心理测验如智商测验是受管制的测量工具，只有获得心理测验资格者才能独立使用和保存，不允许向无关人员泄露测验内容。

（二）评估环境要求

评估环境应安静、舒适、安全，保密性好，避免受到干扰。室内通风良好、灯光柔和、陈设简单、实用，不应新奇华丽，以免分散被试注意力。

（三）标准化心理测验的基本条件

标准化测验是指通过一套标准程序建立测验内容，制定评分标准，固定实施方法，而且具备主要的心理测量学技术指标，并达到了国际公认水平的测验。并不是所有的心理测验都是标准化测验，标准化的心理测验应具备以下的主要技术指标。

1. 常模 是指对正常人群进行标准化测验之后获得的一种比较标准即正常的或平均的成绩。每一种测验都要建立相应的常模，并根据不同情况进行修订。一个标准化的测验必须具有常模，它是用来解释测验结果的依据。只有把测验分数与常模比较，才能确定测验结果的实际意义。

2. 信度 指一个测验对同一对象的几次测量中所得结果的一致程度。它是反应测验结果的可靠性和稳定性。简单的说，信度是测验的一致性。若测验的信度不够理想，则该测验所测量的结果就不能被认为代表了被试的一致和稳定的行为表现。

3. 效度 反应测验结果的有效性和准确性。指一个测验工具能够测量出其结果的真实程度，即它的有效性、正确性。如果一个测验测得的不是所要测的内容，那么这个测验就不是一个有效的测验。

考点：标准化心理测验应具备的条件

三、心理评估常用的方法

（一）观察法

观察法是指观察者通过对被观察者的行为表现进行有目的、有计划地观察、记录，并进行心理行为评估的一种技术,是心理评估常用的一种方法。观察的途径可以是直接观察或间接观察(如通过摄录像设备)。在心理评估中观察的内容包括仪表、体形、人际沟通风格、言谈举止、注意力、兴趣、爱好、各种情境下的应对行为等。观察法主要分为以下几种形式。

1. 自然观察法 是指在自然情景(如家庭、学校、幼儿园或工作环境)中,被观察者的行为不受观察者干扰,在自然状态中按照其本来方式进行所得到的观察。被观察者不带表演,不做作。

2. 控制观察法 是指对被观察者的条件作某种控制或"处理"来对其行为改变进行观察。即在经过预先设置的情境中所进行的观察。如有单相玻璃的实验室,事先设置好一些场景,在标准情境中观察,以观察被试者的生理反应或情绪。

(二)访谈法

又称会谈法、交谈法、晤谈法。是评估者通过与评估对象有目的的交谈来收集资料的一种方法。其基本形式是一种面对面的语言交流,也是心理评估中最常用的一种基本方法。根据评估者事先是否确定访谈的问题和程序,访谈方式有非结构式访谈和结构式访谈两种。

链接

访谈形式与技术

访谈的形式包括非结构式访谈和结构式访谈两种。前者的谈话是自由的,气氛比较轻松,被评估者较少受到约束,可以自由地表现自己。后者根据特定目的按照预先设定好一定的结构、程序和主题进行,谈话内容有所限定,效率较高。访谈时评估者的会谈技巧十分重要。会谈技巧包括言语沟通和非言语沟通(如面目表情、姿态等)两个方面。在言语沟通中,包括听与说。在非言语沟通中,可以通过微笑、点头、手势、目光注视、身体前倾等表情和姿势表达对被评估者的接受、肯定、关注、鼓励等思想感情,从而促进被评估者的合作,启发和引导他将问题引向深入。

(三)作品分析法也称产品分析法

是通过活动产品来分析研究个体心理规律的一种方法。"作品"指被评估者的日记、书信、文章、图画、工艺等文化性的创作,也包括其生活和劳动过程中所做的事和东西。利用作品分析法研究心理现象,不仅研究活动产品,而且分析产品创作的过程,因为在产品创作过程中心理特点表现得更加鲜明。评估者通过分析这些作品(产品)可以有效地评估其心理水平和心理状态,并且可以作为一个客观依据留存,如犯罪现场的场景。

(四)心理测验

是依据一定的心理学理论和技术,运用数量化手段对个体心理现象或行为进行客观的和标准化的测量,从而确定心理现象在性质和程度上的差异。心理测验是心理评估最专业、最具有鉴定意义的方法。目前常用的心理测验有百余种,按其测验的目的分为以下几类。

1. 智力测验 主要是测验智力,用于评估人的智力水平。常用工具有比奈 - 西蒙智力量表、斯坦福-比奈智力量表、韦克斯勒成人与儿童智力量表等。

2. 人格测验 用于对人格的评价。人格测验方法分为问卷法和投射法，问卷法也称自陈量表。临床上常用的人格自陈量表有：明尼苏达多项人格调查表（MMPI）、艾森克人格问卷（EPQ）以及卡特尔16种个性因素测验（16PF）等。常用的投射测验有：洛夏墨迹测验（图4-1）、主题统觉测验（TAT）。

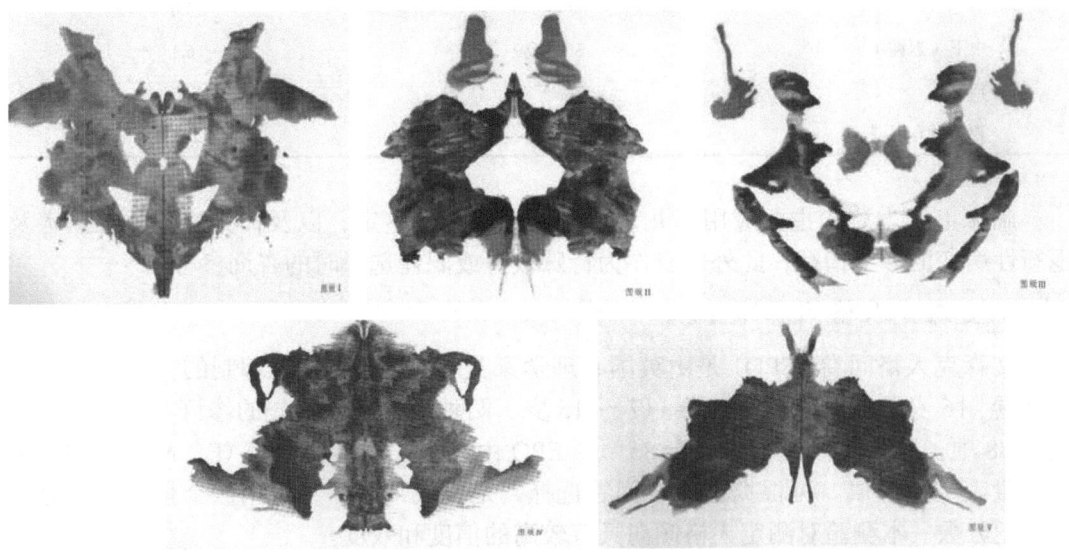

图4-1 洛夏墨迹测验图

3. 神经心理测验 是评估正常人和脑损伤病人脑功能状态的心理测验，在脑功能的诊断及脑损伤的定位、康复评估方面发挥重要作用，是临床进行心理诊断的测验。常用的工具有H-R神经心理学成套测验、个别能力测验等。

4. 职业咨询测验 这类测验多为升学、择业指导以及一些特殊工作人员筛选所用。常用的测验有职业兴趣问卷、性向测验和特殊能力测验等，如：绘画、音乐、手工技巧、飞行员特殊能力等。智力和人格测验也常与这些测验联用，使评估结果更为全面。

5. 评定量表 是临床心理评估和研究的常用工具，目前这类量表已越来越多地应用于门诊心理咨询和治疗、心身疾病的调查及科研等领域。临床上常用的评定量表有90项症状自评量表（SCL-90）、抑郁自评量表（SDS）、焦虑自评量表（SAS）、A型行为评定量表等。

四、几种常用的评定量表

（一）韦氏智力量表

韦氏智力量表是由美国心理学家韦克斯勒编制的一组量表，包括韦氏成人智力量表（WAIS）、韦氏儿童智力量（WISC）、韦氏学龄前儿童智力量表（WPPSI），分别适用于16岁以上、6～16岁和4～6.5岁三个年龄阶段的智力测验。三个量表相互衔接，可以对一个人从幼年到老年的智力进行测量，便于前后比较。韦氏智力量表智商等级分布见表4-1。

表 4-1　韦氏智力量表智商等级分布

智力等级	智商范围	理论分布（%）
非常优秀	130 以上	2.2
优秀	120～129	6.7
中上（聪明）	110～119	16.1
中等	90～109	50.0
中下（迟钝）	80～89	16.1
临界	70～79	6.7
智力发育迟滞	69 以下	2.2

临床上智力测验主要应用于儿童智力发育水平的鉴定，以及作为脑器质性损害及退行性病变的参考指标，此外也有作为特殊教育或职业选择时的咨询参考。

（二）艾森克人格问卷（EPQ）

艾森克人格问卷（EPQ）是由英国心理学家艾森克（Eysenck）编制的，EPQ 分为成人问卷（16 岁以上）和儿童问卷（（7～15 岁）两种。我国龚耀先的修订本成人和儿童均为 88 项，陈仲庚修订本成人有 85 项。EPQ 由三个人格维度量表（E、N、P）和一个效度量表（L）组成。可根据被试者回答选择"是"或"否"，再用四个量表的计分标准登记分数。本测验对测定人格倾向具有较高的信度和效度。

E 量表：表示性格的内、外倾向性。高分表示外倾，低分表示内倾。外倾的人爱交际，渴望刺激和冒险，情绪易于冲动。内倾的人与其相反，安静、离群、内省、不愿与人接触，不喜欢刺激，喜欢有秩序的生活方式。

N 量表：表示情绪的稳定性，也称为神经质量表。高分表示情绪不稳定，表现焦虑、紧张、易怒、忧心忡忡，遇到刺激有强烈的情绪反应，情绪体验深刻。低分者情绪稳定，性情温柔，善于自我控制，即使情绪激动时反应也缓慢而弱，很快恢复平静。

P 量表：表示精神质，分数高可能发展至精神病或具有孤僻、不关心他人、不近人情、缺乏同情心，社会适应能力差，人际关系不好，喜欢寻衅搅扰、对人不人道，抱敌意，易产生反社会行为等特点。

L 量表：表示说谎情况，也称为效度量表。高分者表明掩饰自我或说谎，效度差，同时也有较高的幼稚化倾向。低分者回答问题诚实可信。

EPQ 结果采用标准 T 分表示，根据各维度 T 分高低判断人格倾向和特征。因 EPQ 为自陈量表，实施方便，有时也可作团体测验，在我国是临床应用最为广泛的人格测量。

（三）症状评定量表

1. 症状自评量表（SCL-90）　症状自评量表（SCL-90）包含 90 个项目。该量表适用于精神科或非精神科的成年病人，亦有人应用于综合医院中有躯体疾病的病人的心理健康研究，也是目前心理咨询和心理治疗中应用最多的一种自评量表（见实训 2）。

2. 抑郁自评量表（SDS）　抑郁自评量表（SDS）主要用于测量成年人抑郁的程度及其在治疗中的变化情况。其特点为使用简便，能直观地反映抑郁病人的主观感受，但对严重迟缓症状的抑郁评定有困难（见实训 2）。

第四章 心理评估与心理治疗

3. 焦虑自评量表（SAS） 焦虑自评量表（SAS）的构造、形成及具体的评定方法与SDS很相似。SAS主要被用于评定被试的主观感受，且与SDS具有一样广泛的适用性（见实训2）。

> **护考链接**
>
> 治疗者需要了解某病人的人格特征，他想使用临床中常用的人格量表，但发现科室备用的心理测量工具中有一个测验不属于人格测验，哪一个不属于人格量表
> A. MMPI B. 洛夏墨迹测验 C. EPQ
> D. 16PF E. SCL-90
> 分析：SCL-90是症状自评量表，不属于人格量表，故选E。

第二节 心 理 治 疗

案例 4-2

李某，男，汉族，22岁。自述近一年来，在公共场所谈话或进食就感到不自在，伴脸红，心悸，四肢出汗，吐字不清等情况，不能集中注意对方交谈的内容，需要设法离开才感到平静。独处或与家人在一起时，没有不适感。病人能认识到自己的症状是不合理的，并为此感到苦恼，希望得到医生的帮助。

请问：

1. 试分析李某患了何种心理疾病？
2. 如何进行心理治疗？

一、心理治疗概念及原则

（一）心理治疗的概念与基本要素

1. 概念 心理治疗是以医学心理学的各种理论体系为指导，以良好的医患关系为桥梁，应用各种心理学技术包括通过医护人员的言语、表情、行动或通过某些仪器以及一定的训练程序，改善病人的心理条件，增强抗病能力，使病人消除心身症状，重新保持个体与环境之间的平衡，从而达到治疗的目的。广义的心理治疗指凡是有助于改善人们的心理状态、增进健康的一切方法和措施；狭义的心理治疗指专业人员针对某种心理和行为障碍所采用的专门的心理治疗技术。

2. 基本要素

（1）治疗者必须具备较扎实的心理学知识和技能。

（2）治疗中运用各种心理学理论和技术，并按照一定的程序进行。

（3）治疗的对象是有一定精神、躯体或行为问题的人。

（4）治疗的目的是通过改善病人的心理功能，最终缓解或消除其可能存在的各种心身症状，促进其人格向健康协调的方向发展，恢复其健全的心理、生理和社会功能。

（二）心理治疗的原则

1. 和谐性原则 这是心理治疗的重要条件，病人对治疗者要有信任感和权威性，要树立治疗动机，为治疗者进行正确的诊断和修正治疗方案提供可靠依据；治疗者对病人要尊重、同情、理解、支持病人，关心病人的利益，满足病人的需要，积极主动与病人建立良好和谐的关系。

2. 针对性原则 各种心理治疗方法都有一定的适应证，根据病人的心理问题、身心问题、行为或社会以及治疗者本人对方法的熟练程度、设备条件等，有针对性地选择一种或几种适当的心理治疗方法进行治疗。

3. 计划性原则 在实施某种心理治疗前，要依据病人的具体情况设计治疗程序，包括治疗手段、时间、疗程、目标等，并预测治疗中可能出现的变化及准备采取的应对策略。在治疗中作好详细记录，形成完整的病案资料。

4. 综合性原则 根据现代医学模式观念，人们已经认识到疾病是由生物—心理—社会因素相互作用的结果，因而在选择治疗方法时，就要考虑到利用其他方法的可能性。如在心理治疗时，配合一定的药物治疗，会取得良好的治疗效果。

5. 保密性原则 心理治疗涉及病人的各种隐私，为保证资料的客观真实，确保病人得到正确及时治疗，必须在心理治疗中坚持保密的原则，除病人涉及法律问题由司法部门调查外，其他人不得随意向外公布病人的具体资料。若在课题研究或授课过程中用到具体病案，需经过修改方可使用。

6. 灵活性原则 心理治疗没有单一的方法，在治疗中，要根据不同个体、不同疾病和疾病进程的不同阶段，灵活变更治疗程序，及时调整治疗方案，不可拘泥于某一种方法或学派。

7. 中立性原则 心理治疗是帮助病人的自立和自我成长，最终提高生活质量。因此，在治疗过程中仅提出建议，不能代替病人做出任何主观的选择或决定，应引导病人自己做出选择。

考点：心理治疗的原则

8. 回避性原则 心理治疗的交谈往往会涉及个人隐私，需为其保密，同时要保持中立。这些在亲友熟人中难以实施，因此原则上不为亲友熟人进行治疗。

二、常用的心理治疗方法

（一）精神分析疗法

精神分析疗法是奥地利心理学家弗洛伊德19世纪末创立的，以心理动力学理论为指导的治疗方法。这种理论强调心理因素对躯体的影响，提出被压抑的情绪和心理冲突可成为导致人体机能失调的致病原因。认为个体潜意识中的早年心路历程中的心理冲突在一定条件下可通过精神转换和象征作用，以症状的形式表现出来成为病态行为（如癔症、焦虑症、心身疾病等）。精神分析疗法是通过帮助病人将早年压抑在潜意识中的心理冲突如童年精神创伤、本能欲望、焦虑情绪体验、痛苦体验等通过会谈、分析、澄清，将其挖掘出来，从而使病人能重新认识，并改变其原有的心理行为模式，达到消除症状的目的。

西格蒙德·弗洛伊德，奥地利精神分析学家。精神分析学的创始人，称为"维也纳第一精神分析学派"，以别于后来由此演变出的第二及第三学派。著作有《梦的解析》

《精神分析引论》等。提出"潜意识""自我""本我""超我""俄狄浦斯情结""原欲"等概念，认为人类男性天生具有弑父娶母的欲望和恋母情结，女性天生具有弑母娶父的欲望和恋父情结，以及儿童性行为等理论。对哲学、心理学、美学，甚至社会学、文学等都有深刻的影响。

精神分析疗法主要应用于各种神经症的病人、某些人格障碍者、心境障碍病人及心身疾病的某些症状。不适合重性精神障碍病人。

经典的精神分析疗法的基本技术有以下4种。

1. 自由联想　在了解病人情况的基础上，在病人放松的情况下，治疗师启发病人将所想到的不加选择的毫无保留地都讲出来，不管这些想法是正确的还是荒谬的，鼓励病人回忆从童年起所遭遇的一切重要经历和精神创伤与挫折，如个人经历、发病经过、心理冲突、梦的内容等，从中发现那些与病情有关的心理因素。自由联想的最终目的是挖掘病人压抑在潜意识里的致病情结或矛盾冲突，把它带到意识领域里来。

2. 移情　在心理治疗中，病人可能将治疗者看成是过去与其心理冲突有关的某一人物（如父母等），而将自己的情绪不自觉的转移到治疗者身上，从而重复病人在早年的情感。当病人出现移情，对治疗者表露出某种特殊的感情，治疗者可能成为被喜欢、热爱、依恋的对象（称为正移情），也可能成为被厌恶、憎恨的对象（称为负移情）。移情的发生，是治疗过程中的正常现象，有利于治疗者清楚地认识病人心理症结，提示病人早期创伤的内容和性质。

3. 释梦　弗洛伊德认为，梦是潜意识的冲突和欲望的象征，是潜意识冲突与自我监察力量对抗的一种妥协，并不直接反映现实情况，所以要求病人在会谈中也谈谈他作的梦，并把梦的不同内容进行自由联想，以便治疗者能理解梦的外显内容和潜在内容，发掘梦境的真正含义。

4. 解释　精神分析的中心工作就是向病人解释他所说的话中潜意识的含义，向病人指出他的无意识欲望，帮助病人克服抗拒，从而使病人对他一直没有理解的心理事件变成可以理解的，被压抑的心理行为通过自由联想和梦的分析得以暴露出来，把表面上看来似乎没有意义的想法和行为和可以理解的往昔事件联系起来，使病人对其症状的真正本质达到领悟。其目的是让病人正视他所回避的问题或尚未意识的问题。

（二）行为治疗

行为疗法又称为行为矫正，是指以行为学习理论为依据的一组心理治疗方法。行为学习理论认为，人的正常或异常行为是个体从环境中学习所获得的外显反应方式，因此行为治疗通过一种新的学习过程或通过改变或消除原有的学习过程，来对异常的行为加以矫正。行为治疗的方法有以下几种。

1. 系统脱敏法

（1）基本原理：有两方面，首先，建立与不良行为反应相对抗的松弛条件反射。其次是使不良行为在与引起这种行为的条件刺激接触中逐渐消退（脱敏）。通过这两方面的共同影响，最终使不良行为得到矫正。

（2）方法：系统脱敏法应包括以下三个步骤。

1）松弛训练：病人应学会渐进性松弛训练，要求病人在不良行为反应（焦虑、恐惧）出现时，能适时地运用松弛训练进行对抗。根据病种的不同采用不同的放松训练。

2) 划分焦虑等级：对引起病人不良行为反应（如焦虑、恐惧）的情景刺激按层级顺序作详细的等级划分，从最轻焦虑到引起最强烈的恐惧按次序排列。

3) 脱敏训练：逐步按上述等级次序进行脱敏训练。病人先接触低紧张的情景，同时进行想象和松弛训练，以对抗焦虑。当病人经过反复训练已经不再出现焦虑，或者焦虑程度大大降低时，可进行下一等级接触情景，同样进行松弛训练。如此循序渐进。如果在某一等级时焦虑过于强烈，可以退回前一等级重新训练。如果病人顺利通过了所有情景，治疗即告完成。

系统脱敏疗法除实际接触情景外，也可使用图片、幻灯或进行情景想象。

(3) 适应证：系统脱敏法主要用于各种恐怖症或强迫症；也用于医学中的情景性焦虑或躯体症状，例如医院或手术室的情景性紧张和焦虑；还用于某些工作、学习、生活环境下的紧张或恐惧反应，例如特定工作环境所引起的头痛、大规模比赛时的现场紧张、考试焦虑等。

2. 厌恶疗法

(1) 基本原理：操作条件反射中的惩罚作用。其主要观点是，如果一种不良行为的结果使消极（痛苦）刺激增加，则该不良行为就会逐渐减弱。因此，在一种不良行为出现时立即利用恶性条件反射性刺激，对抗病人的病态行为，经过长期训练，这种不良行为可被矫正，恢复其正常行为。

(2) 方法

1) 确定厌恶刺激：厌恶刺激种类很多，应根据行为问题的性质和其他各种条件选择使用。①物理刺激：例如电击、橡皮筋弹击手腕或掐手腕致痛等。②化学刺激：例如吐根制剂、阿扑吗啡等致吐剂及苦味酊等苦味剂。③环境刺激：例如隔离等。④想象：例如想象痛苦、羞辱、恶心等情景或体验。

2) 实施：以治疗酒瘾为例。饮酒所产生的快感对饮酒行为产生正强化作用。如果在每次饮酒的同时给以电击使之产生痛苦，使之产生恶心、呕吐，经过反复的惩罚过程，可使饮酒行为逐渐减少，以致失去饮酒兴趣。

3) 治疗要领：要使厌恶疗法达到预期目标，必须要掌握以下要领。厌恶刺激必须在不良行为发生时始终存在；刺激要达到明确厌恶的水平；治疗要持续到不良行为彻底消除。此外，不良行为稍有改变时应随时进行鼓励强化，并逐渐转为由病人自己作进一步自我控制。

(3) 适应证：用于矫正各种不良行为，包括酒瘾、烟瘾、手淫、性变态行为、特定的犯罪（如窃瘾）和多食肥胖等。

3. 正强化法或操作条件法

(1) 基本原理：以操作条件反射为依据，主要通过正强化（使用奖励）过程塑造新的社会行为模式，从而矫正原有的不良社会行为，因而又称奖励法。

(2) 方法

1) 分析行为问题：一种社会不良行为往往涉及多方面的不良行为要素，必须通过分析确定其中的主要不良行为要素，并首先加以操作训练，则其他不良行为要素相对较易矫正。

2) 选择强化物：一般应选择儿童所喜欢的奖励物，也可使用代币法，即通过给予病人一定数量的代币筹码来作为奖赏，如钱币、糖果、小人书、卡通、成人们的注意、与大人玩耍、接受抚摸等,也可使用如小红旗、筹码、代用券等在团体内被接受的替代奖品。

> **链接**
>
> **合理实施代币法**
>
> 代币法就是真正奖励物的暂时代替,通常对于10岁以前的孩子效果显著。代币法最大的优点在于:当孩子表现出良好行为时,不是立刻就满足他的要求,而是延时满足,需要孩子将行为保持一段时间或重复出现后,再满足。这就易于"习惯"的形成,提高合理行为有意识地反复出现,同时因为有"代币",也可以使合理行为得到一定的鼓励,起到临时效果的作用。代币法的具体内容可以根据孩子的不同时期灵活调整,但要与孩子一起来制定规则,毕竟最后的行为实施者是孩子本人。另外,要以提高孩子的兴趣与动力为主要目的,使孩子逐渐从被动走向主动。

3) 强化训练:首先针对首要的行为问题,逐渐进行良好行为的强化训练。例如针对儿童不愿讲话的问题,可以先给他讲一个小故事,然后诱导他重述故事内容,达到目的后立即给予硬币或抚摸头部的奖励。开始时要求不应太高,每谈话1~2分钟即应给予奖励。以后以同样方法诱导他讲得更多,讲得更好,并且听众也由一个人转为多个。

(3) 适应证:主要用于建立良好的行为模式,以矫正某些社会行为障碍,如孤独症、慢性精神病人社会适应问题、某些慢性躯体疾病病人的习惯性病卧等。

4. 示范法

(1) 基本原理:社会学习理论中的示范作用。其主要观点是,通过反复观看和接触具体的具有良好行为模式的人物模型,可不经强化被试者即可以使其形成(学会)这种行为。

(2) 方法

1) 选择模型:用于示范的模型可分为生活示范和替代示范两种。

2) 示范方法:以改善病房中病人的消极情绪气氛为例。医护人员可有目的地选择一位情绪积极乐观的同类病人作为模型,不时地有意识地当着众病人的面对这个"模型"病人的行为表现加以关注和赞赏,以引起其他病人的注意和观察;或者让这一模型人物对其他病人作现身说法,从而使其他病人的情绪状态也逐渐转向积极。

3) 影响因素:年龄、性别相近者,示范效果好;有兴趣的、尊敬的和有权威的模型效果好。

(3) 适应证:示范法可用于不良行为的矫正,社会技能的训练,以及消除临床病人所表现的焦虑反应(如术前焦虑和牙科恐惧)。对焦虑原敏感性越高的病人示范的效果也越好。

5. 满灌疗法

(1) 基本原理:满灌疗法又称冲击疗法。这种理论认为,恐惧行为是一种条件反应,某一事物或情境在一个人身上所引起的恐惧体验会激发他产生逃避行为,而不管此事物或情境是否真的构成了对他的威胁。这种逃避行为会导致恐惧体验增强,从而起着负性强化作用,反过来增强其逃避行为。因此,与其逃避,不如让病人一次性置身于致病因素的情景中,直接接触或想象的间接体验,即使反应强烈,也不逃避,直面恐惧的刺激,直至紧张感消失为止。

(2) 方法

1) 场景设置：满灌疗法一般采用想象或模拟的方式，也可以让病人直接进入到让其最恐怖、焦虑的现实场景，即直接与让其最恐怖、焦虑的对象接触，并尽力设法使病人坚持。

2) 实施训练：治疗一开始就让病人进入最使他恐惧的情境中。鼓励病人想象最使他恐惧的场面，或者治疗者在旁边反复地、甚至不厌其烦地讲述他最感害怕的情景中的细节，或者用录像、幻灯放映最使病人恐惧的情景，以加深病人的焦虑程度。在反复的恐惧刺激下，使病人因焦虑紧张而出现心跳加剧、呼吸困难、面色发白、四肢发冷等自主神经系统反应，病人最担心的可怕灾难并没有发生，焦虑反应也就相应的消退了。或者直接把病人带入他最害怕的情境，经过重新实际体验，觉得也没有什么了不起，慢慢地就不怕了。

满灌疗法不需要进行任何放松训练，恐怖场景呈现期间不允许病人采取堵耳朵、闭眼睛、哭喊等逃避措施。

(3) 适应证：满灌疗法常被用来治疗焦虑症和恐怖症。但在具体运用时，还要考虑病人的文化水平、受暗示程度、发病原因和身体状况等多种因素。对体质虚弱、有心脏病、高血压和承受力弱的病人，不能应用此法，以免发生意外。

（三）认知治疗

认知疗法是根据人的认知过程影响其情绪和行为的理论假设，通过认知和行为技术来改变求治者的不良认知，从而矫正并适应不良行为的心理治疗方法。目前主要有艾利斯的理性情绪疗法和贝克-雷米认知疗法。本书以理性情绪疗法为例介绍认知疗法的具体内容。

1. 理性情绪疗法的基本理论　理性情绪疗法是由艾利斯创立的。他认为人的情绪和行为障碍不是由于某一激发事件直接引起，而是由于经受这一事件的个体对所遭遇的事件的不正确的认知和评价所引起的错误信念或哲学观点，最后导致在特定情景下的情绪和行为后果。

艾利斯将以上观点概括称之为 ABC 理论。A 代表诱发事件，B 代表信念，是指对 A 的信念、认知、评价或看法，C 代表结果即症状。艾利斯认为并非诱发事件 A 直接引起症状 C，A 与 C 之间还有中介因素在起作用，这个中介因素是人对 A 的信念、认知、评价或看法，即是信念 B。因此，对 A 的经验总是主观的，因人而异的，同样的 A 在不同的人会引起不同的 C，主要是因为他们的信念有差别，即 B 不同。换言之，事件本身的刺激情境并非引起情绪反应的直接原因。个人对刺激情境的认知解释和评价才是引起情绪反应的直接原因。

不合理信念的几个特征：①绝对化要求，是指人们以自己的意愿为出发点，对某一事物怀有认为其必定会发生或不会发生的信念，它通常与"必须""应该"这类字眼连在一起；②过分概括化，这是一种以偏概全、以一概十的不合理思维方式的表现；③糟糕至极，这是一种认为如果一件不好的事发生了，将是非常可怕、非常糟糕，甚至是一场灾难的想法。这将导致个体陷入极端不良的情绪体验之中，而难以自拔。

2. 理性情绪疗法的治疗程序

(1) 心理诊断阶段：咨询师根据 ABC 理论对求助者问题进行初步分析和诊断，找出 ABC 之间关系。

(2) 领悟阶段：咨询师需要帮助求助者达到三种领悟：①使求助者认识到信念引起了情绪和行为后果，而不是诱发事件本身；②引发心理问题是自己认知评价，求助者应对自己情绪行为反应负责；③只有改变不合理的信念才能减轻或消除求助者目前存在的各种症状。

(3) 修通阶段：运用多种技术，使求助者修正或放弃原有非理性观念，代之以合理信念，使症状得以减轻或消除。

1) 与不合理信念辩论：咨询师可用黄金规则反驳求助者对别人和周围环境绝对化要求（最具特色，最常用）。

2) 合理情绪想象技术三步骤：①使求助者在想象中进入产生过不适当的情绪反应情境之中；②帮助求助者改变不适当情绪体验，并体验到适度情绪反应；③停止想象，求助者情绪和观念积极转变，应及时给予强化。

3) 家庭作业包括：RET 自助表（Self-Help Form）和合理自我分析报告 RS（Rational Self-Analysis）。

(4) 再教育阶段：巩固前几个阶段治疗所取得的效果。

3. 适应证 理性情绪疗法广泛应用于学校、婚恋和医院等不同人群的心理咨询与治疗中，主要适应于抑郁症、焦虑症、恐怖症的心理治疗，并取得了显著的效果。但理性情绪疗法不适合无领悟能力者以及对此法有偏见者。

（四）支持性心理治疗

支持性心理治疗不仅适用于精神疾病的治疗，而且适用于危机干预、临床各科疾病的心理治疗、心理护理等。如焦虑症、失恋、失业、考试落第、亲人死亡、自杀意念、婚姻危机、临终关怀等，以及各种生活事件造成的挫折和失败，损失和不幸，都需要支持。

1. 倾听 治疗者要做病人的知音，善于倾听病人的叙述，让病人毫无顾忌的诉说，尽情宣泄心中的不满、痛苦、忧虑，使他们有机会自己表达焦虑、烦躁的感受和情绪，对其诉说内容要表现尊重、感兴趣，不要表现出惊异或厌恶。这个过程本身就能产生治疗作用，是最简单的心理治疗过程。

2. 支持 当遇到挫折或应激事件时，常常出现悲观失望、自责自卑、缺乏信心等消极情绪，此时及时地支持在于帮助他们看到自己的才能和潜力，鼓励和指导他们树立信心、改善情绪、提高应对事件的能力，循序渐进的达到某种目标，起到治疗作用。

3. 保证 某些病人过度担忧或怀疑自己的病情，担心会发生严重后果。为消除病人的疑虑和焦虑情绪，医生以事实为依据，用充满自信的态度和肯定的语气向他们做出保证，使其对战胜疾病产生信心和希望。

4. 解释 病人的某些心理问题可能来源于不正确的认识或对疾病的无知，向病人做必要的解释，使病人了解他们所患的疾病是功能性疾病，是完全可以治愈的，帮助其消除顾虑、增强安全感和战胜疾病的信心，使其积极主动地配合治疗。

5. 指导 帮助病人对挫折及应激事件的重新认知评价，树立新的评价模式，以及如何安排休养生活和处理各种人际关系问题，特别是因患病而带来的若干新问题，指导其掌握积极有效的适应方法和适应行为。

6. 促进环境改善 指的是病人的社会环境，这主要也是人际关系问题。病人有些心理问题会产生于其社会生活环境，如夫妻关系不和谐、人际关系紧张等。医生护士应善

于观察和分析，找出真正原因，帮助病人改善人际环境，从人际关系中除去不利因素，在病人的生活天地里增添某些新的有利因素。必要时可以安排家庭治疗或请其领导、同事参与的集体治疗，鼓励病人学习某种技艺或社交技巧、参加适当的社会活动，都是可行的。过分牺牲家属的利益而迁就病人，往往对病人来说适得其反，这是值得注意的。

（五）生物反馈疗法

1. 概念　生物反馈疗法是应用生物反馈仪，把病人的生理情况进行记录，然后转化为声音或光线信号，训练病人利用反馈信息，调整自己的躯体功能。

2. 基本原理　大脑的边缘系统既有调节情绪的作用，又有调节内脏功能的作用。这一事实表明心理活动（情绪）和生理活动（内脏）之间有内在联系。个体生理活动的变化与各种心理社会因素，如紧张、焦虑、恐惧、兴奋、精神松弛等有密切关系。生物反馈治疗使病人通过反复的学习和训练，不仅认识到各种心理社会因素（如情绪反应、人际关系、环境影响等）与身体生理变化的关系，而且通过反复实践，正性强化和定型，逐渐形成不依赖反馈仪，而对原本不能随意控制的生理活动或情绪反应进行自我控制和调节的能力，从而改变自己原有的一些不利于身心健康的信念、情绪、行为模式或生活方式，并建立起新的认知行为模式。这种新的生活方式提高了自身对应激的抵抗力，减少或预防了疾病发生或达到治疗的目的。

3. 方法

1）进行肌感练习：以达到消除紧张的目的，病人一边注意听仪器发出的声调变化，一边注意训练部位的肌肉系统，逐步让病人建立起肌感。同时在进行训练时，要采取被动注意的态度，病人利用反馈仪会很快掌握这种技巧，迅速打破长期紧张的疾病模式而进入放松状态。

2）塑造技术：为了逐步扩大放松的成果，将仪器灵敏度减低，使病人适应性提高。此技术能将放松水平提高到一个新的水平上。

3）自觉地运用放松技术：病人学会在没有反馈仪的帮助下，也能运用放松技术来得心应手地处理所遇到的各种事件。

考点：常用的心理治疗方法

4. 适应证　生物反馈疗法主要适应于紧张性头痛、血管性头痛、支气管哮喘、消化性溃疡、高血压、腰背痛、儿童多动症、痛经、类风湿关节炎等。

护考链接

1. 在为一位强迫症的病人的治疗中，医生鼓励病人回忆从童年起所遭受的精神创伤与挫折，帮他重新认识，建立起现实性的健康心理。这种疗法是
　A. 梦的分析　　　　B. 移情　　　　C. 自由联想
　D. 系统脱敏　　　　E. 自我调节

2. 为了戒除烟瘾，在每次吸烟以后，应用某种引起恶心、呕吐的药物，反复几次，就不在想吸烟了。这种戒烟方法是
　A. 系统脱敏法　　　B. 条件操作法　　C. 自我调整法
　D. 厌恶疗法　　　　E. 暴露疗法

分析：鼓励病人回忆过往经历和精神创伤与挫折，从中发现那些与病情有关的心理因素，故选C；应用某种引起恶心、呕吐的药物来戒烟，故选D。

第四章 心理评估与心理治疗

> **小结**
>
> 　　心理评估是指依据心理学的理论和方法，对个体某一心理现象进行全面系统、深入的客观描述的过程。心理评估是心理咨询和心理治疗的重要前提和依据，也是对心理咨询及治疗效果进行判断的主要方法。
>
> 　　心理治疗也称精神治疗，是指在良好的人际关系基础上，专业人员运用心理学的理论和技术，通过其言语、表情、举止行为并结合其他特殊的手段来改变求助者不正确的认知活动、情绪障碍和异常行为，以达到良好适应状态的一种治疗方法。常用的方法有精神分析疗法、行为疗法、支持疗法等。

自测题

一、A1 型题

1. 以下哪项不属于心理评估的常用方法
   A. 作品分析法　　　B. 会谈法
   C. 观察法　　　　　D. 催眠放松法
   E. 心理测验法

2. 主要用于测量成年人抑郁的程度及其在治疗中的变化情况是
   A. SDS　　　　　　B. SCL-90
   C. SAS　　　　　　D. MMPI
   E. A 型行为量表

3. 下列不是心理治疗原则的是
   A. 和谐性原则　　　B. 客观性原则
   C. 计划性原则　　　D. 保密性原则
   E. 回避性原则

4. 系统脱敏法是
   A. 将病人暴露于恐惧的刺激中
   B. 将病人焦虑、恐惧的刺激分不同的等级并逐步放松
   C. 要分析刺激的情境改变态度
   D. 要病人不予理会异常行为
   E. 快速消退已建立的条件反射

5. 对标准化心理测验应具备的条件而言，下列哪项是错误的
   A. 随机使用的指导语　B. 效度、信度
   C. 常模　　　　　　D. 大样本、代表性强
   E. 统一的计分标准

6. EPQ 是用来测量
   A. 智力　　　　　　B. 适应性行为
   C. 病理性人格　　　D. 人格
   E. 心理症状

7. 精神分析中"自由联想"指
   A. 不对病人进行定向引导
   B. 不允许信口开河
   C. 基本不进行分析解释
   D. 直视病人的目光及表情
   E. 与病人对坐

8. 反映标准化心理测验可靠性的技术指标是
   A. 样本量　　　　　B. 常模
   C. 标准差　　　　　D. 信度
   E. 效度

9. 一个测验工具中对于对象可以测量到的真实程度，是指该工具的
   A. 常模　　　　　　B. 信度
   C. 效度　　　　　　D. 样本
   E. 标准

10. 下列不属于行为疗法的是
    A. 系统脱敏　　　　B. 厌恶疗法
    C. 冲击疗法　　　　D. 自由联想
    E. 生物反馈疗法

11. 给恋物癖者电击的方法属于
    A. 家庭脱敏　　　　B. 冲击疗法
    C. 厌恶疗法　　　　D. 松弛疗法
    E. 自由联想

12. "将病人直接置于他感到最恐惧的情境中，使其在短时间内消除恐惧的情绪"，这种治疗方法称为
    A. 放松疗法　　　　B. 厌恶疗法
    C. 系统脱敏疗法　　D. 满灌疗法

E. 催眠疗法

13. 最适于恐怖症的心理治疗方法是
    A. 支持性心理治疗　　B. 厌恶疗法
    C. 自信心训练　　　　D. 系统脱敏疗法
    E. 生物反馈疗法

14. 减低生理活动的生物反馈疗法可用于治疗
    A. 中风（卒中）偏瘫　B. 心身疾病
    C. 情绪障碍　　　　　D. 行为障碍
    E. 性功能障碍

15. 关于 ABC 理论说法不正确的是
    A. A 代表诱发事件
    B. B 代表对 A 的信念、认知、评价或看法
    C. A 在不同的人会引起不同的 C，主要是因为他们的信念有差别，即 B 不同
    D. 事件本身的刺激情境是引起情绪反应的直接原因
    E. 个人对刺激情境的认知解释和评价才是引起情绪反应的直接原因

二、A2 型题

16. 一名小学二年级的学生，学业成绩不良，上课注意力不集中，理解力差，运动技能落后。对患儿最合适的心理测验是
    A. 艾森克人格测验
    B. 明尼苏达多项人格测验
    C. 洛夏墨迹测验
    D. 韦氏智力测验
    E. 社会应对测验

17. 女，20 岁，主诉自初中毕业后，越来越不能与陌生人接触，近 1 年来发展为见到熟人也害怕与之说话，且一说话就脸红，对于该病人心理治疗首选的方法为
    A. 生物反馈　　　　　B. 系统脱敏
    C. 自由联想　　　　　D. 催眠治疗
    E. 人本主义

三、A3/A4 型题

(18～20 题共用题干)

一名女大学生，20 岁，在家里有一次被邻居的狗咬伤，引起焦虑和恐惧发作。尔后表现为见到狗就惊叫、害怕、心跳剧烈，后来看到狗的图片和影像，以及听到有人谈到狗也会焦虑、紧张、出汗等症状。病人主动求医。要求治疗。

18. 对这位病人的心理评估的最佳方法是
    A. 调查法　　　　　　B. 观察法
    C. 会谈法　　　　　　D. 作品分析法
    E. 心理测验法

19. 根据临床表现，应诊断为
    A. 焦虑性神经症　　　B. 疑病性神经症
    C. 恐怖性神经症　　　D. 抑郁性神经症
    E. 强迫性神经症

20. 心理治疗方法应首先
    A. 自由联想疗法　　　B. 厌恶疗法
    C. 奖励疗法　　　　　D. 系统脱敏疗法
    E. 生物反馈疗法

（谢旭光）

第五章 病人的心理护理

被西方誉为"医学之父"的古希腊名医希波克拉底曾说过:"了解什么样的人得了病,比了解一个人得了什么病更为重要。"现代研究发现,很多疾病的发生都与心理因素有关,比如中风(卒中)、偏头痛、胃溃疡等疾病。而且患病的人更容易产生心理问题,要治病首先要了解患病的人。因此,护理人员在工作中不能只进行病人的疾病护理,还要了解病人的心理特征和心理需求,并科学有效地实施病人的心理护理。这样才能帮助病人尽快恢复健康。

第一节 心理护理概述

案例 5-1

一位来自农村的育龄妇女,生育一胎后,在乡镇医院接受了输卵管结扎手术,术后不久即发生原因不明的腹痛,经各种治疗无效,以至病人在求医的过程中不得已接受了2次剖腹探查术,但却没有一次手术的结果能解释其腹痛的病因,直到她遇到了一位值得信赖的护士,经过多次密切的接触和沟通,频发的腹痛才得以显著缓解。

请问:
1. 导致病人腹痛的原因是什么?
2. 为什么最后这位护士使病人的腹痛显著缓解?
3. 心理护理的原则有哪些?

一、心理护理的概念

心理护理是指在护理全过程中,护理人员运用心理学的理论和技术通过各种方式和途径,积极有效地影响和改变病人的心理状态和行为,促进健康的一种护理方法。

二、心理护理的原则

1. 交往原则 心理护理贯穿于医护人员与病人的人际交往过程,医疗人际交往包括:医护人员与病人、病人与病人、护士与病人家属等。护士在这几种交往过程中起着桥梁的作用,是各种信息的沟通者,融洽各方面关系。良好的护患关系是护士和病人之间彼此尊重、信任,从而使病人减轻来自环境和治疗带来的压力,更好地接受身心护理。反之,护患之间缺少沟通,就会导致冷漠、猜忌、不信任,从而引起纠纷,影响医疗和护理工作的顺利进行。

2. 服务原则 心理护理是在人道主义道德原则的指导下全心全意为病人健康服务而实现的。在护理工作中，护士要将每一位病人视为有人性特征的个体，是具有各种需求的人。这就要求护理人员对待每一位服务对象都一视同仁，不分贫富贵贱，为病人的健康提供综合性服务。

3. 启迪性原则 在心理护理过程中，护士作为病人的康复指导者和健康教育者，对病人认知上的不足，要因势利导给予启迪教育，使其积极主动进行自我护理，学会转移与宣泄不良情绪。同时，给病人一些积极的心理暗示。

4. 应变原则 护士的应变能力关系着护理质量的高低，在心理护理过程中，临床护士必须擅长"随病而变""随变而应"的能力，以应对病人出现的各种心理问题，这样才能为病人提供高效、优质、满意的服务，构建和谐的护患关系。

5. 整体原则 躯体疾病与心理疾病可以相互作用，相互转化。因此，在进行护理时，要从病人的身心整体来考虑，既对病人进行躯体护理，又对病人进行心理护理，逐步建立一个身心良性循环链，达到身心整体的协调，从根本上预防疾病。

6. 个性化原则 人的心理活动是复杂多变的。由于病人年龄不同，后天的环境和所受教育不同，病人心态千差万别。因此，护士在掌握病人一般心理活动规律基础上，心理护理必须因人而异，因人施护。

链接

不同医疗模式下对心理学的要求

不同的医疗护理模式对待疾病和健康的假设不同，导致它们对医疗护理质量的评判标准也不相同。因此，不同的医疗护理模式对心理学的要求也不同。以疾病为中心阶段，只理解生理疾病不考虑心理因素，生理疾病和心理问题分开，对心理学的要求是：确保病人对治疗的依从。以病人为中心阶段，生理和心理因素相互影响，病人的心理需要得到了满足，对心理学的要求是：了解病人的心理需求，理解在发病原因和治疗过程中心理和生理因素如何相互影响。以人的健康为中心阶段，病人有权决定治疗，决定自己的需要，医疗护理的标准是要让病人感到满意，对心理学的要求是：发挥病人的主动性，帮助探明病人寻求什么，测量和提高病人的满意度。

第二节 病人角色及心理需要

一、病 人 角 色

病人（patient）通常指一个人失去健康的状态，患有某种病痛，影响正常工作、学习和生活。这种解释将病人定义为"生病的人"，只看到了"疾病"，而忽视了人的社会性。通常病人会去寻求医疗救助，但并不是所有患病的人都会有求医行为，这部分人正常工作生活，不认为自己是"病人"。另一方面也不是所有到医院就医的人都是患有疾病者。比如有些人没有躯体疾病，只是感觉不舒服，到医院寻求医生的帮助。还有些人本身没有患病，也没有躯体不适，只是出于一些特殊情况需要医生开具诊断书或处方。另外，到医院就医的人还包括进行健康体检和常规检查的人群，如到妇产科做产前检查的正常孕妇，这些人并不是真正患病，但也可称之为"病人"。所以现现在我们把"病人"一词用以指有求医行为或正处在医疗中的人。

（一）病人角色的概念

病人角色是指符合患病的人的行为的一种特殊身份，是社会对病人的所期望的行为模式。由健康状态转变为疾病状态，病人的行为和社会地位发生了变化，与之相适应的权利和义务也随之改变。

美国著名社会学家帕森斯（Parsons T）将病人角色特点概括为四个方面：

1. 病人可免除其正常的社会角色所应承担的责任。
2. 病人对陷入疾病状态没有责任，有权利接受照顾。
3. 病人应主动寻找专业技术的帮助：病人应主动找医生和护理人员提供诊疗和护理的专业支持。
4. 病人有恢复健康的义务。

（二）病人角色的适应

人们期待病人能完全按照病人角色的要求去做，但是现实中病人的角色行为与我们的期望往往有一定差距。在这个适应过程中会出现一系列角色适应不良的表现。主要有以下几个方面：

1. 病人角色缺如 主要表现为否认或意识不到自己患病，不承认自己是病人。原因有很多，例如拿到诊断书后，不承认自己有病；或虽然接受了医生的诊断，但没有意识到自己病情的严重性，仍然从事不宜承担的活动；或者因为求学、求职、就学等原因迫于压力不愿转变角色；还有患病后自己的社会地位和价值降低，不被他人接受等。角色缺如的后果就是拒医，延误治疗的时机，使病情恶化。护理人员应通过观察和交流，了解病人适应情况，并对其进行有效的指导，使病人能尽快转变角色，配合治疗和护理。

2. 病人角色强化 患病后病人处于被照顾的位置，依赖心理增强，对自己所患的疾病过度关心，夸大病情的严重程度，过度依赖医院环境和他人的照顾；或者不承认病情好转或痊愈，不愿出院，不愿离开医护人员，不愿恢复到原来的工作和学习状态。原因与患病后体虚、能力下降、患病前压力较大、或期望继续享受患病后得到的特殊照顾有关。也可能是为了逃避原有的社会责任和人际关系矛盾。

3. 病人角色消退 病人角色消退和角色强化的情形相反，它表现在疾病还没有痊愈，病人由于其他原因过早地从病人角色转变为社会常态角色，从事与自己病情不适应的活动。这种情况常发生在疾病的中期，对疾病的进一步治疗和病人的康复不利。

4. 角色行为冲突 病人角色与其在社会上承担的其他角色发生心理冲突。同一个体常常承担着多种社会角色。当患病并需要从其他角色转化为病人角色时，病人一时难以实现角色适应。

5. 角色行为异常 病人受病痛折磨感到悲观、失望等不良心境的影响导致行为异常，如对医务人员的攻击性言行，病态固执、抑郁、厌世、以至自杀等。

大多数病人都会出现病人角色适应不良的情况，医护人员要对此有所理解，做好思想准备。在工作中注意正确引导病人，创造良好的治疗环境，使病人尽快适应角色转变。

考点提示：病人角色适应不良的类型

护考链接

病人，女，因乳腺癌住院治疗，治疗期间得知自己儿子因患急性肾炎住院需要照顾，就立即放弃自己的治疗去照顾儿子，这种情况属于

A. 病人角色行为消退 B. 病人角色行为冲突
C. 病人角色行为强化 D. 病人角色行为缺如
E. 病人角色行为适应

分析：疾病还没有痊愈，病人由于其他原因过早地从病人角色转变为社会常态角色，从事与自己病情不适应的活动，故选 A。

二、病人的心理需要

病人的一般心理需要包括如下内容。

1. 安全的需要　安全感是病人最普遍，最重要的心理需要。疾病的困扰使病人对自身的安全更加关注。除了疾病本身威胁着病人的生命安全外，在治疗过程中，某些诊治措施会加重病人的不安全感，如手术和诊断性检查。医护人员责任心不强，治疗效果不佳，病友突然死亡等也会使安全的需要增强。医护人员应增强责任心，对病人实施诊疗措施前都应事先了解病人恐惧的原因，耐心解释，增强病人的安全感。

2. 尊重的需要　进入病人角色后，病人往往自我评价较低，但较看重别人对自己的看法。病人希望得到他人的尊重和理解，特别希望得到医务人员的关心、重视。一旦病人的这种自尊心被忽视时，便会引起负性情绪反应，甚至动摇其治疗信心并对医务人员产生不信任感。因此，医护人员应注重道德品质的修养，在和病人短暂接触后，应该以恰当的尊称称呼病人，多和病人做一些耐心细致的交流，平等对待每一位病人，这对提高医疗服务质量意义重大。

3. 爱与归属的需要　病人住院后，脱离了原来的工作和家庭环境，生活规律和习惯的改变，人际群体的改变，使病人产生极大的陌生感。病人往往比任何时候都渴望得到亲友及医护人员的支持，渴望他人的同情、安慰、体贴和关爱。他们需要尽快熟悉环境，需要得到新的人际群体的认可、接纳和欢迎，需要和病友沟通。同时，还希望了解工作和家庭成员的情况。医护人员应热情接待病人，详细介绍医院环境和科室人员，鼓励病人之间多接触，尽快消除陌生感，建立战胜疾病的信心，尽早恢复健康。

链接

到家的感觉真好

一天，某晚期肺癌的老年女性病人，拖着衰弱的身体被儿女搀扶着送进了某医院的胸外科病房。当时，家属们的表情上满是疑虑。当病人进到病房，所有在场的医务人员连忙放下手中的工作。很快，轮椅推来了，床铺准备好了。主管医生及护士将病人推进病房，抱到床上。然后对老年人说："我们在您的床单下铺了水垫，这样睡着舒适、柔软，不会生压疮，我们还为您准备了开水、脸盆、便盆，我们随时会来帮助您。"随即，医护人员

询问病史并做出初步诊断后，很快就进行了治疗：给氧、输液、测量生命体征、上监护仪、给病人安排饮食等。家属看到这些，激动地对医护人员说："你们的服务让我们有了到家的感觉，这种感觉真好。老人住在这里，我们放心了。"

4. 信息的需要 病人向医生咨询时，最想知道的是自己患了什么病、疾病带来的后果、治疗的方法和疗效等。但往往不能从医护人员那里得到足够的信息。信息的不足或错误的信息都会使病人产生焦虑和茫然。除了医疗信息外，病人还希望得到单位、同事、工作、家庭等多方面的信息。满足病人对信息的需求，可以消除病人的疑虑，减少负性情绪的产生，使病人更好地配合治疗。

考点：病人的一般心理需要

> **护考链接**
>
> 病人，男，79岁。因患 ARDS 入住 ICU。病情缓解后，病人对护士说"我见不到孩子、老伴，心里不舒服"。这表明该病人存在
>
> A. 生理需要　　　　B. 安全需要　　　　C. 爱与归属的需要
> D. 尊重的需要　　　E. 自我价值实现的需要
>
> **分析：** 病人住院后，对环境产生极大的陌生感，渴望得到亲友及医护人员的同情、安慰、体贴和关爱。故选 C。

第三节　不同年龄阶段病人的心理护理

案例 5-2

一位护士让一个刚做完手术的孩子对疼痛进行评估。护士采用了一个疼痛评分量表（一端标记不疼（痛），一端标记难以忍受的疼痛），但是孩子想要告诉她的是量表中没有的那种疼痛。

护士："你感觉有多疼？"
孩子："疼得很厉害。"
护士："有多厉害？"
孩子："很厉害。疼得……"
护士："如果不疼为1，最疼为10的话，你是几？"
孩子："10，10"
护士："它还是可以忍受的吗？"
孩子："我不知道你说的是什么意思。"
护士："你能忍受它吗？"
孩子："哦，妈妈，快让她走开。我很疼，我已经告诉你了。"

请问：
1. 为什么孩子要求护士离开？如果是你会用什么方法了解孩子的感受？
2. 儿童病人的心理特点有哪些？
3. 如何正确实施儿童病人的心理护理？

心理与精神护理

一、儿童期病人的心理护理

(一) 儿童期病人的心理特点

1. 恐惧 是患病儿童的一种比较普遍的情感表现。各个年龄阶段的患儿都会表现出住院和治疗的恐惧。主要表现为对医院陌生环境的害怕,如怕黑、怕陌生人、怕独处、怕穿白衣服的工作人员;害怕各种注射带来的疼痛;害怕疾病带来的痛苦;害怕各种检查治疗如导尿、灌肠、换药造成的不适和疼痛。

2. 分离焦虑 分离焦虑是指幼儿与抚养者之间分离时,往往会产生恐惧感和不良情绪。患病住院治疗,与父母分离,患儿会产生分离性焦虑。具体表现为哭闹、睡眠不安、情绪不稳、少言寡语,甚至是不服药,拒绝进食,其中以6个月至1岁半的患儿反应最强烈。

3. 孤独依赖心理 患病住院后,患儿被迫待在病房里,不能和其他儿童一起玩耍、上学,脱离了原来的群体,没有亲人和好朋友陪伴,因而感到寂寞、孤独,再加上疾病的刺激,依赖心理明显增强,自己能做到的事也需要别人帮忙。

4. 行为退化 在住院患儿中,常有行为退化的表现。由于疾病的影响,在恐惧焦虑的心理作用下,患儿会出现尿床,撒娇,不愿自己吃饭,学龄期儿童出现使用奶瓶、哭闹等退化行为。

5. 沟通困难 低龄患儿由于认知能力和语言表达理解能力发展不完善,会造成交流沟通的困难。

(二) 儿童期病人的心理护理

1. 创造舒适的治疗环境 儿科病房的设计和装修应尽可能符合儿童的特点。病房的颜色最好选用自然清新的淡绿色、淡黄色或粉色,床单位和桌椅要符合儿童的生理特点,墙面可以用卡通图案来装饰,所有的物品都要有秩序地分类摆放,这样可以缓解患儿对陌生环境的恐惧。医护人员的工作服的颜色可以选用粉色和淡绿色,可以消除患儿对白衣的恐惧。病室要经常通风换气,保持安静、整洁,使患儿尽快适应环境。有条件的医院还可以专门为儿童设计游戏区,丰富患儿的住院生活。

2. 护理患儿耐心细致 在诊疗过程中护理人员要态度和蔼、言语亲切、接待热情、动作轻柔,对患儿打针时的疼痛,要表现出同情和理解,不能为了完成工作语言生硬,动作粗暴,恐吓刺激患儿。查房多用患儿的名字或乳名,显得更亲切。鼓励患儿和其他病友交往,在病情允许的情况下,组织他们参加游戏活动,能帮助消除孤独感。对低龄患儿护士应通过多种方式满足他们的情感需求,如经常抱一抱、抚摸其头部和背部,可以通过讲故事,看图书亲近患儿。学龄期患儿要注意通过鼓励发挥他们的主动性,有条件时尽量使治疗护理工作减少对学业的影响,在不影响疗效的情况下,治疗输液可考虑在下午课后或夜间进行。

3. 恰当的沟通技巧 护士应根据不同年龄阶段儿童的心理特点,通过恰当的语言、手势、面部表情和图文使患儿能正确理解疾病的发生和治疗的目的,配合治疗,使治疗护理措施能安全有效地进行,帮助患儿早日恢复健康。

4. 减少家属对患儿的影响 儿科病房大多有家长陪伴,有时父母的心情会直接影响到孩子的治疗效果。患儿家长的心理反应主要有:害怕孩子受苦、焦虑、急躁、敏感、多疑等。父母很焦虑，孩子受其影响也很焦虑。护士需要了解患儿家长的心理，针对他们不同的心态给予理解和心理疏导，特别要注意和患儿父母建立合作关系。

考点：儿童病人的心理特点及心理护理

护考链接

患儿，女，3岁，患法洛四联症，择期手术。患儿入院5天来，不让父母离开身边，见到医护人员及陌生人员靠近会躲避，睡眠中常有惊醒，患儿出现上述表现的主要原因是

A. 对黑暗恐惧　　　　B. 对手术焦虑　　　　C. 对死亡恐惧

D. 分离性焦虑　　　　E. 对医源性限制的焦虑

分析：患儿入院后不愿与父母分离，对医护人员产生恐惧感，出现睡眠不安等症状，这些都是分离性焦虑的表现。故选D。

二、青年期病人的心理护理

（一）青年期病人的心理特点

青年期正是人生朝气蓬勃的时期。青年人往往否认自己得病，直到真正感到不舒服和体力减弱才逐渐默认。一旦承认患病的事实，主观感觉异常敏锐，而且好奇心强，喜欢刨根问底：为什么吃这个药、打这个针，多长时间能好，有无后遗症，等等。他们担心疾病耽误自己的学习和工作，对自己的生活、婚姻和前途有不利的影响。青年的情绪强烈而不稳定，往往病情稍有好转，就盲目乐观，不再认真执行医嘱，不按时吃药，不坚持锻炼。而病程较长或有后遗症的青年病人，又容易出现自暴自弃、悲观失望、情绪抑郁。少部分病人无法忍受疾病的折磨，会出现严重的精神症状，甚至失去理智，产生自杀的念头。

（二）青年期病人的心理护理

1. 协调并促进病友间的相互了解，丰富病人的精神生活　鉴于青年人活泼好动，喜欢交友，注重友谊，护士在安排病房时最好将年龄相近的青年人置于同一病房中，使他们之间相互交流思想，增进友谊，激发兴趣，消除孤独感。

2. 保护病人的自尊心　青年人自尊心强，任何消极刺激对他们都会是一种伤害。护士要尊重他们的人格，关心他们的衣、食、冷、暖，要注意多给予心理支持，要多关怀、同情，讲话要和蔼、文雅，循循善诱，耐心疏导。这样能调动病人的积极性，使其主动配合治疗和护理工作，促进病人的康复。

三、中年期病人的心理护理

（一）中年期病人的心理特点

中年人体魄健全、精力充沛、知识渊博、经验丰富，是社会的中流砥柱。但中年人工作繁重、压力大、复杂的人际关系成为中年人的心理负担。此外，上要赡养父母，下要培养教育子女，集诸多事务于一身，心理压力极大。医学界称中年为"危险期"年龄阶段，疾病发病率较高。患病的事实对中年人是一种严重的打击。他们担心家庭经济生活，牵挂着老年人的赡养和子女的教育，又惦念着自身事业的进展和个人成就等。

（二）中年期病人的心理护理

对中年病人的心理护理，首先要让他们正视疾病并认真对待。一定要使病人明白身体健康是一切成功的基础，是事业和家庭的根本。其次，主动关心病人，通过交谈了解病人的担忧，动员其家庭和工作单位妥善安排病人所牵挂的人和事，尽量减少他在养病治病时的后顾之忧。和病人沟通不良时，可以请他的同事最好是同龄人帮忙，因为同龄人有和病人相同的经历、社会责任和压力等，更容易打开病人的心灵之窗。再次，护士还要及时提醒病人控制自己的情绪，改变软弱、孤僻、过分内倾的性格，培养勇敢、坚韧、乐观、开朗的性格，注意与亲友和同病室病友的交流，调动病人的主观能动性，积极配合医护人员尽快康复。

四、老年期病人的心理护理

（一）老年期病人的心理特点

1. 自尊心理 老年人常因自己资历老、年龄大，喜欢周围的人尊敬他，顺从他。尤其希望儿女孝敬，百依百顺。不太重视年轻医护人员的意见。有些老年病人，争强好胜，爱面子，做一些力所不及的事情，或者不好意思求助医护人员，如上厕所、进食、行走等，而导致一些危险事件的发生。

2. 悲观心理 老年人由于年龄大、病情重、发展快、治疗效果不明显，易产生悲观心理。他们表现为意志消沉、精神忧郁、易伤感、沮丧、绝望、束手无策，情绪极端低落，常暗自伤心落泪，不愿与人交往或交谈，对治疗及疾病的转归表现漠然，不积极配合，甚至拒绝治疗及护理。

3. 孤独心理 老年人特别害怕孤独。住院期间老年人失去了同亲人及朋友的交往，又由于老年病人的听力下降，说话吃力，失去了同子女及亲人之间通过语言的感情交流，这种孤独感更加强烈。这种孤独感如果得不到及时的纠正，对他们疾病的治疗及预后是十分不利的。

4. 焦虑、恐惧心理 老年人患病后紧张情绪比较严重，当疾病症状加重，紧张的情绪就会转变为焦虑与恐惧。在疾病恢复期，他们又会害怕疾病再次复发。主要表现为愁眉不展、焦虑烦躁、记忆力减退、睡眠差、沉默少语或多语、注意力不集中、四肢发麻、出汗等。

（二）老年期病人的心理护理

1. 尊重老年病人的人格 护士需理解老年病人的心理特点，在交往中护士要注意讲话的方式和态度，要用建议和商量的语气，不要用命令和强迫的语气。交谈时使用敬语，做事主动征求他们的意见，谈话要不怕麻烦，常谈谈他们的往事，听他们说话时要专心，回答询问要慢，声音要大些。

2. 调节好病人的疗养生活 护士应善于调节病人的生活，要有意识地告诉家人多来看望，带些老年人喜欢吃的食物等。在精神上应善于排解老年人的忧愁，多与他们交谈，关心他们的冷暖及生活上的需要，并设法解决。老年病人一般都有不同程度的健忘、耳聋和眼花，护理人员要勤快、细心、耐心、周到、不怕麻烦。另外，教会他们如何进行必要的心理调节，引导他们正视病情，帮助他们树立控制病情发展的信心。

第四节 不同病症病人的心理护理

在临床工作中，医护人员接诊的病人所患的疾病和出现的症状千差万别，诊治和护理措施也有所不同，即便是同一种疾病不同发展阶段病人的反应也存在着很大的差异。但相同病症病人的心理特点仍具有共同的规律，需要医护人员了解和掌握，并运用心理学知识对其进行心理辅导。

一、急危重症病人的心理护理

（一）急危重症病人的心理特点

1. 焦虑 由于起病急骤，病情发展迅速，来势凶猛，自觉症状明显，病人对突如其来的疾病缺乏足够的思想准备，面对疾病的折磨害怕病情进一步恶化，常导致病人精神紧张和烦躁不安。许多病人表现为入睡困难、失眠、早醒，情绪急躁。

2. 恐惧 疾病突然发生，病情发展快，症状严重使病人忍受极大的痛苦，会使病人产生恐惧心理。绝大多数神志清醒的病人目睹医护人员严肃的表情和紧张的抢救工作也会感到恐惧。同时，对抢救室里的各种医疗设备也会产生恐惧心理。这些抢救仪器有些会给病人带来疼痛，有些仪器的导管会限制病人的活动，加重恐惧心理。

（二）急危重症病人的心理护理

急危重症病人大都求医心切，一旦进入医院，顿有绝路逢生之感。护理人员应亲切而又耐心地询问，悉心体贴关怀周到，使病人感到护理人员可亲可近，如同遇到了救命的亲人。在抢救过程中，护理人员要有熟练的护理操作技术和严谨的工作作风，争分夺秒使病人转危为安，同时给予病人支持、鼓励，让病人感觉到护理人员可信可敬。治疗护理中，应该多与病人交流沟通，了解病人的需求，及时反馈治疗和病情的发展及预后情况，无论预后如何，原则上都要给予肯定性的保证、支持和鼓励，尽量避免消极暗示，使病人增加安全感。

二、慢性病病人的心理护理

（一）慢性病病人的心理特点

1. 疑病心理 慢性病起病较隐匿，患病初期大多病人报有侥幸心理，不相信诊断。于是到处就医，不仅浪费了有限的医疗资源，而且也使病人蒙受了巨大的经济损失。

2. 沮丧心理 病人一旦得知患了慢性疾病，就会联想到疾病经久不愈，需长期治疗，工作和生活会受到极大影响，需要巨大的经济支出，感到患病给家庭及他人带来负担，对治疗失去信心，从而出现沮丧、不安等情绪。另外，有的病人则经受了长期的疾病折磨，对治疗缺乏信心，表现为自卑、精神不振。

3. 绝望心理 慢性病病程长，常反复发作，药物疗效差，病人对疾病的发生、发展和预后均有不同程度的了解，往往对疾病的恢复缺乏信心，悲观失望，有的甚至产生轻生念头。

（二）慢性病病人的心理护理

1. 医护人员的心理支持 医护人员对待病人态度要和蔼、热情，治疗过程谨慎、认真，各项操作熟练、准确，使病人一进病房就感到有好转的希望。

2. 帮助病人树立战胜疾病的信心 努力为病人创造出舒适、安静的治疗环境。多关心体贴病人，保持和病人的接触，多与病人沟通，帮助病人树立恢复健康的信心。提高病人的遵医行为，调动病人的主观能动性，使其积极配合治疗，要帮助病人掌握疾病发生发展情况，指导其进行康复锻炼，消除病人的疑虑。

三、手术病人的心理护理

（一）手术前病人的心理特点及心理护理

1. 手术前病人的心理特点 手术前病人的心理反应主要是害怕和担心。怕的是疼痛与死亡，担心是否会出意外，是否会残疾和毁容等。病人入院后盼望能早日手术，但安排手术日后就惶恐不安，吃不下饭、睡不好觉，尽管在手术日的前一天晚上服用安眠药，仍难以入睡。有些病人，由于精神上过度紧张，刚被推进手术室就大汗淋漓、心跳加快，不得不改期手术。大量临床观察和研究均证明，病人术前的这种恐惧和焦虑，将直接影响手术效果，如失血量大、愈合慢等。

术前焦虑也是手术病人常有的心理反应。调查表明，轻度的焦虑，手术效果较好；重度焦虑者，预后不佳；而无焦虑者，由于对医生或手术过分放心，对生理上带来的不可避免的痛苦缺乏应有的心理准备，效果往往更差。

2. 手术前病人的心理护理

1）细致耐心的做好术前宣教工作。术前宣教应由有权威的医生和护士进行，向病人或家属详细交待病情，阐明手术的重要性和必要性，耐心听取病人的意见和要求。简单介绍手术的过程，指出手术应注意的事项，术中、术后使用的医疗设施及需在身上附加仪器可能出现的不适感，病人如何进行配合，并指导病人做深呼吸，努力放松，在术前为病人介绍手术成功的案例也可以减轻病人的害怕和焦虑。

2）要注意手术的环境和气氛。由于病人对手术的环境和气氛极为敏感，印象又很深，所以，手术室一定要整齐清洁，床单无血迹、手术器械要掩蔽。术前准备要充分，动作要准确迅速，尽量减少病人暴露的时间。病人也十分重视手术室医生和护士的举止言谈。所以，医生和护士都应端庄大方、态度和蔼、言语亲切、使病人产生安全感。手术室内不应闲谈嬉笑，也不要窃窃私语，相互之间谈话的声音应当轻柔和谐。

3）术前取得家属的支持。病人家属的情绪变化往往会直接影响病人的情绪，护士应在术前做好家属的宣教工作，劝解他们克服悲观情绪，希望他们能鼓励病人配合治疗。

（二）手术后病人的心理特点和心理护理

1. 告知效果，解除疑虑 手术后，病人最先想知道的是手术是否成功。因此，护理的重点是及时告知病人手术过程和效果，护士应对病人的配合予以鼓励，并应再次告知其术后的注意事项，及时解除病人的疑虑，稳定情绪。

2. 耐心宣教，减轻疼痛 手术后，随之而来的是手术伤口的疼痛，有些大手术会限制病人的活动，病人还会担心伤口出血和伤口感染，影响愈合。这会使病人对疼痛的耐受力降低，甚至怀疑手术效果。这时护理人员给予病人鼓励和支持，重点讲述术后的注意事项，帮助病人减轻疼痛。

3. 鼓励活动，协助锻炼 术后恢复中病人可能出现行为退化、依赖心理等，如不敢下床活动，不愿自己吃饭。对此类病人应充分调动病人的主动性，护士应反复讲解活动对康复的重要作用，鼓励病人完成力所能及的事，协助其做好功能锻炼。

4. 心理支持，接纳现实 为了挽救病人的生命，有些手术会给病人带来躯体的残缺和生理功能的改变，如截肢，造瘘。形象的改变不仅会使病人产生自卑和焦虑，还会影响人际交往，甚至使病人失去生活的希望。护士术前要交待清楚，并给予同情、支持和鼓励，让他们勇敢地承认现实、接纳现实。同时，也可以给病人举一些和他同样情况的病人康复的例子，鼓励他勇敢面对生活中的困难。

考点：手术前后病人的心理特点及护理

> **护考链接**
>
> 病人，女，45岁。反复不规则发热6个月，半个月前出现左下肢酸痛、行走困难，伴胸闷、心悸，被诊断为"亚急性感染性心内膜炎，二尖瓣脱垂伴关闭不全"，建议手术治疗。病人对手术非常担心。适宜的护理措施是
>
> A. 建议病人转院　　　　　　B. 告知病人手术已经安排，无法更改
> C. 建议病人签字放弃治疗　　D. 告诉病人手术很简单
> E. 向病人介绍手术成功的例子
>
> **分析**：细致耐心的向病人或家属做好术前宣教工作，阐明手术的重要性和必要性，耐心听取病人的意见和要求，在术前为病人介绍手术成功的案例可以减轻病人的害怕和焦虑。故选E。

四、传染病病人的心理护理

（一）传染病病人的心理特点

1. 自卑和孤独 传染病使病人在心理和行为上与周围人群产生了一定的距离，感到自己成了人们不敢接近的人，常想到人们一定会嫌弃和厌恶自己。有些病人不理解隔离的目的和意义，害怕医务人员嫌弃他们，亲朋好友也疏远他们，因而感到自卑。

2. 愤懑情绪 不少传染病病人还会出现愤懑情绪，悔恨自己疏忽大意，埋怨别人传染给自己，甚至怨天尤人，恨自己倒霉。有这种情绪的病人，有时会将自己的不满迁怒于人和事，易激惹、爱发脾气。

3. 悲观、急躁情绪 许多传染病具有病程长，难根治的特点，病人在治疗期间易产生悲观和急躁情绪。患病期间病人暂时丧失了劳动能力，经济负担给病人造成了沉重的心理压力，所以病人常常被失望无援及孤立凄凉的情感困扰，变得异常悲观绝望，对事业和生活失去信心。

（二）传染病病人的心理护理

针对传染病病人产生的自卑、急躁等情绪，护理人员首先要耐心细致地讲解有关传染病的病程规律，使病人了解隔离的目的和意义，以消除病人的疑虑和恐惧心理。同时，还要加强巡视，多与病人接触，不能有害怕被传染的表情、语言和行为，以实

际行动使病人安心。在病情许可的情况下,尽可能丰富病人的生活,引导病人看电视、听广播、听音乐,分散转移其注意力。使病人不要过分关注自己的疾病,心情放松,从而消除孤独感。如遇病人违反消毒隔离制度时,要沉着冷静,详细了解具体原因,根据病人的不同心态进行耐心细致地宣传、疏导工作,病人询问时要注意使用保护性语言回答,千万不能用粗暴不礼貌的语言训斥,激化事态。

五、恶性肿瘤病人的心理护理

(一)肿瘤病人的心理分期

1. 休克—恐惧期 多数病人得知自己患癌症之后,在心理上会出现一个"震惊时期",亦称为"诊断休克期",此时病人反应剧烈,表现为惊恐、心慌、眩晕、晕厥,甚至出现木僵状态。

2. 否认—怀疑期 当病人从剧烈的情绪反应中冷静下来,病人开始怀疑医生诊断是否正确,并且到处求医,希望有奇迹发生能推翻诊断。

3. 愤怒—沮丧期 当患病的事实得到确诊后,病人情绪会变得激动,表现为心烦、愤怒、爱发脾气,有时会出现攻击行为。病人生活习惯、饮食、睡眠受到疾病的影响发生改变会引起悲哀、沮丧、抑郁等悲观情绪。

4. 接受—适应期 随着疾病的发展和各种治疗开展,最终病人不得不接受和适应患癌事实,但大多数病人难以恢复到病前的心境,常进入慢性的抑郁和痛苦之中。

(二)恶性肿瘤病人常见的心理问题

1. 焦虑和抑郁 焦虑是恶性肿瘤病人最明显的情绪反应之一,往往焦虑和抑郁二者并存。疾病本身和化疗的不良反应及来自家庭和经济上的压力都是产生焦虑心理的原因。表现为心跳加快、惊慌等,重者可坐卧不宁,寝食俱废。随着病情的日益恶化,病人常常产生"生不如死"的念头,对生活和前途失去希望,常表现为心情忧郁、悲观、绝望,甚至轻生自杀。

2. 恐惧 恐惧是恶性肿瘤病人普遍存在的心理反应。常见的恐惧原因有,对疾病未知的恐惧、对孤独的恐惧、对疼痛的恐惧、对与亲人分离的恐惧,对死亡的恐惧等。

3. 退化和依赖 由于对疾病的过于担心,病人会在行为上产生退化。一些力所能及的事也变的不能自理,过分依赖其家属,情感比较脆弱,意志衰退。

(三)恶性肿瘤病人的心理护理

1. 恶性肿瘤病人的心理特点在疾病发展和治疗的不同阶段有特殊性,差异很大。因此,要根据病人在不同疾病期的心理状况和病情的变化等情况制订相应的心理护理计划,并配备专门的相对固定的具有一定医学心理学知识的护士去为病人做好心理疏导,给予病人以贴心的心理抚慰及精神调养,以及必要的生活指导。

2. 护理人员对病人应富有同情心和爱心,充分掌握恶性肿瘤病人的心理特征,使病人正确评估自己的疾病,改变不良的心理状态和行为习惯,充分调动其体内的防御力量,帮助病人树立对抗疾病的坚定信心。

3. 教会病人放松心情的方法,使其保持良好的心理平衡状态,增强自身的抗病能力。鼓励病人根据身体状况和喜好,适当参加各种活动,如按摩、听音乐、小型聚会等。

4.护理人员要与病人建立良好的护患关系,经常倾听病人的心理感受,鼓励病人表达悲哀,并和家属建立融洽的关系,加深病人及家属与护士之间的理解和信任,让家属共同参与病人的心理疏导工作,使病人积极配合治疗,提高生活质量和延长生存期。

小结

心理护理是指在护理全过程中,护理人员运用心理学的理论和技术通过各种方式和途径,积极有效地影响和改变病人的心理状态和行为,促进健康的一种护理方法。

心理护理的原则:交往原则、服务原则、启迪性原则、应变原则、整体原则、个性化原则。病人一般的心理需要有:安全的需要、尊重的需要、爱与归属的需要、信息的需要。病人角色适应不良有:病人角色缺如、病人角色强化、病人角色消退、角色行为异常、角色行为冲突。病人常见的情绪反应有:焦虑和恐惧、抑郁、愤怒、孤独、期待、猜忌和怀疑。

病人的心理护理主要包括:不同年龄阶段病人的心理护理、不同病症病人的心理护理。

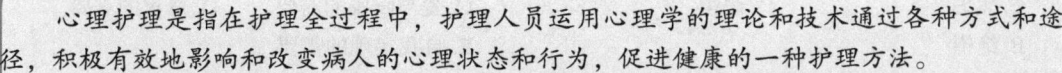

自测题

一、A1 型题

1. 病人最常见的情绪反应是
   A. 抑郁 B. 敌意
   C. 焦虑和恐惧 D. 孤独
   E. 愤怒

2. 手术前病人最常见的心理反应是
   A. 担心和害怕 B. 愤怒
   C. 恐惧 D. 孤独
   E. 抑郁

3. 面对传染病人,护士不能有害怕被传染的表情、语言和行为,是防止
   A. 给病人造成不良心理创伤
   B. 给病人造成恐惧
   C. 给病人造成紧张
   D. 给病人造成抑郁
   E. 给病人造成孤独

4. 老年病人大多自尊心强,突出的心理需求是受到医护人员
   A. 重视和尊敬 B. 教育和指导
   C. 体贴和照顾 D. 服从和冷落
   E. 关怀与爱护

5. 青年期病人多注重友谊、具有向群性,护士对其进行心理护理时应尽量
   A. 亲切安慰 B. 关怀体贴
   C. 疏导情绪 D. 促进交往
   E. 批评教育

6. 患慢性疾病的病人易出现沮丧的原因是
   A. 久病的折磨 B. 家庭的经济负担
   C. 家人的厌烦 D. 他人的歧视
   E. 以上都是

二、A2 型题

7. 病人,男,63岁。神志清醒、患急性心肌梗死正接受紧急救治,目睹医护人员镇定自若的神情和井然有序的救治,依然圆睁双目、焦躁不安。此时该病人最主要情绪反应可能是
   A. 过度焦虑 B. 严重抑郁
   C. 高度紧张 D. 极度恐慌
   E. 创伤应激综合征

8. 病人,男,45岁,行局部麻醉下肛周脓肿手术,进入手术室时,病人常出现的心理反应是
   A. 兴奋 B. 烦躁
   C. 忧郁 D. 恐惧
   E. 愤怒

9. 病人,男,58岁,患有肥厚性心肌病5年。近1个月来常有心绞痛发作及一过性晕厥,病人因此非常紧张,整日卧床,不敢活动。该病人出现的角色行为改变属于
   A. 角色行为强化 B. 角色行为缺如
   C. 角色行为冲突 D. 角色行为差异
   E. 角色行为消退

10. 患儿，女，10岁，剑突下突然发生"钻顶样"剧烈疼痛3小时，呕出一条蛔虫，患儿立即全身发抖，双目紧闭，面色苍白，查体不配合。患儿的主要心理反应为
   A. 自卑　　　　　B. 孤独
   C. 焦虑　　　　　D. 恐惧
   E. 绝望

11. 患儿，男，3岁。奔跑时摔倒，诊断颅底凹陷性骨折。患儿在急诊科留观期间哭闹不止，护士提供正确的心理护理措施是
   A. 询问患儿需求，给予满足
   B. 让患儿听舒缓的音乐
   C. 请患儿妈妈进入留观室陪伴
   D. 安慰、解释治疗的重要性
   E. 请主治医师与患儿交谈

12. 患者男，48岁。胆总管结石切除术后感到焦虑，对于减轻焦虑最合适的护理措施是
   A. 告知病人手术是常规治疗方法
   B. 强调术前情绪稳定的重要性
   C. 强调术后遵医嘱的重要性
   D. 告知病人转移注意力以减轻焦虑
   E. 为病人提供其想知道的术后信息

13. 病人，女，16岁，体操运动员因不慎骨折入院。经治疗病情稳定，但因住院不能参加比赛，情绪低落，此时护士应考虑到其
   A. 生理的需要　　　B. 安全的需要
   C. 爱与归属感的需要　D. 尊重的需要
   E. 自我实现的需要

14. 病人，男，60岁。长期患慢性疾病，该患者易出现沮丧的原因
   A. 久病的折磨　　　B. 家庭的经济负担
   C. 家人的厌烦　　　D. 他人的歧视
   E. 以上均是

15. 病人，女，67岁。胃溃疡出血住院治疗，痊愈后仍想待在医院称为
   A. 角色行为强化　　B. 角色行为缺如
   C. 角色行为冲突　　D. 角色行为差异
   E. 角色行为消退

16. 病人，女，32岁。因甲状腺瘤定于明日手术，夜间情绪紧张，无法入睡，护士应满足其哪种心理需求
   A. 生理的需要　　　B. 安全的需要
   C. 爱与归属的需要　D. 尊重的需要
   E. 自我实现的需要

17. 病人，女，45岁。患子宫肌瘤住院治疗，患者入院后焦虑不安，护士对其进行护理，下列哪项措施不对
   A. 首先要建立良好的护患关系，取得病人的信任
   B. 帮助病人认识焦虑
   C. 使用放松技术
   D. 一旦出现焦虑应给予抗焦虑药物
   E. 向病人详细介绍治疗方法

18. 病人，女，28岁。面部烧伤后恢复期，因瘢痕较重病人常有自卑感，不愿见人，护理该患者应特别注意满足其哪方面需求
   A. 生理的需要　　　B. 安全的需要
   C. 爱与归属的需要　D. 尊重的需要
   E. 自我实现的需要

19. 病人，女，40岁。患乳腺癌住院治疗，手术后焦虑不安，常哭泣下列哪项是首选的护理措施
   A. 通知主管医生　　B. 注射镇静剂
   C. 通知家属探视　　D. 允许家属陪伴
   E. 让其倾诉并给予安慰

20. 一位患有心肌梗死的病人住院治疗后已好转，但由于他年迈的母亲突然中风，他毅然离开医院照顾母亲，此病人出现了病人角色适应的哪个问题
   A. 角色行为缺如　　B. 角色行为冲突
   C. 角色行为强化　　D. 角色行为消退
   E. 角色行为矛盾

（周雅馨）

第六章 精神障碍的基础知识

目前，精神疾病在我国疾病总负担的排名中已居首位，精神障碍对人们健康的危害越来越重，并且影响经济发展和社会的安定与和谐。作为护理人员须掌握精神障碍的基础知识，进而预防精神障碍的发生，并为精神障碍的病人提供优质的护理服务。

第一节 精神障碍的病因与诊断

一、精神障碍的病因

随着医学的发展，对精神障碍的病因学的探索，精神医学的专家学者们从生物-心理-社会等方面做了大量的研究工作，取得了显著的成绩。但对常见的精神疾病的病因还不是很明确，精神疾病的发生常常是多种因素协同作用的结果。

（一）生物因素

生物因素又称躯体因素，是指通过生物性途径影响中枢神经系统的功能，导致精神障碍的因素，包括以下几类。

1. 遗传因素 对家系法、双生子法和寄养子法的研究表明，遗传因素在某些精神障碍的发病中起重要作用，如精神分裂症、情感障碍、精神发育迟滞的某些类型等常具有明显的遗传倾向。但细胞遗传学和分子遗传学研究，目前仍未得出一致的结论，其遗传方式也尚未确定。

2. 性别与年龄因素 女性受月经、妊娠、分娩等影响可出现原有的精神症状加重。抑郁症、神经症、阿尔茨海默病等发病率女性高于男性，酒瘾、药物依赖、反社会人格等发病率男性高于女性；童年和少年期的脑功能尚未发育成熟，特别容易受到损害，出现发育障碍或起病于童年和少年期的各类精神障碍（如孤独症、多动症等）；青年人的性发育逐渐成熟而自主神经系统不稳定，情绪易波动，易受外界应激因素的影响，而容易患神经症、情感性精神障碍、癔症、精神分裂症等。

3. 脑和内脏器官疾病 颅脑损伤、脑血管病、颅内肿瘤、脑变性疾病是引起脑器质性精神障碍的主要原因。各种内脏器官、内分泌、代谢、营养、结缔组织和血液系统疾病，均可直接或间接地损害大脑功能和结构，从而引起精神障碍，如肝性昏迷、肾性脑病、糖尿病、系统性红斑狼疮、皮肌炎等疾病伴发的精神障碍。

4. 感染及理化因素 包括全身感染、中枢神经系统感染和其他系统的感染均可引起精神障碍。一些理化因素如颅脑外伤、药物及一氧化碳中毒、高温中暑、放射线损伤、各种原因引起的脑血管病变、缺氧等都可影响脑的正常结构和功能，从而引起精神障碍。

（二）心理因素

心理因素主要指个体的认知、价值观、对外界事物的情感态度和个体的行为方式等。包括人格因素和心理应激两方面。

1. 人格因素 艾森克（Eysenck）人格测验的结果表明：神经质特征突出的人容易产生各种神经症性症状；而精神质特征突出的人，往往具有敏感、脆弱、多疑、拘谨、孤僻、内向的心理素质，在外界致病因素的影响下，容易产生精神分裂症等精神病性障碍。一个比较拘谨、孤僻、忧郁的人，常常对外界心存疑虑戒备，人际交往中难与人沟通，隔阂较多，在困难面前常显得无能为力，易产生悲观失望的情绪。对心理应激的耐受性差，易患神经症、心身疾病、精神分裂症等。

2. 心理应激 分急性应激和慢性应激。突发的生活事件，如亲人意外亡故、突如其来的婚变、体检发现恶性肿瘤，当事人毫无思想准备，遇到此类事件有可能立即产生心因性休克或分离反应。持久的学习工作或生活压力，如经济极度困难、长期承受暴力威胁等则常引起抑郁、焦虑和物质滥用。童年期遭受躯体和性虐待者，成年后容易患抑郁症和分离障碍等神经症障碍。童年期受到过度保护，其应对机制往往不健全，处于应激状态时容易产生应激障碍。

（三）社会文化因素

1. 社会压力和社会支持 社会压力使人们长期处于紧张、烦闷、兴奋或焦虑不安等状态下，易患心身疾病、精神障碍等。许多重大社会事件往往是引起心理应激的社会因素。有效的社会支持，如对当事人给予积极的关注，鼓励宣泄内心的郁闷，提供有益的劝告或信息，可避免对健康造成重大伤害，发挥真正的保护和缓解作用。

2. 社会文化 社会风俗、民族文化、生活习惯、宗教信仰等与精神障碍的发生有着密切的关系。不同的文化和环境背景所产生的精神障碍的种类、症状多不相同。分离障碍、恍惚状态和附体状态，文化程度低的地区比文化程度高的地区要常见得多。阿尔茨海默病在文化程度低的群体中患病率明显高于文化程度高的群体。精神分裂症的患病率城市明显高于农村，而精神发育迟滞和癫痫则农村较城市高。

3. 社会变迁 城市化、工业化、移民迁徙都会对精神障碍的疾病谱产生重大影响。如20世纪50年代初，麻痹性痴呆病人还较多见，到60年代逐渐消失。分离（转换）障碍、紧张型分裂症在城市也很少见到。80年代末，我国海洛因依赖和获得性免疫缺陷病的患病率急剧上升，酒精滥用或慢性酒精中毒人数上升也很快。随着人的寿命延长，老年痴呆和老年抑郁症的患病率增加。21世纪，出国、移民、环境改变、语言不通、怕遭歧视、怕失业等诸多适应上的问题出现了。随着社会变革，某些旧的心理健康问题会逐渐得到解决，而新的问题又可能发生，值得引起重视。

二、精神障碍的分类与诊断

（一）精神障碍的分类

目前常用的精神障碍分类标准有三种：国际疾病分类（ICD-10），分为11大类；美国精神障碍分类（DSM-4），分为17大类；中国精神障碍诊断标准（CCMD-3）2001年修订的第3版将精神障碍分为10大类。下面主要介绍我国CCMD-3的分类。

0. 器质性精神障碍 ①阿尔茨海默病。②脑血管病所致精神障碍。③其他脑部疾病所致精神障碍。④躯体疾病所致精神障碍。⑤其他或待分类器质性精神障碍。

1. 精神活性物质或非成瘾物质所致精神障碍 ①精神活性物质所致精神障碍。②非成瘾物质所致精神障碍。

2. 精神分裂症（分裂症）和其他精神病性障碍 ①精神分裂症。②偏执性精神障碍。③急性短暂性精神病。④感应性精神病。⑤分裂情感性精神病。

3. 心境障碍（情感性精神障碍） ①躁狂发作。②双相障碍。③抑郁发作。④持续性情感障碍。⑤其他或待分类的心境精神障碍。

4. 癔症、严重应激障碍和适应障碍、神经症 ①癔症。②应激相关障碍。③神经症（恐惧症、焦虑症、强迫症、躯体形式障碍、神经衰弱、其他待分类的神经症）。

5. 心理因素相关生理障碍 ①进食障碍。②非器质性睡眠障碍。③非器质性性功能性障碍。

6. 人格障碍、习惯与冲动控制障碍和性心理障碍 ①人格障碍。②习惯与冲动控制障碍。③性心理障碍。

7. 精神发育迟滞与童年和少年期心理发育障碍 ①精神发育迟滞。②言语和语言发育障碍。③特定学校技能发育障碍。④特定运动技能发育障碍。⑤混合性特定发育障碍。⑥广泛性发育障碍。

8. 童年和少年期的多动障碍、品行障碍、情绪障碍 ①多动障碍。②品行障碍。③品行与情绪混合障碍。④特发于童年的情绪障碍。⑤儿童社会功能障碍。⑥抽动障碍。⑦其他或待分类的童年和少年期的行为障碍。⑧其他或待分类的童年和少年期精神障碍。

9. 其他精神障碍和心理卫生情况 ①待分类的精神障碍。②其他心理卫生情况。③待分类的其他精神障碍。

> **链接**
>
> **国际疾病分类（ICD-10）第五章主要分类**
>
> F00～F09　器质性（包括症状性）精神障碍；
>
> F10～F19　使用精神活性物质所致的精神和行为障碍；
>
> F20～F29　精神分裂症、分裂型及妄想性障碍；
>
> F30～F39　心境（情感性）障碍；
>
> F40～F49　神经症性、应激性及躯体形式障碍；
>
> F50～F59　伴有生理紊乱及躯体因素的行为综合征；
>
> F60～F69　成人的人格与行为障碍；
>
> F70～F79　精神发育迟缓；
>
> F80～F89　心理发育障碍；
>
> F90～F98　通常起病于儿童及少年期的行为与精神障碍；
>
> F99　　　　待分类的精神障碍。

（二）精神障碍的诊断原则

一般应从以下三方面分析判断精神活动是属于病态或正常范围。①纵向比较：即与过去一贯表现相比较，精神状况的改变是否明显。②横向比较：即与大多数正常人的精神状况比较，差别是否明显，持续的时间是否超出一般时限。③综合比较：应具体分析判断当事人的心理背景和当时的处境等因素。

考点：精神障碍诊断三原则

郭念峰教授提出精神障碍心理学诊断原则，即病与非病三原则。①主观、客观世界统一性原则：如幻觉、妄想的产生就是明显的主客观不一致，是精神病性精神障碍的代表特征。②心理活动内在协调性原则：当认知，情感和意志行为三者之间的不协调，尤其是认知和情绪，行为和情绪之间的不协调，是精神病性精神障碍的区别性特征。③人格相对稳定性原则：如果发现一个成人性情大变，纵向比较和他以前简直判若两人，那么就说明违反了人格的相对稳定性原则。

第二节 精神障碍的常见症状

某病人，女，17岁，高中学生。上课时突然拍桌踢椅，解释为：老师上课讲红外线、紫外线可用来打飞机，而我哥哥是开飞机的，所以我发火。吃饭时就将碗中的鱼头往窗外抛，解释为：看到鱼头就想到别人骂我油头滑脑，心里不高兴。晚上把蚊帐撕破，自知力丧失。起病6天后入院治疗，经过2个月治疗后症状得到控制而出院，继续服药至毕业。医疗诊断：精神分裂症青春型。

请问：
1. 该病人的诊断依据？
2. 该病例典型的精神症状有哪些？
3. 主要的护理诊断、护理措施有哪些？

一、精神症状的特点

精神症状是异常精神活动，是通过人的外显行为如言谈、书写、表情、动作行为等表现出来的，是严重危害人们心身健康的一类疾病。研究精神症状及其产生机制的学科称为精神障碍的症状学，又称为精神病理学。精神症状不同于躯体症状和体征，症状表现的变异性较大，但其均有以下特点。

1. 症状的出现和消失不受病人意识的控制。
2. 症状的表现形式和内容与周围客观环境不相称。
3. 症状常给病人带来痛苦体验。
4. 症状一旦出现，很难通过转移令其消失。
5. 症状会不同程度的损害病人的社会功能。

二、常见的精神症状

（一）感知觉障碍

1. 感觉障碍

（1）感觉过敏：是由于感觉阈值降低导致机体对外界一般强度的刺激感受性增高。

如普通的说话声音感觉特别震耳；轻微触摸皮肤感到疼痛难忍等。多见于神经症、更年期综合征等。

(2) 感觉减退：是由于感觉阈值增高导致机体对外界一般强度刺激的感受性降低，病人对强烈的刺激感觉轻微。感觉减退多见于抑郁状态、木僵状态、癔症和精神分裂症等。完全不能感知称为感觉缺失，可见于癔症，如癔症性失聪、失明等。

(3) 感觉倒错：是对外界刺激产生与正常人不同性质或相反的异常感觉。如对冷刺激产生灼热感，用棉球轻触皮肤时病人产生疼痛感。多见于癔症。

(4) 内感性不适（体感异常）：是躯体内部所产生的各种不舒适和（或）难以忍受的异样感觉，如感到某种挤压、牵拉、游走、蚁爬感等。性质难以描述，没有明确的局部定位，可继发疑病观念。多见于神经症、精神分裂症、抑郁状态、躯体化障碍和颅脑损伤所致精神障碍等。

2. 知觉障碍

(1) 错觉：是对客观事物歪曲的知觉。正常人在光线暗淡、恐惧等心理状态下可产生错觉，但能很快纠正，如草木皆兵、杯弓蛇影。病理性错觉常在意识障碍时出现，带有恐怖色彩，临床上以错听和错视最常见。多见于器质性精神障碍的谵妄状态，如某病人把圆顶的灯罩看成悬挂的人头，将地上的草绳看成蛇（错视），听到叩门声认为是开枪的声音（错听）。

考点：错觉与幻觉的区别

(2) 幻觉：在没有现实客观事物刺激感官时出现的知觉体验，其内容是以往感知觉的痕迹的再现。先天失明者无幻视，先天耳聋者无幻听。幻觉是最常见的精神症状，常与妄想伴随。

1) 幻觉根据所涉及的感官不同，分为幻听、幻视、幻嗅、幻味、幻触、内脏性幻觉等。

①幻听：临床上最常见的幻觉。根据幻听的结构性质可分为原始性幻听和言语性幻听。以言语性幻听最多见且具有诊断意义。原始性幻听即非言语性幻听，如机械轰鸣声、鸟叫声、流水声、音乐声等，多见脑局部病灶。言语性幻听，声音可来自空中、室外、墙上或隔壁，也可由身体某部位发出。言语性幻听的内容通常是对病人的命令、辱骂、赞扬和斥责，病人常为之苦恼不安，可产生拒食、自伤或伤人行为。如某病人在楼上听到别人议论和辱骂自己，便把门窗紧紧关闭起来，不敢出屋，以防不测。

②幻视：是常见的幻觉形式，内容丰富多样，从单调的光、色彩到人物、景象、场面等。如某病人看到墙上、天花板上、纸上有杂乱无章的图像，如死人、鬼怪等。在意识障碍时，幻视多为生动鲜明的形象，并具有恐怖性质，多见于躯体疾病所致精神障碍的谵妄状态，也见于酒精中毒所致精神障碍的幻觉症等。在意识清晰时出现的幻视多见于精神分裂症。

③幻嗅：病人闻到一种难闻的气味，如尸体的腐败气味、腥臭味、化学物品烧焦味、浓烈刺鼻的药物气味以及机体发出的狐臭味等，引起病人不愉快的情绪体验，常与其他幻觉和妄想一起出现。如病人坚信他所闻到的气味是坏人故意放的，从而加强了被害妄想，行为表现有捏鼻、拒食，可见于精神分裂症。单一幻嗅出现难闻的腐臭味时，需考虑颞叶癫痫或颞叶器质性损害。

④幻味：病人尝到食物有某种特殊的怪味，因而拒食。常继发于被害妄想，主要见于精神分裂症。

⑤幻触：也称皮肤触幻觉。病人感到皮肤或黏膜上有某种异常的感觉，如虫爬感、

针刺感、麻木感，也可有性接触感等。可见于精神分裂症或器质性精神障碍。

⑥内脏性幻觉：又称本体幻觉，指病人感到躯体内某一固定部位或某脏器的一种异常知觉体验。可感到内脏的干枯感、萎缩感、腾空感等，也有感到肠扭转、肝破裂、肺扇动、心脏穿孔、腹腔内有虫爬感等，其形式异常复杂，内容也很荒谬。常与疑病妄想、虚无妄想或被害妄想伴随出现，多见于精神分裂症及抑郁症。

2) 按幻觉体验的来源，幻觉可分为真性幻觉和假性幻觉。

①真性幻觉：即病人体验到的幻觉形象鲜明，如同外界客观事物形象一样，存在于外部客观空间，是通过感觉器官而获得的，病人叙述是他亲眼所见，亲耳所听到的，因而坚信不疑，并对幻觉作出相应的情感与行为反应。

②假性幻觉：形象不鲜明生动，往往不完整，产生于病人的主观空间如脑内、体内，不是通过感觉器官而获得。

3. 感知综合障碍 指病人对客观事物能感知，但对个别属性如大小、颜色、形状、距离、空间位置等产生错觉。多见于癫痫、器质性精神障碍，也可见于精神分裂症。常见的类型如下。

(1) 视物变形症：病人感到周围的人或物体的大小、形状、体积等发生了变化。看到物体的形象比实际增大称为视物显大症，比实际缩小称为视物显小症。如某病人感到体形改变，觉得自己特别高，能顶到天花板，在屋里走路时总弯着身子。

(2) 空间知觉障碍：病人感到周围事物的距离发生改变。如候车时汽车已驶进站台，而病人仍然感觉汽车离自己很远，而错过上车的机会。

(3) 时间感知综合障碍：病人对时间的快慢出现不正确的知觉体验。如感觉时间在飞逝，似乎身体处于"时空隧道"之中，外界事物的变化异乎寻常的快；或者感到时间凝固了，岁月不再流逝，外界事物也停滞不前。

(4) 非真实感：又称周围环境改变的感知综合障碍，病人感到周围事物和环境发生了变化。例如，视物如隔一层纱，周围的房屋、树木等像是纸板做成的，周围的人好像木偶人毫无生气等，多见于精神分裂症、中毒性或颅脑创伤所致的精神障碍，也见于抑郁症、神经症等。

护考链接

1. 看到自己弟弟的手像熊掌一样大，这种感知觉障碍的类型是

　A. 幻觉　　　　　　B. 感觉过敏　　　　　　C. 视物变形症

　D. 错觉　　　　　　E. 幻触

2. 麻木感、针刺感、虫爬感，这种情形是

　A. 幻听　　　　　　B. 幻嗅　　　　　　　　C. 幻视

　D. 内感性不适　　　E. 幻触

分析：看到自己弟弟的手像熊掌一样大，是感知综合障碍中的形状错觉，故选C；感到皮肤或黏膜上有某种异常的感觉，如虫爬感、针刺感、麻木感是对触觉的幻觉，故选E。

(二) 思维障碍

思维包括分析、综合、抽象、概况、判断和推理等过程。正常情况下，思维具有

以下特征：①目的性，即思维是围绕着一定目的，有意识进行的；②连贯性，指思维过程中概念之间前后衔接，互相联系；③逻辑性，指思维过程有一定道理合乎逻辑的。思维障碍的表现形式较多，临床上一般分为思维形式障碍（包括思维联想障碍、思维逻辑障碍、异己体验）和思维内容障碍。

1. 思维形式障碍

（1）思维联想障碍：指在联想过程中思维活动的速度、数量、目的性和连贯性等方面的障碍。

1) 思维奔逸：又称意念飘忽，指联想速度加快、数量增多、内容丰富。表现为健谈，说话出口成章、滔滔不绝、口若悬河，自诉自己脑子特别灵活，思维敏捷，话题一个接一个地不断涌现。语言增多，语速加快，说话的主题随环境可改变（随境转移）。也可有音韵联想（音联）或字意联想（意联）。出现音联即相同音韵的词间联想，如"我的朋友太多了，多麻烦，烦死人，人家都这么说……"或意联（我姓方、天涯何处无芳草）。多见于躁狂症。

2) 思维迟缓：思维活动的速度减慢，数量减少，病人表现为语音低，言语缓慢，语量减少，反应慢，思考问题困难。多见于抑郁症。

3) 思维贫乏：指思维内容减少，形成概念并进行判断和推理的过程减少。病人缺少主动言语，多为被动的简单回答，严重的病人也可能什么问题都回答"不知道"。病人常有脑子空空，没什么可想的体验。病人对此漠然处之，表现为沉默寡言，常伴有情感淡漠，意志缺乏。多见于精神分裂症、脑器质性精神障碍及精神发育迟滞。

4) 思维散漫：指思维的目的性、连贯性的障碍。特点是病人缺乏贯穿始终的目的性，整个思维活动没有明确的主题。病人表现为联想松弛，内容散漫，缺乏中心，说话东拉西扯，交谈困难，难于理解。严重时可发展为思维破裂。多见于精神分裂症。

5) 思维破裂：病人在意识清晰的情况下，思维联想过程破裂，各概念内容之间缺乏内在意义上的连贯性和应有的逻辑性。病人的言语或书写内容虽然单个句子结构完整文法正确，但各句含义互不相关，表现为语句堆积，整段内容令人不能理解。严重时，言语支离破碎，个别词句之间也缺乏联系，成了语词杂拌。问："你近来好吗？"，答："我不是坏人，家中没有房产，我想回家"。思维破裂是精神分裂症特征性思维障碍。

6) 病理性赘述：病人思维过程中不失去基本的线索和目的，但其联想过程迂回曲折，联想枝节太多，做不必要的、过分详尽的描述。其特点是"拖泥带水"但并不离题。多见于癫痫、脑器质性精神障碍。

7) 强迫性思维：又称强迫观念，指在病人脑中反复出现的某一概念或相同思维内容，明知没有必要，却又无法摆脱。强迫性思维可表现为某些想法，如反复回忆（强迫性回忆）、反复思考无意义的一些问题（强迫性穷思竭虑）、脑中总是出现一些对立的思想（强迫性对立思维）、总是怀疑自己的行动是否正确（强迫性怀疑）。如某病人反复思考："1+1为什么等于2"，明知这样做没有必要，却无法摆脱；某病人离家锁门外出，反复疑虑是否已锁好门，故多次返回家检查；某病人看到"和平""革命"的字句时，脑海里就立即出现"战争""反革命"等对立的观念。多见于强迫症和精神分裂症。

（2）思维逻辑障碍

1) 病理性象征性思维：指用一个无关的具体概念代替某一抽象概念，经替代后此概念的意义不经病人本人解释，旁人无法理解。如某病人经常反穿衣服，以表示自己"表里如一、心地坦荡";某病人剃光头表示自己"光明磊落"。多见于精神分裂症。

2)语词新作:指病人自创一些新的图形、符号、文字或语言来表达一种新的、别人不易理解的概念或把现有的符号、图形、文字和语言赋予特殊离奇的概念。常表现出概念的融合、浓缩和无关概念的拼凑。如"00"代表有眼无珠,"男/女"代表离婚。多见于青春型精神分裂症。

3)逻辑倒错性思维:主要特点为推理缺乏逻辑性,既无前提也无根据,或因果倒置,推理奇怪,不可理解。如某病人说:"因为电脑感染了病毒,所以我要死了。"多见于精神分裂症和偏执性精神病。

(3) 异己体验

1)思维中断:又称思维阻滞,病人无意识障碍,无外界干扰等情况下,思维联想过程出现突然中断。表现为病人说话时突然停顿,片刻之后又重新开始,但所说内容不是原来的话题。如病人当时的思维被某种外力"抽走"的感觉,则称思维被夺。多见于精神分裂症。

2)强制性思维:又称思维云集,指不受主观意志的控制,脑内涌现出大量的、杂乱无章的联想(有别于强迫观念的同一意念的反复联想),似乎是外部一种力量强制性的、但内容仍是自己的思想,病人欲罢不能的感受不明显。多见于精神分裂症。

3)思维插入:指病人感到脑子里插入了别人的某种思想(有别于强制性思维),是在思考过程中他人通过某种方法强加于己的。多见于精神分裂症。

4)思维扩散和思维被广播:病人体验到自己的思维一出现,立即尽人皆知,感到自己的思想与人共享,毫无隐私,称思维扩散;如果病人认为自己的思想是通过广播而扩散出去,称为思维被广播。思维扩散和思维被广播是诊断精神分裂症的重要症状。

护考链接

1. 感到一些不属于自己的思想突然大量强行进入自己的大脑,快速出现,迅速消失,此种症状是

A. 强迫性思维　　　B. 思维云集　　　C. 思维不连贯

D. 思维奔逸　　　　E. 思维插入

2. 吞食硬骨头,代表自己具有"硬骨头"精神,此种症状是

A. 妄想　　　　　　B. 思维形式障碍　　C. 逻辑倒错性思维

D. 超价观念　　　　E. 象征性思维

分析:脑内涌现出大量的、杂乱无章的、外部一种力量强制性的思维,故选 B。用一个无关的具体概念"吞食硬骨头"代替某一抽象概念"硬骨头精神"旁人无法理解,故选 E。

---

2. 思维内容障碍　主要表现为妄想。妄想是指在意识清醒的状态下,在病态推理和判断的基础上产生的歪曲的病理性信念。其特征有:①妄想的内容与客观事实不相符,没有客观现实基础,但病人坚信不疑;②妄想内容均涉及病人本人,与个人利害有关,即自我关联性;③病人具有个人特点,其内容是个人所独有的,与文化或亚文化群体的某些共同的信念(如迷信观念、宗教观念、偏见等)不同;④妄想的内容可因文化背景和个人经历而有所差异,但与所受教育的水平不一致。

案例 6-2

某病人，男，45岁。平时性格内向，多疑，胆小怕事。曾与邻居发生口角，遂怀疑邻居在其家安装了窃听器，心情烦躁、惊恐，日夜不眠，乃至不能正常生活和工作。对医生诉说："昨日，我看到一部车子停在我家门口，一直不开走。我伸头一看，有个人坐在里面；一看我，那人就把头缩回去了，证明有人在侦查我的行动。"

请问：
1. 该病人的妄想属于哪种类型？
2. 妄想的类型有哪些？

按妄想的内容，临床上常见的分类有：

（1）被害妄想：是最常见的一种妄想。病人坚信自己或家人遭到他人或某群体的迫害，如被人跟踪、被下毒、被监视等。病人受妄想的支配可控告、拒食、逃跑或采取自卫、伤人等行为。多见于精神分裂症和偏执性精神障碍。

（2）关系妄想：也称牵连观念，病人将环境中与无关的事物认为都与自己相联系。如认为周围人的聊天都是在议论他，人们的一举一动都是针对他的，以至于收音机广播、报刊的新闻等都是别有用心在讥笑他、蔑视他。常与被害妄想伴随出现，多见于精神分裂症。

（3）物理影响妄想：又称被控制感，病人感到有人使用电波、超声波或某些特殊的先进仪器等方式和手段控制了自己的思想、感情和意志行为，从而失去了自主能力。常见于精神分裂症。

（4）夸大妄想：病人对自己各方面的能力给予过高评价。夸大内容包括能力、财富、权利等方面，坚信自己才智过人，拥有至高无上的权利和地位，有无数的财富和发明创造等。多见于躁狂症、精神分裂症和器质性精神障碍。

（5）罪恶妄想：又称自罪妄想，病人毫无根据地坚信自己犯了严重错误，对不起家人、对不起国家，自己有不可宽恕的罪恶，应受严厉的惩罚，不配正常的生活下去，病人常表现拒食、自杀，要求劳动改造以赎罪。多见于抑郁症，也可见于精神分裂症。

（6）疑病妄想：病人毫无根据地坚信自己患了某种严重疾病或不治之症，因而到处求医，即使通过一系列详细检查和多次反复的医学验证都不能纠正这种想法。多见于精神分裂症、更年期及老年期精神障碍。

（7）钟情妄想：病人坚信自己被异性钟情。病人采取相应的行为去追求对方，当遭到对方严词拒绝，仍毫不置疑，认为对方在考验自己对爱情的忠诚，反复纠缠不休。多见于精神分裂症。

（8）嫉妒妄想：病人无中生有地坚信配偶对自己不忠，有外遇。病人表现为跟踪监视配偶的日常活动或截留拆阅配偶的电子邮件、手机短信，检查配偶的衣服等，以寻找私通情人的证据。多见于精神分裂症、更年期精神障碍。

（9）血统妄想：病人否认与亲生父母之间的血缘关系，并有对立、敌视甚至暴虐行为。病人坚信与某名人有着血缘关系，自认为名门之后。

考点：思维障碍的类型

（三）注意障碍

注意是指个体的精神活动集中地指向于一定对象的过程。注意的指向性表现出人的心理活动具有选择性和保持性的特点。常见的注意障碍如下。

1. 注意增强 主动注意的增强。如有妄想症状的病人，对环境保持高度的警惕，过分地认为别人的一举一动是针对他的；有疑病观念的病人，过分地注意自己的健康状态，感受身体的各种细微变化。见于神经症、偏执型精神分裂症、更年期抑郁症等。

2. 注意减退 指主动和被动注意的兴奋性均降低，注意的广度缩小，注意的稳定性也明显下降。病人很难较长时间内集中于某一事物。多见于神经衰弱、器质性精神障碍及伴有意识障碍时。

3. 注意涣散 指主动注意的显著减退或丧失，也不能固定保持指向性。注意的稳定性降低，即注意不易集中。多见于神经衰弱、精神分裂症和儿童多动症与注意缺陷障碍。

4. 注意转移 主要表现为主动注意不能持久，注意的稳定性降低，很容易受外界环境的影响而不断转换注意的对象（随境转移）。可见于躁狂症和多动障碍。

5. 注意狭窄 指注意范围的明显缩小，主动注意减弱，当注意集中于某一事物时，不能再注意与之有关的其他事物。见于专注状态、意识障碍或智能障碍等。

（四）记忆障碍

记忆是以往事物和经验在头脑中的重现。记忆的整个过程：包括识记、保持、回忆、再认四部分。临床上常见的记忆障碍有以下几种：

1. 记忆增强 是病态的记忆增强，对病前不能够回忆且不重要的事都能回忆起来。这种记忆增强实际上并非记忆能力的增强，而是过分增强了对某事物的感知过程。主要见于躁狂症和偏执性精神障碍。

2. 记忆减退 主要表现为保持和认知过程的障碍，对过去感知过的事物不能保持和再认。保持障碍最常见的形式是近记忆减退，从新近事件的记忆减退缓慢地逆行发展，越是早年的记忆则保留越长久。可见于正常老年人记忆困难，也可见于脑器质性病变较严重的痴呆病人。

3. 遗忘 指对以往感知过的事物部分或全部不能回忆，它不是记忆的减退，而是记忆的丧失。一段时间内全部经历的丧失称为完全性遗忘；仅仅是对部分经历或事件不能回忆称为部分性遗忘。常见于意识障碍、痴呆及其他器质性疾病。

（1）顺行性遗忘：任何外界事物都不能在大脑中保持记忆痕迹，一过即忘。但对疾病前的事物则保持着较好的记忆。如脑震荡、脑挫伤后病人回忆不起受伤后一段时间内的事。

（2）逆行性遗忘：指回忆不起来疾病发生前某一阶段的事件。遗忘阶段的长短与脑损害的严重程度及意识障碍的持续时间长短有关。常见于急性脑外伤和短暂昏迷病人。

（3）心因性遗忘：表现为一段时间生活经历的完全遗忘，这段时间发生的事件往往与某种痛苦的生活事件和生活处境密切相关，而与此无关的记忆则保持相对完好，病人也无近记忆力减退，又称界限性遗忘，见于癔症。

（4）进行性遗忘：主要是指再认和回忆过程障碍日渐严重。病人除了有遗忘外，同时伴有日益加重的痴呆和淡漠。多见于老年性痴呆。

4. 错构症 病人对过去经历过的事件，在发生的地点、人物、情节，特别是在时间上出现错误回忆，并坚信不疑。多见于老年性痴呆、动脉硬化性痴呆、脑外伤性痴呆和酒精中毒性精神障碍。

5. 虚构症 是指由于遗忘，病人以想象的、未曾亲身经历过的事件来填补自己经历的记忆缺损。虚构的病人常有严重的记忆障碍，虚构的内容自己也记不住，因此叙事内容常常变化，且容易受暗示的影响。多见于各种原因引起的痴呆。当虚构与近事遗忘和定向障碍同时出现时，临床上称为柯萨可夫综合征（Korsakoff综合征），多见于慢性酒精中毒，也可见于脑外伤、一氧化碳中毒、脱髓鞘性脑病等。

（五）智能障碍

智能是一个复杂的综合精神活动的功能，反映的是个体在认识活动方面的差异，是对既往获得的知识和经验的运用，用以解决新问题、形成新概念的能力。智能包括观察力、记忆力、注意力、思维能力、想象能力等。它涉及感知、记忆、注意和思维等一系列认知过程。智能障碍分为精神发育迟滞及痴呆两大类。

1. 精神发育迟滞 是指先天或在生长发育成熟以前（18岁以前），由于各种致病因素，如遗传、感染、头部外伤、内分泌异常、中毒与缺氧等因素影响，使大脑发育不良或受阻，智能发育停留在一定的阶段。随着年龄增长其智能在一定限度之内可能有所改善，但仍然显著低于正常的同龄人。根据智能发育情况，一般智商在70～86分为边缘智力；50～69分为轻度精神发育迟滞；35～49分为中度精神发育迟滞；20～34分为重度精神发育迟滞；20分以下为极重度精神发育迟滞。

2. 痴呆 是一种综合征，由于疾病的损害而导致智能部分或全部退化的现象，病人后天获得的部分知识或者全部知识丧失，但无意识障碍。临床主要表现为智能显著下降同时伴有行为异常等其他精神障碍。根据智能损害的严重程度，分为轻、中、重度痴呆。依据大脑病理变化的性质和所涉及的范围不同，可分类如下。

（1）全面性痴呆：大脑的病变主要表现为弥散性器质性损害。智能活动的各个方面都受到损害，影响病人全部的精神活动，常出现人格的变化，定向力障碍及自知力缺失。可见于阿尔茨海默病和麻痹性痴呆等。

（2）部分性痴呆：大脑的病变只侵犯脑的局部。如侵犯大脑血管的周围组织，只出现记忆力减退、理解力下降、分析综合困难等，其人格保持尚好，定向力完好，有一定的自知力。可见于脑外伤后以及血管性痴呆的早期。

（3）假性痴呆：强烈的精神创伤后可产生一种类似痴呆的表现，而大脑组织结构无任何器质性损害，称为假性痴呆。预后较好，见于癔症及反应性精神障碍。

考点：注意障碍、记忆障碍、智能障碍的类型及表现

（六）情绪情感障碍

情感活动是人类对客观世界的主观感受，表现为喜、怒、哀、乐、爱、憎等体验和表情。常见的情感过程障碍如下。

1. 情感性质的障碍

（1）情感高涨：病人情感活动显著增强，在连续的一段时间（一般指1周以上甚至更长的时间）表现为病态喜悦，自我感觉良好，不分场合的兴奋话多、语音高亢、喜笑颜开、眉飞色舞、表情丰富，多伴有思维奔逸、动作增多等。表现为可理解的、带有感染性的情绪高涨，易引起周围人的共鸣，主要见于心境障碍的躁狂状态。表现为不易理解的、自得其乐的情感高涨状态，称为欣快感，多见于脑器质性精神障碍或醉酒状态。

（2）情感低落：病人在连续的一段时间（一般指数周甚至更长的时间），表现为过

分的忧愁、唉声叹气、心境苦闷，觉得自己前途渺茫，常伴有明显的丧失感，兴趣、欲望（食欲、性欲、生存欲等）、自信心等均有不同程度的下降或丧失，同时多伴有思维迟缓、言语动作减少。严重时悲观绝望，可出现自杀观念或行为。情感低落多见于心境障碍的抑郁状态，也可见于精神分裂症后抑郁和神经症。

（3）焦虑：指在缺乏相应的客观因素情况下，表现出的无目的、无对象的顾虑重重、紧张、恐惧，且对这种担心害怕感到无法应对、无所适从。焦虑是日常生活中常见的现象，正常人在预期不利、执行无把握的任务时均可出现相应的焦虑表现。适当的焦虑有助于提高机体的警觉水平，应付应激。而过于持久且过于严重的焦虑可发展成为病理性焦虑。病人表现像有大祸临头，搓手顿足、惶惶不可终日，常伴有出汗、心悸、手抖、尿频等自主神经功能紊乱症状与运动性不安。严重的急性焦虑发作称为惊恐发作，病人常体验到濒死感、失控感，伴呼吸困难、心跳加快等自主神经功能紊乱症状。焦虑多见于焦虑症、恐怖症、抑郁症、更年期精神障碍及其他精神障碍（如精神分裂症病人在幻觉、妄想的基础上也可出现焦虑症状）。

（4）恐惧：指病人面临不利的或危险的处境时出现的情绪反应。轻者表现为害怕、紧张、提心吊胆；重者极度害怕、狂奔呼喊，精神极度紧张。恐惧者同时伴有明显的自主神经功能紊乱症状，如心跳加快、气急、呼吸困难、出汗、四肢发抖，甚至大小便失禁等表现。严重者也可出现惊恐发作，即在上述症状的基础上病人感到心悸、呼吸困难、失控感、濒死感、昏倒感，精神极度紧张、不安，病人感到自己不行了，需要急诊抢救，绝大多数病人在惊恐发作初期有急诊就诊史。恐惧常导致抵抗和逃避行为。恐惧常见于各种恐惧症（恐怖症），也可见于其他精神障碍时的幻觉、错觉、妄想状态。

2. 情感波动性的障碍

（1）情感不稳：表现为情感稳定性差，喜、怒、哀、乐极易变化。常常从一个极端波动至另一个极端，喜怒无常，变幻莫测，且不一定有明确的外界诱因。情感不稳常见于脑器质性精神障碍、癫痫所致精神障碍、酒精中毒所致精神障碍和人格障碍。与外界环境有关的轻度的情感不稳可以是一种性格表现，病人极易多愁善感，动辄呜咽哭泣，称为情感脆弱，多见于癔症、神经衰弱、抑郁症。

（2）情感淡漠：指病人对客观事物和自身情况漠不关心，缺乏应有的内心体验和情感反应，处于无情感状态。情感淡漠常见于精神分裂症。如果病人对客观刺激的情感反应速度明显迟缓、强度明显减低，称为情感迟钝。常见于精神分裂症、躯体疾病伴发的精神障碍和痴呆等。

（3）易激惹性：指病人的情绪反应极易诱发，表现因小事可引起较强烈的情感反应，或暴怒发作，持续时间较短暂。常见于疲劳状态、人格障碍、神经症、轻度躁狂、偏执性精神障碍、脑器质性精神障碍和躯体疾病所致精神障碍等。

3. 情感协调性的障碍

（1）情感倒错：指情感表现与其内心体验或环境刺激互相矛盾。如病人听到令人高兴的事时，反而表现悲痛，痛哭流涕；病人在描述自己遭受迫害时，却表现出愉悦的表情。多见于精神分裂症。

（2）情感幼稚：指病人的情感反应退化到童年时代水平，并容易受直觉和本能活动的影响，缺乏节制。成年病人的表情幼稚，对环境的变化反应迅速而强烈，喜忧易形于色。多见于癔症、痴呆。

考点：情感障碍的类型及表现

（七）意志障碍

意志行为：指受意志支配和控制的行为。常见的意志障碍如下。

1. 意志增强 意志增强指病人呈现病态的自信和固执的行动。如病人坚信有人用特殊电磁波把芯片放在自己的脑中，遥控自己，拿自己做实验，为此不断写信给公安局，到派出所要求保护，要求调查，甚至不断到北京上访要求解决自己的人身安全问题。常见于偏执性精神障碍、精神分裂症偏执型等。

2. 意志减弱 意志减弱指病人病态的缺乏主动性和进取心，缺乏克服困难的决心和力量。常与情感低落有关，对周围一切事物毫无兴趣而意志消沉，不愿参加活动，严重时日常生活难于自理，学习非常吃力，甚至不能工作，整日呆坐或卧床不起。常见于抑郁症、精神分裂症和药物成瘾等精神障碍。

3. 意志缺乏 意志缺乏指病人的意志要求显著减退或消失。病人的生活处于被动状态，处处需要别人管理和督促。如病人几天甚至几周不刷牙洗脸，生活懒散，没有主动要求，严重时连本能的要求也没有，行为孤僻、退缩，常伴思维贫乏、情感淡漠。多见于精神分裂症和痴呆。

4. 意向倒错 意向倒错指病人意向活动与一般常情相违背或为常人所不能允许，某些活动或行为使人无法理解。病人可无辜伤害自己的身体，吃一些常人不吃或不敢吃或厌恶的东西，如昆虫、泥土、肥皂、粪便等。多见于精神分裂青春型和偏执型。

5. 矛盾意向 矛盾意向指病人对同一事物同时产生对立的互相矛盾的意志活动和情感，病人对此并不感到不妥，如遇到朋友时，一面想哭，一面又想笑。病人不能意识到它们之间的矛盾性，因而从不自动地加以纠正。这是精神分裂症的重要症状。

考点：意志障碍

（八）动作与行为障碍

动作指简单的随意和不随意的运动，如点头、弯腰。行为指为达到一定目的而进行的复杂随意运动，是一系列动作的有机组合。动作和行为这两个词常被互为通用。精神障碍病人由于认知、情感和意志障碍而导致动作和行为异常，称为动作行为障碍或精神运动性障碍。临床上常见的动作行为障碍有：精神运动性兴奋、精神运动性抑制、其他特殊动作与行为障碍3类。

1. 精神运动性兴奋

（1）协调性精神运动性兴奋：指病人的动作、言语和行为的增加与思维、情感活动增加协调一致，并与环境配合。病人的行为是有目的的、可理解的，并与外界环境协调，多见于躁狂症。

（2）不协调性精神运动兴奋：指病人的言语动作增多与思维、情感的变化不协调。病人动作单调杂乱，无动机和目的性，使人难以理解，与外界环境不协调。如紧张型精神分裂症的兴奋、青春型精神分裂症的愚蠢淘气的行为和装相等。意识障碍时也可出现不协调性兴奋，如谵妄状态。

2. 精神运动性抑制

（1）木僵：指病人动作行为和语言活动的明显抑制或者减少，常保持一种固定姿势。严重木僵称为僵住，病人不言、不食、不动、表情凝固，保持一个固定姿势，僵住不动，甚至大小便潴留，对外界刺激无反应。轻度木僵称为亚木僵，病人表现为表情呆滞、问之不答、呼之不动，极少活动，但在无人时会自动进食，自动解大小便。木僵常见于精神分裂症，也见于抑郁症、反应性精神障碍及脑器质性精神障碍。严重的木僵状态常见于精神分裂症紧张型，称为紧张性木僵。抑郁症发作严重时也可能出现木僵状态，但一般程度较轻，和病人讲述不愉快的事，可以引起表情变化（如流泪等），称为抑郁性木僵。突然的严重的精神刺激可引起心因性木僵，一般维持时间很短，病人事后对木僵期的情况不能回忆。脑部疾病，尤其是第三脑室及丘脑部位的病变也可产生木僵状态，称为器质性木僵状态。

（2）蜡样屈曲：指病人静卧或呆立不动，病人的肢体可任人摆布，即使是不舒服的姿势，也能较长时间似蜡塑一样维持不动。此时，当病人躺在床上把头部抬高或把枕头抽去，病人似枕着枕头的姿势，可悬空维持很长时间，称为"空气枕头"。此时病人是一种被动服从，病人意识清楚，病好后能回忆，只是当时不能抗拒。常见于精神分裂症。

（3）缄默症：指病人缄默不语，对别人的提问也不作任何回答，或仅以手示意。常见于癔症及精神分裂症紧张型。

（4）违拗症：指要求病人做的动作，病人不但不执行，而且表现出抗拒及相反的行为。当病人的行为反应与别人的要求完全相反时称为主动违拗，如要求病人张开口时他会闭口。当病人对别人的要求都拒绝且无行为反应称为被动违拗。临床上有些病人甚至连口水也不咽下去，大小便也不解，称为生理性违拗。多见于精神分裂症紧张型，且常在木僵的基础上出现。

3. 其他特殊动作与行为障碍

（1）刻板动作：指病人不断地、无目的地重复某些单调的动作，可以自发产生，也可以因提示而引起。如病人重复解纽扣、扣纽扣。常与刻板言语同时出现，多见于精神分裂症。

（2）模仿动作：指病人对别人的动作进行毫无意义的模仿，如病人模仿其他人正在进行的梳头、穿衣等动作。常与模仿言语同时存在，见于精神分裂症。

（3）作态：又称装相，指病人用一种不常用的表情、姿势或动作来表达某一有目的的行为。病人作出愚蠢的、古怪的、幼稚的动作及姿势和表情，如以某种特殊的姿势来握手、写某种特殊的字。当病人有特殊的、表情夸张的脸部表现，称为做怪相、扮鬼脸。多见于精神分裂症青春型和器质性精神障碍。

（九）意识障碍

意识障碍经常由感染、中毒、颅脑损伤、颅脑肿瘤、癫痫发作等多种躯体疾病所引起，一般多表现为短暂性意识障碍。在急性发病的精神障碍中，如反应性精神病、癔症、精神分裂症和情感性精神障碍等，也可伴有意识障碍。意识障碍可分为环境意识障碍和自我意识障碍两方面。但意识障碍在精神科临床并不多见。

1. 对周围环境的意识障碍

（1）以意识清晰度降低为主的意识障碍

1）嗜睡：是最轻的意识障碍，病人意识清晰度降低轻微，是一种病理性倦睡。在安静环境下持续处于睡眠状态，但给予刺激后可立即醒来，并能进行正确的交谈，刺激消失病人又会入睡。此时吞咽、瞳孔、角膜等生理反射均存在。见于功能性及脑器质性疾病。

2）意识模糊：意识清晰度轻度受损，是较嗜睡稍深的一种意识障碍。病人思维缓慢、反应迟钝，注意、理解记忆有困难，定向力障碍。此时吞咽反射、角膜反射和瞳孔对光反射尚存在，也可出现原始动作，如舔唇、伸舌和病理反射等。多见于躯体疾病所致精神障碍。

3）昏睡：意识清晰度较前者更差，环境意识及自我意识均丧失，是接近于人事不省的意识状态。病人对一般刺激没有反应，不易唤醒。只有强痛刺激才可被唤醒，叫醒答话含糊或答非所问。此时角膜、睫毛等反射减弱，但瞳孔对光反射和吞咽反射仍存在，深反射亢进，病理反射阳性。可出现不自主运动及震颤。

4）昏迷：是最严重的意识障碍。意识完全丧失，以痛觉反应和随意运动消失为特征。对任何刺激均不能引起反应，可引出病理反射。多见于严重的脑部疾病及躯体疾病的垂危期。

（2）以意识范围改变为主的意识障碍

1）朦胧状态：是意识范围的缩小和狭窄，同时伴有意识清晰度降低，可有相对正常的感知觉，以及协调连贯的复杂行为，只对这部分的体验能够感知。表现为联想困难、表情呆板或迷惘，也可表现为焦虑或欣快，可有定向力障碍、片段幻觉和妄想，发作和终止都比较迅速，发作后有不同程度的遗忘。多见于癫痫性精神障碍、癔症和脑外伤性精神病等。

2）漫游症：属于走动性自动症，是意识朦胧状态的一种特殊形式，一般不具有幻觉、妄想以及情绪改变的特点。可执行某种无目的、且与当时处境不相称的甚至没有意义的动作，如外出旅游。发作时间一般持续数小时到数日，个别也有持续到十几年，发作后有不同程度遗忘。多见于癫痫、癔症和脑外伤所致精神障碍。

（3）以意识内容改变为主的意识障碍

1）谵妄状态：是一种具有伴随症状的意识混浊状态。是在意识清晰度降低的同时，表现有定向力障碍，包括时间、地点、人物定向力及自身认识障碍，并产生大量的幻觉和错觉。幻觉以幻视多见，内容多为生动、逼真而鲜明的形象，可伴随恐惧情绪和冲动行为，言语不连贯，睡眠紊乱等。多见于器质性精神障碍，具有昼轻夜重的特点。

2）梦样状态：是意识水平降低的一种梦境样的体验，这种体验和幻觉及其他想象性的体验相结合。与谵妄不同的是，梦样状态的幻觉多为假性幻觉，病人可以是幻觉的参与者。而谵妄状态时，病人多以旁观者身份看到，属于真性幻觉。常见于感染性中毒性精神障碍和癫痫性精神障碍等。

2. 自我意识障碍

（1）人格解体：对自我和周围现实之间的界限意识的障碍，伴有一种不真实的感觉。对自我不真实的感觉即自我人格解体。

人格解体与感知综合障碍的区别：人格解体是"感到"自己的身体、思想、情感和行为不存在，而肉眼和理智明确地知道其存在。感知综合障碍则是"看到"躯体某部分发生了改变，同时能"感到"这种改变的存在。人格解体可见于各种精神障碍。

（2）交替人格：两种不同人格在同一时间内交替出现。多见于癔症，也可见于精神分裂症。

（3）双重人格：同一时间内表现为完全不同的两种人格。多见于精神分裂症和癔症。

（4）人格转换：否认原来的自己，而称是另一个人或称为某种动物，其言语和行为都变成了另一个人或动物，是一种发作性状态。多见癔症的附体状态。

（十）定向力障碍

定向力障碍指对时间、地点与周围人物，以及对自己本身状态的认识能力。前者称对周围环境的定向力，后者称自我定向力。对环境或自身状态的认识能力丧失或认识错误称为定向障碍。定向力障碍是意识障碍的标志，在脑器质性精神障碍病人中较多见。但也可能与意识障碍无关，如精神分裂症、昏迷后意识恢复清醒时等可有短时间的定向力丧失。精神分裂症病人常有人物和地点的定向障碍，这多与病人的妄想观念有关。

（十一）自知力障碍

自知力也叫洞察力或内省力，指病人对自身精神异常状态的认识与判断能力。临床上将有无自知力作为诊断精神疾病的重要指标，也是判断病人能否配合治疗和疗效的标准之一。自知力完整是精神障碍痊愈的重要指标之一。但要注意一些自知力缺乏病人，为了达到出院的目的，口头上承认有"精神病"，并对某些症状进行"假批判"来欺骗医务人员。

> **小结**
>
> 精神障碍的病因包括生物因素（遗传因素、性格因素、性别和年龄、感染及理化因素）、心理因素和社会文化因素（环境因素、文化因素、移民因素）。
>
> 精神障碍的分类有国际疾病分类 ICD-10；中国精神障碍分类第 3 版（CCMD-3）将精神障碍分为为 10 大类。
>
> 精神症状有五个特点。
>
> 常见精神症状有感知觉障碍、注意障碍、记忆障碍、思维障碍（思维奔逸、思维迟缓、思维贫乏是精神分裂症的基本症状之一；思维中断、思维破裂为精神分裂症所具有的特征性思维障碍）、智能障碍、情感障碍、意志障碍、动作与行为障碍、意识障碍、定向力障碍、自知力障碍。自知力完整是精神病痊愈的重要指标之一。掌握精神症状在临床工作中具有重要的意义。

自 测 题

一、A1 型题

1. 轻微地触摸皮肤感到疼痛难忍属于
   A. 感觉过敏　　　　B. 感觉减退
   C. 内感性不适　　　D. 错觉
   E. 幻触

2. 某病人近 2 年来总感到肚子里有虫爬，很不舒服，但说不出具体的部位。此症状为
   A. 内感性不适　　　B. 错觉
   C. 幻触　　　　　　D. 感知综合障碍
   E. 感知综合障碍

3. "草木皆兵"是一种
   A. 感觉过敏　　　　B. 幻觉
   C. 非真实　　　　　D. 错觉
   E. 感知综合障碍

4. "杯弓蛇影"是一种
   A. 感觉障碍　　　　B. 错觉
   C. 幻觉　　　　　　D. 感知综合障碍
   E. 感觉过敏

5. 最常见的幻觉是
   A. 幻听　　　　　　B. 幻视
   C. 幻嗅　　　　　　D. 幻味
   E. 幻触

二、A2 型题

6. 病人，女，25 岁，因大叶性肺炎接收输液治

疗，输液时将输液管看成是条蛇，此症状为
   A. 幻觉　　　　　　B. 错觉
   C. 虚构　　　　　　D. 错构
   E. 感知综合障碍

7. 病人，女，18岁，某日照镜子时感觉自己眼睛一大一小，大的如鸡蛋，小的如绿豆。此症状属于
   A. 错觉　　　　　　B. 视幻觉
   C. 运动性幻觉　　　D. 心因性幻觉
   E. 感知综合障碍

8. 病人听到脑子里有声音骂自己，称为
   A. 思维鸣响　　　　B. 内心被揭露感
   C. 假性幻听　　　　D. 机能性幻听
   E. 真性幻听

9. 病人，男，40岁，患精神分裂症，经常趴在自家阳台，俯耳侧听，自言自语。此症状属于
   A. 幻听　　　　　　B. 幻视
   C. 注意力增强　　　D. 被害妄想
   E. 意志活动减退

10. 思维联想过程障碍不包括
    A. 思维奔逸　　　　B. 思维破裂
    C. 象征性思维　　　D. 思维贫乏
    E. 思维破裂

11. 病人认为环境中与他无关的事物都与他有关是
    A. 钟情妄想　　　　B. 关系妄想
    C. 疑病妄想　　　　D. 嫉妒妄想
    E. 被害妄想

12. 某病人对大夫说自己"脑子变聪明了""脑子想问题像抹了油一样"，此症状很可能是
    A. 夸大妄想　　　　B. 思维奔逸
    C. 思维破裂　　　　D. 超价观念
    E. 情感高涨

13. 某病人想上街购物，但并未向别人讲，即听到外界有"上街去购物"的言语声。这是
    A. 思维被夺　　　　B. 思维被洞悉
    C. 思维被广播　　　D. 思维被控制体验
    E. 思维化声

14. 病人把衣服泡在大水缸中，并解释说我要洗己的耻辱，这一症状是
    A. 被害妄想　　　　B. 离奇行为
    C. 强迫洗涤　　　　D. 病理性象征性思维
    E. 关系妄想

15. 病人，女，65岁，近来总认为自己全身不舒服患了不治之症，全国四处求医，惶惶不可终日，此病人的症状属于
    A. 夸大妄想　　　　B. 疑病妄想
    C. 被害妄想　　　　D. 嫉妒妄想
    E. 焦虑症

16. 病人，女，36岁，夫妻关系和睦。近段时间来其怀疑自己丈夫与他人有不轨行为，反复检查其丈夫的手机、衣服口袋，并派人对丈夫进行跟踪，此病人的症状属于
    A. 关系妄想　　　　B. 夸大妄想
    C. 嫉妒妄想　　　　D. 被害妄想
    E. 物理影响妄想

17. 病人，女，34岁，未婚，每晚都关注某电视台著名男性主持人，并告诉家人，此男主持人每晚主持节目时都对她含情脉脉，其错误想法虽经很多人纠正，仍深信不疑。此病人的症状属于
    A. 关系妄想　　　　B. 夸大妄想
    C. 嫉妒妄想　　　　D. 被害妄想
    E. 钟情妄想

三、A3/A4型题

(18～20题共用题干)

病人，男，23岁，性格内向，近两周来表现健谈，说话滔滔不绝，自觉脑子快，好像机器加了"润滑油"，无法安静下来正常学习，由同学和老师送入医院治疗

18. 该病人表现的症状是
    A. 思维迟钝　　　　B. 思维奔逸
    C. 思维贫乏　　　　D. 思维散漫
    E. 思维破裂

19. 上述症状属于
    A. 思维形式障碍　　B. 思维逻辑障碍
    C. 异己体验　　　　D. 语言障碍
    E. 思维内容障碍

20. 该症状多见于
    A. 癫痫　　　　　　B. 精神分裂症
    C. 抑郁状态　　　　D. 躁狂症
    E. 焦虑症

（陈依妮）

第七章 精神疾病的治疗与护理

回顾精神疾病治疗的历史，直到20世纪才真正开始出现，自1917年的高热疗法、到后来的睡眠疗法、胰岛素休克疗法、药物痉挛疗法、精神外科治疗、电休克治疗，再到1953年精神药物的出现，精神疾病的治疗才得到革命性的改变。目前临床上以精神药物治疗为主，以改良后的电休克治疗、各种心理治疗、工娱和康复治疗为辅，这些治疗方法使病人重新回归家庭和社会成为可能，而其他治疗目前已很少使用。

精神疾病治疗过程中的护理十分重要，表现在正确执行治疗方案，全面观察并评价治疗的反应和效果，为病人提供有效的帮助等。这不仅要求护理人员全面了解相关的治疗知识，更要掌握病人在各种治疗过程中的护理技术。本章就精神药物治疗、电休克治疗、心理治疗、工娱治疗和康复治疗与护理作一系统的介绍。

第一节 精神药物治疗与护理

案例 7-1

某病人，男，38岁。1年前做生意失败，至此，病人自觉很没面子，在家人和朋友面前抬不起头，原本性格开朗的人变得经常面带愁容，喜欢安静，喜欢独处，疏远朋友和家人，原先喜欢的活动均放弃，时刻疲乏无力，且变得说话少，语速减慢，思考问题也感到很吃力，自觉自己很没用，生活没意义，最近出现不吃、不喝、不睡的现象，有自杀的倾向。

请问：
1. 该病人被诊断为哪种精神疾病？
2. 选择哪一类抗精神障碍药物？常用药物有哪些？
3. 应用此类药物治疗的护理诊断、护理措施有哪些？

精神药物主要是指作用于中枢神经系统，影响精神活动的一类药物。共分为4类：①抗精神病药物；②抗抑郁药物；③抗躁狂药物；④抗焦虑药物；下面分别介绍其常见精神药物。

一、常用抗精神障碍药物

（一）抗精神病药

1. 常用药物

（1）第一代抗精神病药：又称传统的、典型的抗精神病药物。代表药有氯丙嗪、氟哌啶醇等。按临床作用特点和有效剂量不同可进一步分为两类。①低效高剂量药：以氯丙嗪为代表，镇静作用强，抗胆碱能作用明显，对心血管和肝脏毒性较大，锥体外系副作用较小，治疗剂量较大。②高效低剂量药：以氟哌啶醇为代表，抗幻觉妄想作用突出，镇静作用较弱，对心血管和肝脏毒性较小，锥体外系不良反应较大，治疗剂量较小。

考点：比较低效高剂量药与高效低剂量药

（2）第二代抗精神病药物：又称非传统的、非典型抗精神病药物。代表药物为氯氮平、利培酮、奥氮平、喹硫平等。第二代药物作用广泛，不良反应小，较少产生锥体外系症状，因此病人的依存性较高，但价格昂贵。

2. 适应证　主要用于治疗精神分裂症和预防复发、控制躁狂发作及其他疾病伴发的精神病性症状。

3. 禁忌证　严重心血管疾病、肝疾病、肾疾病以及严重的全身感染时禁用。甲状腺功能亢进和减退、重症肌无力、闭角性青光眼、既往有同种药物过敏史、白细胞数量过低、老年人、孕妇和哺乳期妇女等慎用。

4. 常见不良反应

（1）神经系统方面

1）锥体外系不良反应：是典型抗精神病药物最常见的不良反应之一。发生率为50%～70%。主要临床表现有四种类型：第一类急性肌张力障碍，出现的最早，常在首次用药数小时或数天内发生。表现为持续性肌肉痉挛及异常姿势，如眼上翻、斜颈、扭转性痉挛、角弓反张、吐舌、张口困难等；第二类类帕金森综合征，多在治疗两周后出现，发生率约为20%，表现为静止性震颤，以肢体远端常见，自主神经系统功能紊乱；第三类静坐不能，多发生在用药1～2周后，发生率为20%～25%。轻者仅有心神不宁的感觉，症状明显者出现坐卧不安、来回踱步、易激惹、烦躁不安；第四类迟发性运动障碍，多见于持续用药几年后，发生率为15%～20%，主要表现为口、舌、身体、四肢不自主的运动，如扮鬼脸、伸舌头、咀嚼动作、鼓腮、舔舌等。

2）恶性综合征：是一种少见的严重的不良反应，主要以高热和严重的锥体外系症状为特点，表现为肌肉强直、运动不能、多汗、流涎、心动过速、意识障碍等。病死率很高。

3）药源性癫痫：各种抗精神病药均有可能引起癫痫发作，发生率约为1%，临床主要表现为全身强直-阵挛性发作，常伴有意识障碍，舌被咬破、尿失禁。

（2）心血管系统方面

1）体位性低血压：多发生于治疗的初期，尤其是注射给药时易发生，故注射给药后应卧床休息半小时。主要表现为突然改变体位时，出现头晕、眼花、心率加快、面色苍白、血压下降等。

2）心律失常：主要表现为窦性心动过速、窦性心动过缓、期前收缩、房室传导阻滞等。病人大多无自觉症状，通过对症处理、减药、停药，大多数病人可以恢复。

（3）精神方面：表现为过度镇静作用，病人出现嗜睡、乏力、精神不振等，严重时可出现意识障碍。

（4）消化系统方面：表现为胃肠道不良反应，肝脏不良反应，麻痹性肠梗阻等。

考点：抗精神病药的不良反应

（5）其他不良反应：肝功能障碍、内分泌及代谢改变、尿潴留、白细胞减少、粒细胞较少或缺乏、体重增加、性功能障碍、月经异常、药物性皮炎、视物模糊等。

（二）抗躁狂药

1. 常用药物

（1）碳酸锂：是锂盐的一种口服制剂，为最常用的抗躁狂药物。

（2）其他药物：某些抗癫痫药物，如卡马西平、丙戊酸钠；某些抗精神病药物，如氯丙嗪、氟哌啶醇。

2. 适应证 治疗躁狂症以及预防躁狂和抑郁发作。

3. 禁忌证 急慢性肾炎、肾功能不全、严重心血管疾病、重症肌无力、妊娠3个月、电解质紊乱、急性感染禁用。

4. 碳酸锂的不良反应及处理措施 锂在肾脏与钠竞争重吸收，缺钠或肾脏疾病易导致体内锂蓄积中毒。早期表现为恶心、呕吐、食欲不振、腹泻、厌食等消化道症状，继而出现肌无力、共济失调、四肢震颤、嗜睡、意识模糊或昏迷等中毒征象。应立即停药，大量补充生理盐水和渗透性利尿剂促进锂盐尽快排出，并注意水、电解质平衡，密切观察意识和生命体征，必要时做血液透析。

> 考点：碳酸锂的适应证和禁忌证，不良反应及处理措施

（三）抗抑郁药

1. 常用药物

（1）三环类抗抑郁药：丙咪嗪、阿米替林、氯丙咪嗪等。

（2）选择性5-羟色胺再摄取抑制剂（SSRIs）：氟西汀、帕罗西汀等。

（3）单胺氧化酶抑制剂：苯乙肼、吗氯贝胺等。

（4）其他递质机制的抗抑郁药：米氮平等。

病人服用抗抑郁药后，首先睡眠会得到一定的改善，抗抑郁疗效要在2~3周后出现。

2. 适应证 各种抑郁障碍、焦虑障碍、强迫障碍、惊恐发作以及恐惧症、小孩遗尿症、贪食症的治疗。

3. 禁忌证 严重心血管疾病、肝疾病、肾疾病、青光眼、前列腺增生、孕妇和哺乳期禁用，癫痫和老年人慎用。

4. 不良反应

（1）自主神经系统不良反应：常见口干、便秘、视物模糊、排尿困难和直立性低血压等。

（2）神经系统不良反应：嗜睡、乏力、另外还可出现细小震颤，诱发癫痫等。

（3）心血管不良反应：常见心动过速，直立性低血压。

（4）其他不良反应：如过敏性皮疹、中毒性肝损害、偶见粒细胞减少症、体重增加等。

（5）SSRIs不良反应：胃肠道反应，如恶心、呕吐、厌食、腹泻，其他不良反应有失眠、焦虑、口干等。

> 考点：抗抑郁药的适应证，禁忌证

（四）抗焦虑药

1. 常用药物 目前广泛使用的主要以苯二氮䓬类为主，常用的有阿普唑仑、艾司唑仑、氯硝西泮、地西泮等。

2. 适应证 可用于各种神经症、失眠症、伴有焦虑、紧张、失眠、激越的其他精神障碍；轻度抑郁、癫痫、酒精依赖急性戒断的替代治疗。

3. 禁忌证 严重心血管疾病、肾脏疾病、药物过敏、药物依赖、妊娠前3个月、青光眼、重症肌无力、使用乙醇及中枢神经抑制剂时应禁用。

4. 不良反应 主要为耐药和成瘾、过度镇静、记忆力减退等。

二、精神药物治疗的护理

（一）护理评估

1. 健康史 包括致病原因、患病时间、发病次数、发病经过、治疗史、用药史、家族史。尤其评估有无使用药物后不良反应及服药时间、用药剂量。

2. 身体状况 评估意识状态、生命体征、营养状况、排泄状况、生活自理状况等。

3. 心理社会状况 评估心理活动状态、自知力及损害程度，有无自杀的意念和企图，应对压力的方式、家庭环境、经济状况、社会支持系统和护理配合程度。

（二）护理诊断

1. 营养失调 与病人拒绝进食、进食少、药物不良反应、精神症状有关。

2. 有便秘的危险 与药物不良反应、活动少有关。

3. 有中毒的危险 与服用过量药物、血锂浓度偏高有关。

4. 有外伤的危险 与药物不良反应、体位性低血压有关。

5. 有感染的危险 与药物不良反应使粒细胞减少、药物对血管的不良刺激有关。

6. 知识缺乏 缺乏自知力及对疾病的、药物和预防保健相关知识。

（三）护理措施

1. 心理护理 建立信任的护患关系，缓解病人的抗药心理，确保病人主动配合治疗。

2. 用药护理

（1）用药前：要严格执行护理操作规程，做好病人用药的健康指导工作，做好"三查八对"，同时使用多种药物时，应了解用药原因，注意配伍禁忌。

（2）用药时：①给口服药要准备好温开水，有秩序，做到"发药到手，服药到口，问候病人，咽下再走"，并卧床休息半小时。对劝说无效者不可强行灌药，可采取肌内注射、静脉注射或鼻饲等途径给药。药车不能随便放置，防止病人抢药或打砸药车。②对于主动拒绝用药、被动拒绝用药和过度用药的病人，护理人员要以和缓的方式帮助病人认识到接受治疗的必要性。

（3）用药后：护理人员要注意观察病人服药后的治疗效果和不良反应，发现异常（如药物中毒），及时与医生联系，配合处理。

3. 及早预防和控制感染 保持室内空气新鲜，每日开窗通风并用紫外线灯照射消毒，注意观察病人服药后有无急性粒细胞减少的症状和体征。

4. 增加营养的摄入 对轻者进食时，不宜催促病人，不宜进食有骨头或过分干燥的食物，对有吞咽困难的病人宜进软食，对完全拒食者，应采用鼻饲的方法保证病人摄入足够的蛋白质、热量和维生素，维持水、电解质、能量代谢平衡。

5. 便秘的护理 合理安排膳食，鼓励病人适当运动，提供隐蔽的排便环境，腹部环形按摩，必要时遵医嘱口服缓泻药物或使用简易通便疗法。

（四）健康教育

1. 对病人的卫生宣教 包括：①做好病人的宣教工作，向病人讲解药物治疗的重要性和必要性；②出院时按医生的指导服药，不可随意增减药物或停药；③每次服药时要核对标签，服药时间在饭前饭后半小时均可，服药后要适当休息，尽量避免外出；④讲明定期复查的重要性和必要性。

2. 对家属的卫生宣教 包括：①向家属讲解相关疾病的知识，已取得家属的配合；②家属要定时督促病人服药；③鼓励家属树立乐观，勇于接受事实的态度，以积极的姿态配合治疗；④指导家属定期带病人门诊随访，不可自行减药或停药，发现病情有波动，应及时来院就诊。

考点：精神药物治疗的护理措施

第二节　电痉挛治疗与护理

案例 7-2

某病人，女，因为精神问题被家人送到某精神康复医院治疗。当时的她不仅睡眠不好、行为紊乱、易冲动，甚至连家人也不认识，生活不能自理，自杀未遂。在该医院的医生建议下，家属同意为这位病人进行电休克治疗，结果仅4次就得到了很好的恢复，经过一个疗程的治疗，不仅思维方式、举止行为正常，能很好的与他人进行沟通，生活也能完全自理。

请问：

1. 电休克治疗的适应证和禁忌证有哪些？
2. 电休克治疗过程的护理措施有哪些？

一、概　　述

电痉挛治疗（ECT）又称电休克治疗，是一种利用短暂适量的电流刺激大脑，引起病人短暂的意识丧失和全身抽搐的发作，以达到控制精神症状的一种治疗方法。该治疗起效快，疗效明显，但因该治疗方法副作用大、病人对治疗有恐惧感，故目前临床上已对传统电痉挛治疗进行改良，称之为无抽搐电休克治疗（MECT），即在电痉挛治疗前加用静脉麻醉药和肌肉松弛剂，使病人抽搐明显减轻和无恐惧感。目前国内外大多数国家都已采用此治疗方法。下面介绍的是改良的电痉挛治疗。

1. 适应证

（1）严重忧郁，有强烈自杀、自伤企图及行为者。

（2）极度兴奋躁动，冲动伤人，药物治疗难以控制的精神病病人。

（3）精神分裂症有明显自责、自罪、拒食、紧张性木僵及护理困难的病人。

（4）精神药物治疗无效或对药物治疗不能耐受者。

2. 禁忌证

（1）中枢神经系统疾病，如癫痫、脑肿瘤、脑血管疾病等。

（2）严重心、肝、肾及呼吸系统疾病。

（3）严重骨关节病、骨质疏松、视网膜脱落、青光眼。

（4）全身感染性疾病、高热。

(5) 身体极度虚弱者。
(6) 12岁以下儿童、60岁以上老年人、孕妇、产后1个月以内者。

考点：电休克治疗的适应证和禁忌证

二、治疗过程及护理

（一）治疗

1. 治疗前准备

(1) 详细进行体格检查，以了解病人是否存在禁忌证。
(2) 向家属和（或）病人介绍治疗的相关问题，取得知情同意，并签字。
(3) 治疗前禁食、禁饮6小时，嘱咐排空大小便，取下活动义齿、发卡和佩戴的金属物品，解开衣带、领扣等。
(4) 每次治疗前常规测体温、脉搏、呼吸和血压。体温在37.5℃以上，脉搏在120次/分以上或低于50次/分，血压高于150/100mmHg或低于90/50mmHg应禁止做此治疗。
(5) 在治疗前8小时应停服抗癫痫药和具有抗惊厥作用的抗焦虑药物，治疗前15分钟静脉注射阿托品1mg，以减少呼吸道分泌物。
(6) 检查治疗机，调节电量，准备好急救药品与设备。

2. 治疗步骤

(1) 病人体位：让病人仰卧于治疗台上，四肢自然伸直，两肩胛间垫一沙垫，使头部过伸，脊柱前突。
(2) 静脉注射阿托品1mg，以减少呼吸道分泌物与防止心脏骤停。
(3) 静脉注射麻醉剂（2.5%硫喷妥钠、丙泊酚等），静脉注射时缓慢，以诱导麻醉，静脉注射至睫毛反射迟钝，对呼唤无反应，嗜睡状态即可。
(4) 氯化琥珀胆碱1ml（50mg），用注射水稀释到3ml，静脉注射（10秒注射完），注射药后1分钟即可见自睑面口角至胸腹四肢的肌束抽动。约3分钟全身肌张力下降，腱反射（膝、踝）消失，自主呼吸停止，此时为通电的最佳时机。
(5) 麻醉后期将涂有导电糊的电极紧贴在病人头部两颞侧，或单侧大脑非优势半球的顶颞侧。电流为90～130MA，通电时间为3～4秒。病人出现面肌、口、角、眼轮匝肌、手指和足趾轻微抽动，同时进行脑电图监测，以证实为有效发作。
(6) 通电结束后，在睑面部和四肢抽搐将停止时，用活瓣气囊供氧并进行加压人工呼吸，5～10分钟，自主呼吸恢复后，拔除静脉针头。改良电痉挛治疗的关键是应掌握好肌肉松弛剂的剂量、麻醉药和通电量。每次治疗通电次数不超过3次，治疗一般为隔日一次，疗程一般为6～12次。急性病人可每日一次后改隔日一次。

（二）护理措施

1. 治疗前的护理措施

(1) 说明解释：①向病人家属详细说明治疗可能出现的并发症、治疗方式、疗效，并填写知情同意书；②向病人解释治疗的目的，可解释为一种"治疗"，避免造成"电击"的错误联想，若病人出现恐惧心理，应给予心理支持，争取主动配合治疗。
(2) 头发护理：治疗前1日，协助病人清洗头发，以免油垢影响通电效果。

(3) 做好环境和用物准备。

2. 治疗中的护理措施

(1) 由 3～4 人保护病人，不可用力过度，防止抽搐发作时，因肢体过度伸展而致骨折、脱臼及肌肉损伤。通电后，保护者不要强行按压各保护部位，防止骨折。

(2) 抽搐停止后，撤去病人肩下沙垫，使头偏向一侧，使口中分泌物自然流出，以利于恢复自主呼吸。

(3) 整理治疗室，更换用物准备下一次治疗。

3. 治疗后的护理措施

(1) 病人回休息室后，取平卧位，头偏向一侧，有利于唾液流出，防止发生吸入性肺炎，也可防止舌后坠阻塞气道。安排专人护理，注意观察病人生命体征和意识的恢复情况。

考点：电休克治疗的护理措施

(2) 病人完全清醒后，方可进食与服药。

(3) 病人下床后注意观察肢体活动情况，牙齿有无松动，唇舌有无咬伤，关节有无脱臼等，如有异常应立即报告医生。

第三节　心理治疗与护理

一、概　　述

心理治疗又称精神治疗，是指通过专门训练的人员，运用心理学的理论和方法，通过言语和行为并结合其他特殊手段来改变病人的不良认知、情绪障碍和异常行为的一种治疗方法，以达到促进病人的康复或增进病人的心身健康的一类治疗。

心理治疗的适应证包括：①有心理问题的病人；②神经症性障碍；③精神分裂症恢复期病人；④心身疾病；⑤社会适应不良和各类行为问题。

心理治疗的原则与方法分类参见第4章心理评估与心理的相关内容。

二、心理治疗与护理

（一）治疗要点

1. 建立良好的治疗性人际关系。
2. 正确对待病人。
3. 给予倾听、疏导、支持和保证。

（二）护理措施

1. 治疗前的护理措施

(1) 评估：评估病人是否适合参加心理治疗。

(2) 环境：提供一个恰当的治疗环境，安静、整洁、愉悦、无他人打扰。

(3) 病人的准备：预约病人应提前30分钟到治疗室，初步了解病人的情况，做好必要的记录，根据病人的情况做好必要的健康的指导。

(4) 建立治疗性关系：与病人建立治疗性关系，强化病人接受治疗的时机，以同情、关怀的态度接受病人，使病人产生信任感。

(5) 收集资料：包括病人求治的主要心理问题、个性特点、职业、生活习惯、对治疗的期望等。

(6) 选择适当的治疗方法，建立治疗同盟。

2. 治疗中的护理措施　心理治疗一般在无第三人干扰的环境中进行。护士在护理过程中主要是做心理医生的助手，如保持环境的安静、做好资料的收集等。

3. 治疗后的护理措施　结束心理治疗后，护理人员应陪同病人离开治疗室，了解病人还有何需求；预约下次治疗时间；对治疗效果不满意的病人应耐心听取意见，并及时反馈给心理医生，与医生共同分析原因，商讨适当的解决办法；与病人保持密切联系。

（三）健康教育

由于大多求治者对心理卫生知识和心理治疗不了解或了解甚少，错误地认为心理医生能为其提供现成的解决心理问题的方法，而自己不主动参与、配合。因此，为消除这种错误认识，护士应根据病人不同的心理和知识层面，给予健康指导，如讲解心理治疗的基本概念、方法、步骤、病人应该做的工作，鼓励病人积极配合心理医生，这样才能更好的走出心理误区、改变不良行为模式。

第四节　工娱治疗和康复治疗与护理

一、工娱治疗与护理

（一）概述

工娱治疗是指通过工作和娱乐活动，促进精神疾病的康复的一种治疗方法。工娱治疗主要针对恢复期或慢性精神病病人，是一种辅助治疗措施。

（二）治疗要点

1. 从事工娱治疗的医护人员不但应具备精神病学专业基础知识，还应具备一定的组织管理能力，熟练掌握各种工疗操作技术，具备一定的音乐、舞蹈等文体活动的表演及指导才能。

2. 病房医生可以根据病人的不同病情、职业、兴趣爱好、技术特长提出工娱治疗项目的建议并制定治疗的目标和方案，再由经过专门训练的工娱护理人员组织病人开展活动，安排病人每次的活动时间、地点、内容。

3. 当病人对工娱治疗项目确定后，由护理人员做好病情的观察记录，做好安全防护措施，并与医生保持联系。

4. 常见工娱治疗的内容有唱歌、跳舞、阅读书籍和报纸、举办书法、绘画比赛等；晨跑、做早操或体操、健美操、打乒乓球、棋牌类等比赛；理发、打字、编织、剪纸等；看电视新闻、听广播、读报纸等。

（三）护理措施

1. 选择合适项目　护理人员根据病人病情、特长，因人而异，选择不同的项目，以便病人发挥各自的特长与爱好。

2. 全面动员参与　护理人员督促、指导、奖励病人完成各项工娱治疗的内容。

3. 注意病人安全　在工娱治疗进行中，护士应时刻注意观察病人的精神状态变化，并认真管理好各种物品、器材和危险物品，应认真清点数目，防止病人用于伤人或自伤。进行集体娱乐活动时，护士应随时注意病人的动向，病人中途离开时应予以陪伴，并随时清点人数，以防病人走失及其他意外发生。

4. 保证活动效果　善于诱导和解决病人在活动中出现的各种心理和行为问题，使活动效果得以保证。

> **链接**
>
> **不同病人的工娱治疗活动选择**
>
> 1. 某些协调性兴奋的病人，可单独安排需要精神集中才能完成的活动，如摆积木，以缓解兴奋状态。
> 2. 注意力不集中、孤僻退缩的病人，可安排一定时间内限制完成的活动，如钓鱼游戏、折图片。
> 3. 自责自罪的病人，可安排安全、简单、劳动强度小的活动。
> 4. 有自杀企图的病人，安排的工娱活动要防止接触刀、剪等危险工具。
> 5. 情绪低落、忧郁状态的病人，可安排能提高兴趣、活跃情绪的活动，如看节目、听欢快的音乐、跳舞。

二、康复治疗与护理

（一）概述

康复治疗是指通过对精神病人进行生活、学习、职业等技能的反复训练，最大限度的恢复心理、社会功能，减轻精神残疾，重新回归家庭和社会的一种治疗方法。

（二）康复治疗原则

1. 功能训练　包括语言交流、心理活动、躯体活动、日常生活、职业活动及社会活动等方面的训练。

2. 全面康复　包括病人在生理、心理、社会三方面的功能均得到康复。

3. 回归社会　回归社会是康复治疗的目标和方向。

（三）护理措施

1. 生活行为的技能训练　包括穿衣、洗漱、饮食、排便等内容。坚持每天数次手把手督促指导，训练必须持之以恒，否则一旦失去督促或定期刺激后，这种改变会很快消失。

2. 学习行为的技能训练　对长期住院的精神病人，可采取两种方式：一种是进行各类型的教育性活动，如时事形势教育、卫生常识教育等；一种是设置各种培训课程，如简单的绘画、书法等。

3. 职业技能的训练　医院应根据自己的条件，建设一些工疗设施，如养殖园、工艺品制作车间等。由专职人员训练有一技之长的病人，使他们具有工作的技能，为重新回归社会做好准备。

4. 其他训练 如社交技能的训练，电脑操作的培训等。

小结

目前临床上对精神疾病的治疗以精神疾病药物治疗为主，电休克治疗、心理治疗、工娱和康复治疗为辅。常用抗精神障碍药物有抗精神病药、抗躁狂药、抗抑郁药、抗焦虑药。在护理过程中要掌握常用药物的适应证、禁忌证、不良反应及处理措施。电休克治疗是一种利用短暂适量的电流刺激大脑，引起病人短暂的意识丧失和全身性抽搐发作，以达到控制精神病症状的一种治疗方法。心理治疗是以专业性的心理助人为目的的人际互动治疗过程。工娱治疗是指通过工作和娱乐，促进精神疾病的康复的一种治疗方法。康复治疗是指通过对精神病人进行生活、学习、职业等技能的反复训练，最大限度的恢复心理、社会功能，减轻精神残疾，重新回归家庭和社会的一种治疗方法。

一、A1 型题

1. 下列哪种属于低剂量高效抗精神病药物
   A. 舒必利　　　　B. 泰尔登
   C. 甲硫达嗪　　　D. 氯丙嗪
   E. 氟哌啶醇

2. SSRIs 类药物的主要不良反应是
   A. 直立性低血压　B. 恶心、呕吐
   C. 视物模糊　　　D. 静坐不能
   E. 5-HT 综合征

3. 在给病人注射抗精神病药后，至少应让病人卧床
   A. 10 分钟　　　　B. 30 分钟
   C. 1 小时　　　　D. 20 分钟
   E. 不必卧床

4. 最常用的抗躁狂药物是
   A. 利培酮　　　　B. 肾上腺素
   C. 碳酸锂　　　　D. 氟西汀
   E. 三唑仑

5. 属于抗抑郁药的是
   A. 氯丙嗪　　　　B. 艾司唑仑
   C. 氟西汀　　　　D. 氟哌啶醇
   E. 利培酮

6. 抗精神病药物最常见的不良反应是
   A. 肝损伤　　　　B. 锥体外系症状
   C. 粒细胞减少　　D. 心肌损害
   E. 惊厥发生

7. 电休克治疗的适应证有
   A. 高血压　　　　B. 骨关节疾病
   C. 精神药物治疗无效　D. 肝肾疾病
   E. 颅内占位性病变

8. 对康复期精神病病人药物维持治疗的健康指导错误的是
   A. 指导家属监护病人用药
   B. 帮助病人认识用药的重要性
   C. 教会家属观察病人的精神症状
   D. 根据病情限制病人的活动
   E. 指导家属妥善安排病人的活动

二、A2 型题

9. 某位诊断为抑郁症的病人，药物治疗 1 周后没有效果，抗抑郁药起效的时间是
   A. 5 天　　　　　B. 14 天
   C. 10 天　　　　 D. 7 天
   E. 22 天

10. 某青少年男性，17 岁，家人诉其近 2 年来渐渐变得少语少动，不与人交往，孤僻离群，对亲人冷淡，不讲卫生，常独自发笑。被家人送入院，诊断为抑郁症，用药宜首选
    A. 氯氮平　　　　B. 地西泮
    C. 碳酸锂　　　　D. 氟哌啶醇
    E. 丙咪嗪

三、A3/A4 型题

(11～14题共用题干)

病人，女，28岁，第三次考研究生仍未被录取。1年来出现失眠，情绪低落，整天愁眉苦脸，怕见外人，不出门，某天写下遗书，自服安眠药80多片，昏迷不醒被家人发现，急诊住院治疗。

11. 该病人最可能的诊断是
    A. 人格障碍　　　　B. 反应性精神障碍
    C. 抑郁症　　　　　D. 神经衰弱
    E. 精神分裂症单纯型

12. 该病人在护理中最应该注意的问题是
    A. 外跑　　　　　　B. 伤人
    C. 私自藏药　　　　D. 再次自杀或自伤
    E. 饮食状况

13. 考虑该病人一直有自杀的念头，医生准备选择电休克治疗，首先需要
    A. 取得病人及家属的知情同意
    B. 停用所有的抗精神类药物
    C. 完善辅助检查
    D. 禁饮食最少6个小时
    E. 对病人进行全面查体

14. 治疗一段时间后，病情明显改善，准备出院，目前有睡眠障碍的问题，护士帮助其改善睡眠的建议哪项不正确
    A. 房间温度适宜　　B. 睡前增加活动量
    C. 睡前喝牛奶　　　D. 不在床上看书
    E. 睡前不喝咖啡、浓茶

(15～17题共用题干)

病人，女，34岁。由于下岗，对生活失去信心，同时不能照顾家庭，伴失眠，被诊断为"抑郁症"。

15. 不可能出现的症状是
    A. 思维贫乏　　　　B. 自责和厌世感
    C. 兴趣缺乏　　　　D. 睡眠障碍
    E. 思维迟缓

16. 护士在接诊该病人时最应注意的是
    A. 护士自我介绍　　B. 直截了当地询问
    C. 介绍医院专长　　D. 让病人放松情绪
    E. 直接给出明确诊断

17. 通过矫正病人的认知或思维方式达到治疗目的的心理治疗方法是
    A. 行为治疗　　　　B. 认知疗法
    C. 贝壳认知疗法　　D. 人本主义疗法
    E. 精神分析疗法

(18～20题共用题干)

病人，女，39岁，诊断为焦虑症，整日处于惶恐不安中，感觉太难受了，有自杀企图，服用苯二氮䓬类药物治疗。

18. 该病人的主要护理诊断是
    A. 自杀的危险　　　B. 社交障碍
    C. 预感性悲哀　　　D. 焦虑
    E. 思维过程的改变

19. 护士在给病人做药物指导时应提示病人
    A. 小剂量服用
    B. 长期服用
    C. 易出现依赖
    D. 症状控制后服用6～8周
    E. 症状控制后停药

20. 针对该病人，护理的重点是
    A. 保证病人的安全，严防自杀
    B. 向家属交待病情，取得合作
    C. 维持适当的睡眠，休息活动
    D. 健康教育病人及家属，鼓励参与护理活动
    E. 消除病人的自卑与无能心态

（冯艳华）

第八章 器质性精神障碍病人的护理

人类所有的精神活动均由大脑调控，当人的脑结构完整性受到破坏或躯体疾病影响到脑功能时，必将影响正常的精神功能，即出现精神障碍。器质性精神障碍是精神障碍中的一个类型，它是一组由脑部疾病或躯体疾病导致的精神障碍。由脑部疾病导致的精神障碍，包括脑变性疾病、脑血管病、颅内感染、脑外伤、脑瘤等所致精神障碍。躯体疾病导致的精神障碍只是原发躯体疾病症状的组成部分，也可与感染、中毒性精神障碍统称为症状性精神障碍。器质性精神障碍的临床表现多种多样，主要取决于起病缓急、病变部位和范围及脑功能损害的广泛程度，而不取决于病因。目前对该类疾病应注重耐心和严密的临床护理。

第一节 谵妄综合征病人的护理

案例 8-1

某病人，男，70岁。一周前患有感冒。近几日，经常卧床，睡眠增多，不吃不喝，对家人的劝说毫无反应。因急诊查出肺炎而入院治疗。病人在入院后只能回应简单几句话，但很快又入睡，不能认出家人，也无法说出目前的时间及所处的地点。夜间常躁动不安，多次破坏静点瓶，感觉护士在点滴内加了毒药想谋害自己，甚至说看到过去的亲人站在床边。吵着要出院回家，诊断为谵妄综合征。

请问：
1. 该病人的主要护理诊断有哪些？
2. 如何为该病人制定相应的护理措施？

谵妄综合征，指一组器质性疾病导致的综合征，表现为急性、广泛性的认知障碍，病情发展迅速，又称为急性脑病综合征。其核心表现是意识障碍。具有起病急、变化快、病程短、波动性、可逆性的特点。可继发于智能损害或演变成痴呆，可发生于任何年龄。

引起谵妄综合征的常见原因有急性感染、药物中毒、代谢及内分泌紊乱、急性脑血管病、颅脑损伤、脑肿瘤、手术后及电解质紊乱等。另外，年龄（如婴幼儿与老年人）、过度紧张或疲劳、环境拥挤、感觉剥夺（如因禁状态、眼科手术失光过久）、营养不良等，也是谵妄综合征的易发因素。

考点： 谵妄综合征的临床表现

一、护理评估

（一）健康史

询问病人既往有无重大躯体疾病，有无抽搐、昏迷、严重感染和中毒史以及过敏史。如有过重大疾病，其患病原因、病情进展过程、诊断、治疗过程及效果情况。病人父母两系三代以内家族成员中是否有谵妄病史或其他精神障碍病史、有无脑器质性疾病史、有无药物依赖史。

（二）精神-躯体状况

1. 意识障碍 意识清晰度水平下降，神志恍惚、反应迟钝，对外界的感觉与注意减退，严重者可致昏迷。意识障碍的严重程度在 24 小时内有显著的波动，具有昼轻夜重的特点，清醒后对病中经过大多不能回忆。

2. 注意障碍 可有注意狭窄、注意涣散等。除了观察病人行为以外，还可以给予一定的刺激，观察其反应。

3. 定向力障碍 根据病人的严重程度，可存在对时间、地点、人物和自我的定向障碍以及任务的辨识困难等。

4. 感知觉障碍 如感觉过敏，对声光特别敏感。常出现错觉、幻觉，可以是幻视和幻听，以幻视较为常见，常为恐怖性，形象生动。

5. 记忆障碍 记忆力受损，尤其对新近发生的事件记忆困难，或对于病前、病中、病后经历的遗忘。

6. 思维障碍 推理、判断能力受损，常有继发于幻觉或错觉的妄想，系统性差，持续时间短，呈片段性。思维不连贯、言语凌乱或无法理解，无法进行有效的沟通交流。

7. 情感障碍 表现为焦虑、惊恐、愤怒、情感淡漠和欣快。随着病情的进展，可出现情感淡漠、情绪不稳等。情绪的变化常常具有戏剧性并伴有过激行为，如撕衣服、攻击他人、毁物、自伤等。

8. 精神运动障碍 表现为不协调性精神运动性兴奋，可出现无目的的摸索及不配合医护人员的行为。可为高活动性、低活动性或混合性。

（三）心理-社会状况

评估病人性格特点、病人及家属对本病的认知程度和心理承受能力，了解病人的生活经历、受教育程度、职业性质、生活方式和习惯、生活自理程度、经济状况等。评估病人的家庭、婚姻、子女、生活环境及社会支持系统对病人的影响。

（四）辅助检查

各种常规生化、X 线胸部摄片、心电图、脑电图（表现为广泛的脑电基础频率的减慢）、CT、影像学检查、神经心理学检查等。

二、常见护理诊断/问题

1. 急性/慢性意识障碍 与脑部感染、外伤、肿瘤等有关。

2. 睡眠形态紊乱 与脑部病变导致缺氧、焦虑、意识障碍等有关。

3. 有暴力行为的危险（对自己或他人） 与幻觉、妄想等有关。

4. 生活自理缺陷 与认知功能障碍、意识障碍等有关。

5. 言语沟通障碍 与认知功能障碍、理解能力减弱、失语等有关。

6. 定向力障碍 与注意力不集中、记忆力减退等有关。

三、护 理 措 施

（一）一般护理

1. 提供安静、舒适、安全的住院环境 病室内的陈设要简单，减少各种不良刺激，室内避免危险物品的摆放；卧床时应加用床档，以防坠床。

2. 做好生活护理 病房环境安静，房间光线柔和，温、湿度适宜，室内干净、整洁、舒适；保持被褥整洁、干燥；提供生活基本设施和日常必备品；满足病人的营养需求，补充水分、电解质等，尊重病人饮食习惯，提供易消化、软质或流质食物；对于不同病人的不同躯体情况和营养状态，灵活提供相适应的饮食安排；创造良好的睡眠环境，帮助病人做好入睡前的准备，睡眠规律颠倒的病人，应增加日间活动时间；焦虑、恐怖性幻觉症状明显的病人，护理人员可在其视线范围内活动，增加安全感。

3. 住院环境不宜经常变动 护士不宜经常调换，谵妄病人对各种信息的处理能力存在障碍，经常变换环境和护理人员，容易引起病人的紧张、恐惧和焦虑，不利于情绪的稳定和原发疾病的治疗与恢复。

4. 严密观察病情 发现异常时及时告知医生，并配合处理。

（二）对症护理

1. 意识障碍 对存在意识障碍的病人应专人护理，做好基础护理和保证安全，必要时可予以约束。谵妄病人可能出现兴奋、躁动、幻觉等症状，甚至可能出现暴力行为，应特别注意病人及他人的安全，必要时把病人安置于重症病房、采取保护性约束及药物控制。昏迷病人做好基础护理，防止压疮、坠积性肺炎等并发症的发生。

2. 其他心理障碍 建立良好的护患关系，尊重病人，用爱心和耐心支持、鼓励、安抚病人，同时增加与病人及病人家属的沟通。提供心理支持，对于病人可能出现的悲观、绝望的心理反应，要有耐心，用温柔的语气或非言语方式表达对病人的关心和支持，谈话应从病人感兴趣的话题开始，鼓励病人表达自己的想法，消除对疾病的恐惧。

3. 妄想状态 谵妄病人可出现片段的、暂时的妄想，如被害妄想、被盗妄想、嫉妒妄想等，在妄想观念的支配下，病人可能出现冲动伤人的行为。对此，护理人员应该做到事先掌握妄想的内容，严密观察病情，及时发现暴力行为的先兆，尽早采取措施进行防范和处理，避免不良后果。

4. 社会功能受损 为病人提供多方面社会信息，拓展其兴趣，并鼓励病人参与适合其认知水平的社会活动，培养有益于身心健康的爱好或学习新的技能，使其最大限度地保持和恢复沟通能力和社会功能。

（三）用药护理

谵妄治疗需要适当补充电解质及供给充足的营养和维生素。对于严重兴奋躁动或伴有幻觉、妄想的谵妄病人，应给予抗精神病药物。抗精神病药通常采用氟哌啶醇、利培酮、喹硫平、奥氮平等。单一用药,从小剂量开始,逐渐增量,有规律地用药,严密监测药物的不良反应,如药物导致排尿困难时,及时解除尿潴留,避免病人烦躁不安,加重病情。一旦躯体疾病好转,抗精神病药物就应逐步减量或停用。护理人员应掌握给药的目的、药物疗效、常用剂量和可能发生的副作用。

(四)健康教育

在病人的意识状态恢复正常后,应将有关谵妄的知识向病人进行讲解,做好自我康复,避免谵妄的再次发生。通过各种方式和途径给病人家属讲解有关谵妄的理论知识,谵妄病人的护理知识,药物治疗所用药物的名称、剂量、服用方法、不良反应等。指导家属观察病情变化的方法,发现异常及时到医院复查。

第二节　阿尔茨海默症病人的护理

案例 8-2

某病人,女,69岁。两年前出现记忆力下降,生活自理能力减弱,近一年日益加重。出现记不住看过的新闻,不认识亲生儿女,不会穿衣。常呆坐,烧水忘了关火将水壶烧干。两个月前出现:出门找不到回家的路,被邻居发现送回家;生活自理困难,不知饥饱;刚吃过饭,几分钟后回来看到桌子上的饭菜又坐下来继续吃;穿衣不知上下正反,把两只袜子穿在一只脚上,给予纠正后,仍穿在一起。入院前,言语日趋减少,拒食数日。

请问:

1. 该病人的主要护理诊断有哪些?
2. 如何为该病人制定相应的护理措施?

护考链接

阿尔茨海默症病人的首发症状是
A. 妄想　　B. 人格改变
C. 记忆障碍　D. 语言功能障碍
E. 视空间技能障碍
分析: 阿尔茨海默病的首发症状是以近事遗忘,记不住新近发生的事,故选 C。

阿尔茨海默症(AD)是一种起病隐匿的进行性发展的中枢神经系统退行性疾病,主要特征为痴呆综合征。临床上,阿尔茨海默症以记忆障碍为首发症状。起病于老年或老年前期,本病起病缓慢,病程呈进行性、持续性加重并具有不可逆性。

病因迄今未明。该病女性病人多于男性,易发因素还包括高龄(在60岁以上的老年人中,年龄每增加5岁,阿尔茨海默症患病的危险就增加1.85倍)、教育程度低、丧偶、独居、经济窘迫、重大不良生活事件等,心理社会因素也可能是发病诱因。

一、护理评估

(一)健康史

询问病人有无脑器质性病变、发热、抽搐、昏迷、药物过敏史、中毒史、抑郁症史等,既往的诊断、治疗、用药及疗效。病人有无精神病家族史、痴呆病史、唐氏综合征家族史。

了解病人的生活经历、受教育程度、职业性质、性格特点、生活方式和习惯、生活自理程度,有无烟酒爱好或其他精神活性物质成瘾史等。

(二)精神-躯体状况

1. 记忆障碍 记忆障碍是阿尔茨海默症的早期最突出、最核心的症状。近记忆损害先出现,记不住新近发生的事情。主要累及短时记忆、记忆保存和学习新知识困难。表现为好忘事,丢三落四,如家中物品放错或不能在熟悉的地方找到;重复地说同样的话、做同样的事情;不能记住新地址,常迷失方向。随着病情的发展,远记忆也逐渐受损,记不住自己的生日、家庭住址和生活经历等,可出现错构和虚构等。

考点:阿尔茨海默症病人的临床表现

2. 视空间和定向障碍 也在早期受损。不能临摹简单的立体图形,不能完成连线测验、摆积木或拼图任务等。病人会出现时间、地点和人物的定向障碍,表现为在熟悉的环境中迷失方向,不知道现在的日期及时间,辨别不清上衣和裤子,以及衣服的上下和内外等。

3. 语言功能障碍 早期的言语障碍是用词困难、用词不当、赘述、不能列出同类物品的名称等,口语由于找词困难而渐渐停顿;继而出现命名困难,阅读理解受损,对认识的物体能正确使用,但无法正确命名;后期病人可出现言语杂乱无章、刻板语言,不能交谈;最后出现完全性失语,仅能发出不可理解的声音。

4. 失认及失用 失认是指不能识别物体、地点,不能通过面容辨别人物,如不认识牙刷、桌椅等熟悉的物体,不认识亲朋好友,甚至不认识镜中的自己。失用是指运动功能受损,不能完成系列动作,不会使用常用物品或工具,如穿衣将前后穿错,进食时不会使用筷子而用手抓食,洗漱时不会使用牙刷等。

5. 智能障碍 计算障碍是智能障碍的首发症状。此后逐渐发展为理解、推理、判断、概括和分析、逻辑思维能力明显受损。如不能进行简单的运算,看不懂报纸,听不懂别人说话,不能完成自己以前熟悉的工作,甚至丧失日常生活能力。

6. 情感障碍 表现为情绪低落、焦虑、抑郁、紧张、恐惧;或对环境漠不关心,以及情绪不稳,易激惹等。

7. 行为及人格改变 早期人格、自知力相对完整,随病情进展可见人格改变,如自私、固执、漠不关心、敏感多疑、不修边幅、收集破烂、争抢吃喝如同儿童。有的不知羞耻,随地大小便、当众裸体等。

8. 妄想 可出现被害妄想、被窃妄想等。如感觉熟悉的人是坏人,要伤害自己;忘记物品的存放位置而认为是别人偷了。妄想常导致攻击行为。

9. 幻觉 幻听最常见,其次是幻视。视觉及听觉受损的病人容易出现。

10. 神经系统症状 肌张力增强、震颤、动作迟缓等,晚期可出现癫痫样发作。可出现睡眠障碍,如夜间兴奋不眠,甚至吵闹,白天精神萎靡,嗜睡。生活部分自理或不能自理。疾病后期终日卧床不起,大小便失禁,常因压疮、骨折、肺炎等并发症引起脏器衰竭而死亡。

(三)心理-社会状况

评估病人的病前有无内向、孤僻、抑郁等情绪的改变,家属的情绪状况等。病人近期是否经历严重的生活事件,对事件的应激反应能力、解决的途径、方法及效果;评估病人的角色适应情况、自理能力、病人家属对本病的认识情况及对病人所持的态度;

病人家庭经济状况及支持系统；家属的护理能力和照顾病人的意愿等。

（四）辅助检查

心理学检查（简易智力状况检查、临床痴呆量表等）、日常生活能力量表（ADL）、脑CT检查（弥漫性脑皮质萎缩、脑沟脑池扩大）、脑电图检查（阿尔茨海默症病人的脑电图表现为广泛的脑电基础频率减慢）、血液学检查（血常规、血糖、血电解质、肝功能、肾功能、甲状腺功能等，用于发现存在的伴随疾病或并发症）。

二、常见护理诊断/问题

1. 生活自理缺陷　与意识障碍、认知功能障碍、神经或肌肉功能障碍、运动能力下降及人格改变有关。

2. 言语沟通障碍　与理解力减退、注意力涣散、失语有关。

3. 有受伤的危险　与运动障碍、感觉障碍有关。

4. 社交障碍　与思维过程改变、认知改变、记忆力减退、智能缺陷、判断力及定向障碍有关。

三、护理措施

（一）一般护理

1. 生活护理　病房环境要适合于老年人入住，要安全、简洁、方便、舒适。如床垫的软硬程度、枕头的高矮、被子的厚薄都要符合病人的生活习惯；卧室与卫生间距离不能太远，并且保持地面干燥、防滑；病人吸烟时需有人陪伴，切忌卧床吸烟；室内阳光充足，空气流通好；可在病人的活动区域放置一些色彩鲜艳、造型逼真的模型，引起病人的视觉、听觉及触觉的兴奋等。

2. 饮食护理　满足病人的营养需求，补充水分、电解质等；尊重病人饮食习惯，提供易消化、软质或流质食物；对于不同病人的不同躯体情况和营养状态，灵活提供相适应的饮食安排。

3. 睡眠护理　创造良好的睡眠环境，帮助病人做好入睡前的准备；帮助病人建立良好的生活规律，日间为其安排适当的活动，以减少白天睡眠时间；晚餐不宜吃的过饱，不宜多饮水；避免睡前兴奋、激动，不宜喝浓茶和咖啡等。

（二）对症护理

1. 定向力障碍　照顾病人的护理人员不宜经常调换，每天见到病人时都应做自我介绍，并且呼唤病人的名字，以强化病人的记忆。反复说明病人所处的时间、地点及周围人物的身份，及时纠正错误、肯定正确定向。病人经常出入的场所都要有明显的标志，以便帮助病人确认。

2. 言语沟通障碍　采用清晰、简短的语句与病人交谈，必要时可缓慢地重复。与病人沟通时尽可能的多使用面部表情、肢体语言等，视觉和听觉效果相结合，有助于病人更好的获得信息，有利于言语沟通训练有更好的效果。多谈一些病人感兴趣的话题，提高病人对谈话的兴趣，当谈及病人以前的成就和荣耀时，不要轻易打断，要有耐心，表现出恭敬的表情，增强病人的自信心。

3. 其他心理障碍　与病人交谈时态度要和蔼、亲切，语言简单，吐字清楚，放慢语速，以耐心、接纳、热情的态度建立良好的护患关系。同时，增加与病人及病人家属的沟通。阿尔茨海默症病人常处于不安、焦虑、悲观的情绪中，护理过程中应尊重病人，主动关心、问候、了解病人的需要，帮助其解决问题，如帮助他寻找丢失的物品，提醒他应该做的事情，帮助他了解周围环境等。当病人感到困难能够及时得到解决时，可以缓解病人的不良情绪。护理过程中应避免蔑视、厌烦行为和情绪，支持鼓励安抚病人，消除病人的紧张感。

4. 社会功能受损　鼓励病人多与人交流，积极参加社会活动，以获得新鲜感，延缓衰退。

（三）用药护理

可选用改善认知功能药物，如乙酰胆碱酯酶抑制剂，多奈哌齐、艾斯能等，选用促进脑代谢的二氢麦角碱等。若病人出现妄想观念或兴奋冲动等症状，可使用少量抗精神病药物，如维思通等；若出现焦虑、抑郁、失眠等症状，可给予少量抗抑郁和镇静催眠药；病人所服药品要代为妥善保管，送服到口，并密切观察用药后可能出现的不良反应。

（四）健康教育

病人饮食应以低盐、低糖、低胆固醇为宜，防止肥胖；积极治疗高血压、糖尿病等原发疾病；积极培养个人兴趣爱好和开朗性格，坚持学习、体力活动及社会活动，保持积极向上的精神状态。阿尔茨海默症病人在自己熟悉的环境中，由最亲近的人悉心照顾，对缓解病人各种功能的损害是最理想的。向病人家属讲解有关阿尔茨海默症的知识，以及护理过程中的注意事项，使他们能更科学的对病人进行护理。另外，应定期到医院进行检查。

考点： 阿尔茨海默症病人的护理要点

小结

器质性精神障碍是一组由脑部疾病或躯体疾病导致的精神障碍，临床表现多种多样，主要取决于起病缓急、病变部位和范围及脑功能损害的广泛程度，而不取决于病因。谵妄综合征，指一组器质性疾病导致的综合征，核心表现是意识障碍。阿尔茨海默症是一种起病隐匿的中枢神经系统原发性退行性变性疾病，主要特征为痴呆综合征。器质性精神障碍常伴随着意识障碍、言语沟通障碍、定向力障碍、对他人或对自己的危险行为、睡眠障碍、思维障碍、情感和行为异常等，目前对该类疾病应注重耐心和严密的安全护理、基础护理、心理护理和健康教育。

一、A1 型题

1. 谵妄最核心的症状是
   A. 记忆障碍　　B. 思维障碍
   C. 情感障碍　　D. 意识障碍
   E. 认知障碍

2. 谵妄病人生理功能方面的护理，最优先考虑的是

A. 睡眠障碍　　　　B. 行为紊乱
C. 维持生命的需要　D. 原发疾病的护理
E. 言语沟通障碍

3. 谵妄病人最常见的幻觉是
   A. 幻听　　　　B. 幻视
   C. 幻味　　　　D. 幻触
   E. 幻嗅

4. 器质性精神障碍的记忆障碍最初表现为
   A. 近事遗忘　　B. 远事遗忘
   C. 逆行性遗忘　D. 错构
   E. 虚构

5. 在护理阿尔茨海默症病人时，错误的做法是
   A. 促进病人多料理自己的生活，积极维持自理能力
   B. 反复强化病人训练用脑，维持大脑活力
   C. 多帮助病人回忆往事，锻炼记忆力
   D. 病人回忆出现错误并坚持己见时，要坚持说服其接受正确观点
   E. 保证夜间休息，保证充足的睡眠

6. 阿尔茨海默症病人经常面带微笑，似乎十分愉快，该症状可能是
   A. 情感高涨　　B. 情感淡漠
   C. 欣快　　　　D. 情感倒错
   E. 情感脆弱

7. 阿尔茨海默症病人的早期症状主要为
   A. 性格改变　　B. 幻觉
   C. 记忆力减退　D. 妄想
   E. 情绪急躁易怒

8. 如果要一阿尔茨海默症病人去洗澡，护理人员最合适的说法是
   A. 你想洗澡吗？
   B. 你想什么时候去洗澡？
   C. 现在是下午五点，你最好去洗澡
   D. 你今天洗澡还是不洗澡？
   E. 拿好东西，现在去洗澡

9. 器质性精神障碍的高发年龄阶段是
   A. 老年　　　　B. 壮年
   C. 青年　　　　D. 少年
   E. 儿童

10. 某病人"见到"床上有虫爬（幻视），要求护士清理，护士此时的正确做法是
    A. 帮助病人清除床上的虫
    B. 拒绝帮助或否认床上有虫
    C. 告诉病人目前处于病态，医护人员会帮助他
    D. 避开话题
    E. 以上都不正确

二、A2 型题

11. 病人，男，72 岁，阿尔茨海默症。总把邻居家孩子当成自己的孙子，整天叨叨要孙子陪自己下棋，见不到就焦虑不安。对病人精神行为异常的干预，护士应
    A. 让病人自行认识到其精神的异常
    B. 对病人的行为不予理睬
    C. 给予及时制止
    D. 马上采取保护性约束
    E. 转移病人的注意力后耐心解释和疏导

12. 病人，男，40 岁。大量持续饮酒十余年，突然停饮后，不认识其家人，看见地上有很多虫子在跑，十分紧张，同时伴有失眠、兴奋、躁动，双手震颤。该病人所处状态为
    A. 幻觉状态　　B. 兴奋状态
    C. 谵妄状态　　D. 妄想状态
    E. 意识障碍状态

13. 林某，男，45 岁。CT 示颅内肿物，近日神志恍惚、语无伦次、躁动不安、答非所问。此情况属于
    A. 精神错乱　　B. 意识模糊
    C. 谵妄　　　　D. 躁狂
    E. 浅昏迷

三、A3/A4 型题

（14～17 题共用题干）

病人，女，75 岁。近 2 年出现记忆减退，最初表现为刚用过的东西找不到。近半年以来常出门找不到回家的路，忘记亲人的名字，总怀疑家人偷走了自己的存折，不能叫出家中日常用品的名字，易激惹，晚上不睡觉并吵闹不休。体格检查未发现神经系统定位征。头部 CT 显示：脑萎缩。

14. 该病人可能的诊断是
    A. 精神分裂症　　B. 阿尔茨海默症
    C. 双相障碍　　　D. 血管性痴呆
    E. 躯体疾病所致精神障碍

15. 对病人的护理目标是
    A. 病人能完全自理
    B. 能够有效地进行语言交流

C. 病人能自行按时服药
D. 减少或不发生意外
E. 病人的定向力恢复正常

16. 对病人精神行为异常的干预，护士应
    A. 让病人自行认识到其精神的异常
    B. 对病人的行为不予理睬
    C. 给予及时制止
    D. 马上采取保护性约束
    E. 转移病人的注意力后耐心解释和疏导

17. 本病的预后
    A. 治疗后可痊愈   B. 预后不良
    C. 可自行缓解   D. 预后不肯定
    E. 以上都有可能

（18~20题共用题干）

病人，男，70岁。据家属介绍该病人一年前出现记忆力明显下降，起初为近记忆障碍，之后出现远记忆障碍，并逐渐出现个性改变，行为反常，情绪不稳，敏感多疑，怀疑保姆偷自己的东西，计算力下降，读报困难，近1个月病人出现不认识家人，沟通困难，夜眠差，欣快，有时行为激越。病人既往无高血压、动脉硬化史，查体未见明显的神经系统定位体征。

18. 该病人可能的诊断是
    A. 人格障碍   B. 阿尔茨海默症
    C. 抑郁症   D. 血管性痴呆
    E. 焦虑症

19. 该病的临床表现不包括
    A. 记忆障碍近期记忆与远期记忆受损
    B. 定向力障碍
    C. 计算力受损
    D. 思维不连贯
    E. 人格改变

20. 针对该病人的护理措施，下列哪项是错误的
    A. 建立规律的睡眠习惯，保证质量
    B. 固定床位，保证安全的病房环境，防止走失
    C. 鼓励病人，避免责备与争执
    D. 病人自理其生活
    E. 帮助病人养成基本的生活习惯

（牛 利）

第九章　心理因素相关生理障碍病人的护理

心理因素相关生理障碍是指一组起病与心理社会因素有关的，以进食、睡眠及性行为等生理功能异常为主的精神障碍。

睡眠、进食与性是人类的基本生理功能，这些生理功能的正常维持与个体的正常心理活动密切相关。在心理社会因素的影响下，常常引起个体焦虑及一系列无意识的防御性和退行性的心理反应，导致相应的自主神经活动变化，从而引起饮食、睡眠、性活动等生理功能发生紊乱，出现相应的进食障碍、睡眠障碍和性功能障碍。本章主要介绍其中的进食障碍和睡眠障碍。

第一节　进食障碍病人的护理

进食障碍是指由社会心理因素引起的，以进食行为异常为显著表现的一组综合征，同时伴有体重改变和生理功能紊乱。主要包括神经性厌食症、神经性贪食症和神经性呕吐。

进食障碍多发生于青少年和成年早期人群中，且以女性为主，男女比例为 1：6～1：10。国外资料显示该病患病率为 0.2%～1.5%，国内临床资料显示该病发病率有增高的趋势。神经性厌食症的高峰期在 14～19 岁，发病率为 1%～3%。贪食症病人发病年龄较之稍晚，高峰期为 18～25 岁。

一、护理评估

（一）健康史

了解病人的体重变化以及病人所认为的理想体重是多少；病人对自身体像和自我概念的看法；询问病人的饮食习惯和结构，包括种类、量、偏好以及对食物的认识；病人的进食情况，限制或暴食开始的时间、频率等；病人采取的代偿行为包括催吐剂、导泻剂和其他催吐方法的使用情况，以及为减轻体重所进行的活动的种类和量。

（二）精神-躯体状况

1. 神经性厌食症　是一种多见于青少年女性的进食行为异常，其特征为故意限制饮食，使体重降至明显低于正常的标准，为此采取过度运动、引吐、导泻等手段以减轻体重。常有过分担心发胖，甚至已经明显消瘦仍自认为太胖，即使医生进行解释也无效。部分病人以胃部不适，食欲下降等理由来解释其限制饮食。常有营养不良、代谢和内分泌紊乱，女性可出现闭经，男性可有性功能减退。常伴有情绪障碍，最常见的是抑郁症状，表现为情绪低落、情绪不稳、易冲动，严重者有自杀观念。其次为焦虑症状或惊恐发作，恐惧也较常见。

2. 神经性贪食症　其特征为反复发作和不可抗拒的摄食欲望及暴食行为，病人有担心发胖的恐惧心理，常采取引吐、导泻、禁食等手段以消除暴食引起发胖的极端措施。可与神经性厌食交替出现，两者具有相似的病理心理机制和性别、年龄分布。多数病人是神经性厌食的延续者，发病年龄较神经性厌食晚。

考点：神经性厌食症与神经性贪食症的特征

3. 神经性呕吐　以自发或故意诱发反复呕吐为特征，呕吐物为刚吃进的食物。呕吐常与心理社会因素有关，无器质性病变，病人有害怕发胖和减轻体重的想法，但体重无明显减轻。

（三）心理-社会状况

了解病人发病有无明显的诱发因素；病人对疾病的认识；是否存在焦虑、抑郁、兴奋、易激惹等不良情绪，有无自伤、自杀倾向；了解病人的成长环境、经历、职业特征，病前人格有无追求完美和与众不同、不成熟、依赖性强、自我评价低等特点，以及家庭关系、人际关系等。

（四）辅助检查

检查病人的意识状态、生命体征、全身营养状况、体重与身高和年龄比例、生长发育情况、皮肤弹性、牙齿及心血管系统等，以及女性病人是否有闭经，男性病人性功能情况。包括血、尿、便常规，血生化、心电图、脑电图等检查。

二、常见护理诊断/问题

1. 营养失调：低于（高于）机体需要量　与厌食或暴食有关。
2. 有体液不足的危险　与限制饮食、呕吐有关。
3. 活动无耐力　与营养摄入不足有关。
4. 有感染的危险　与营养不良引起机体免疫力下降有关。
5. 身体意向紊乱　与社会文化因素、心理因素导致对身体形象看法改变有关。
6. 焦虑　与大量进食后呕吐的矛盾心理及进食的需要无法满足有关。

三、护 理 措 施

（一）饮食护理

饮食护理是进食障碍病人的护理重点，目的是保证营养，恢复并维持正常体重。

1. 制定饮食计划

（1）评估病人达到标准体重和正常营养状态所需的热量。

（2）与营养师一起制定饮食计划和体重增长计划：确定目标体重和每日应摄入的最低热量以及进食时间。摄入的热量一般从每日800～1500kcal开始，每2～3天增加200～300kcal，逐渐增加至正常。对厌食严重者，进食、进水要从小量开始，逐步缓慢增量，食物性质也应从液体、半流质、软食、普食的顺序过渡，以每周增加0.5～1kg为宜，通常目标体重宜为标准体重的85%～90%，以防病人过度关心体形，而抗拒治疗。食物种类宜选择高热量、清淡、高纤维素食物。

2. 执行饮食计划

（1）健康宣教：向病人讲解低体重的危害，并解释治疗目的，以取得病人配合。

（2）鼓励病人按照计划进食：如果病人严重缺乏营养又拒绝进食，在劝其进食的基础上可辅以胃管鼻饲或胃肠外营养。

（3）定时测量、观察、记录：每日使用固定体重计定时测量病人体重，并密切观察和记录生命体征、出入液量、心电图、实验室检查结果（电解质、酸碱度、血红蛋白等），直至以上项目指标趋于平稳为止。同时评估皮肤和黏膜的色泽、弹性和完整性。如有异常，及时向医生反馈。

（4）进食时和进食后需严密观察病人：以防止暴食、呕吐、导泻、过量运动、药物滥用等行为。

（二）心理护理

心理护理是围绕进食的心理与行为进行的，需要认知治疗与行为治疗的有机结合，在改善进食相关的行为过程中首要目标是矫正病人的错误认知，尤其是体像障碍与超价观念。

1. 纠正病人的体像障碍 通过认知治疗矫正体像障碍和"惧胖"的超价观念。首先尊重、接纳、理解病人，建立相互信任的治疗关系是认知治疗的基础。其次，针对体像障碍与错误信念，运用自我审查技术、现实检验等使其认识到自我认知的偏差，运用辩论技术与不合理信念辩论。最终，使病人建立对体形、体重的恰当认知。

2. 重建正常的进食行为模式 方法如下：①利用正强化和负强化的行为治疗方法，帮助病人恢复正常的饮食行为模式。当病人体重增加或主动进食时，给予一定奖励。对于病人餐后的异常行为或体重减少或拒绝进食、过度运动、诱吐时，则取消奖励作为惩罚。②指导病人采取自控技术：定时就餐，记录每次进食量，以监控自己的进食次数和进食量；想暴食时，用散步、看电视或读书等方式分散注意力，以减少进食次数。③进食监控：病人在进食过程中，由护士或家属进行监督，密切观察其有无藏匿食物、有无假进食，包括只咀嚼未吞咽趁人不注意时吐掉等行为。餐后检查餐桌、桌布、口袋等部位有无藏匿食物。

考点：进食障碍病人的心理护理

（三）用药护理

遵医嘱使用精神药物治疗，抗抑郁药、抗精神病药、锂盐、抗癫痫药、抗焦虑药物均可试用，常用的有舒必利 200～400mg/d，对单纯厌食者效果较好；丙咪嗪 50～200mg/d，阿米替林 150mg/d，对伴贪食诱吐者效果较好。

（四）健康教育

1. 知识宣教 针对进食障碍的特点、病因，尤其是对身心的危害进行健康宣教，传播健康的审美观点，介绍健康的饮食方案，教育病人掌握恰当的应对不良情绪的技巧，同时指导家庭成员关注病人的病情，鼓励病人参加心理治疗。

2. 应对策略教育 进食障碍在康复过程中极易复发，这是病人彻底治愈的最大障碍，需教会病人处理应激事件的策略，以预防复发。策略有：①预测将来可能发生的应激事件；②由低到高想象诱发焦虑的事件或情景；③回忆过去曾有过的成功应对方法；④通过放松技术、角色扮演、自我教导等方法，寻求和制定对未来可能的焦虑事件和情景进行应对的方法,并记录备查;⑤遇到情绪困扰时,采用社会交往、娱乐活动等方式转移注意力,缓解心理紧张。

第二节 睡眠障碍病人的护理

案例 9-1

某病人,女性,36岁,公司职员。入睡困难半年,加重1个月。半年前病人就职于某外资企业后感觉工作压力加大,经常加班,很晚才能入睡,每晚只睡4～5小时,白天精神恍惚,反应迟钝,工作效率降低。此后晚上病人只要一上床睡觉,就辗转反侧,焦虑万分,担心无法入睡影响第二天工作,最近一个月加重,晚上睡眠时间不足3小时,且易醒,醒后难以入睡,多梦。临床诊断为睡眠障碍。

请问:
1. 该病人属于哪种睡眠障碍?
2. 如何做好病人的健康教育?

睡眠障碍是指各种心理社会因素引起的非器质性睡眠与觉醒障碍,包括失眠症、嗜睡症和某些发作性睡眠异常情况(如睡行症、夜惊、梦魇等)。

睡眠障碍的原因可以概括为三个方面。①心理素质:敏感、多疑、做事要求完美,生活过于严谨,容易情绪化、性格急躁等特点的人容易罹患失眠。②诱发因素:各种生活事件(包括正性与负性事件);外界环境的影响,如声响、环境的改变、光线刺激等;躯体的病痛,如疼痛、瘙痒、频频咳嗽、夜尿、吐泻、饥饿等。③维持因素:包括对卧室和床形成的负性条件反射、不良睡眠卫生习惯、依赖镇静催眠药物、继发性获益等因素。

一、护理评估

(一)健康史

评估病人的睡眠型态,了解有无入睡困难、睡眠维持困难、早醒;睡眠时间、入睡方式、深度及辅助药物等;了解病人次日有无疲劳感、精神萎靡、激动不安、情绪改变和社会功能受损等;评估睡眠过程中有无异常现象、异常情绪和行为反应的发生,如起床无目的的走动或从事简单活动而难以唤醒;了解病人睡眠过程中有无惊叫、哭泣,伴有心跳加快、呼吸急促等。

(二)精神-躯体状况

1. 失眠症 是最常见的睡眠障碍,在一般人群中的患病率为10%～20%。表现为持续相当长时间的对睡眠的质和量的不满意,每周至少出现3次,持续1个月以上。临床可表现为入睡困难、睡眠不深、易惊醒、自觉多梦、早醒、醒后不易入睡,并感到疲乏或缺乏清醒感。其中最常见的症状是入睡困难,其次是早醒和维持睡眠困难。病人常因失眠引起焦虑、抑郁、易激惹和对自身的过分关注,严重导致工作或学习效率下降，影响社会功能。包括：适应性失眠（急性失眠）、心理生理性失眠、矛盾性失眠等。

2. 嗜睡症　是指日间睡眠过度，或反复短暂睡眠发作，或觉醒维持困难的状况，无法用睡眠不足来解释，且影响到病人的正常社会功能。睡眠过多是本病的核心症状，表现为白天睡眠时间延长，醒来时达到完全的觉醒状态非常困难，且醒后可出现短暂的意识模糊，呼吸及心率加快，常伴有抑郁情绪。

考点：失眠症及嗜睡症的概念及表现

3. 发作性睡病　也称为睡眠-觉醒节律障碍，是指病人在日常活动中从相对清醒状态突然地（1～2分钟内）进入深度睡眠状态，如果正在站立则会出现猝倒，时间持续数分钟至十几分钟。每日白天可发作数次，发作后自然清醒或被他人唤醒，清醒后常有持续数小时的精神振奋。发作性睡病可以在无任何诱因的情况下发作，但一些单调环境会增加发作的可能性，另外焦虑、恐惧等负性情绪，也可诱发本病。

4. 梦魇症　是指在睡眠过程中被噩梦所惊醒，梦境内容通常涉及对生存、安全的恐惧事件，如被怪物追赶、攻击或伤及自尊的事件。儿童在白天听恐怖故事、看恐怖影片后，常可发生梦魇。成人在应激事件后，如遭遇抢劫、强暴等灾难性事件后可经常发生噩梦和梦魇。睡眠姿势不当和某些镇静催眠剂也可以引起梦魇发生。病人醒后对梦境中的恐惧内容能清晰回忆，伴有心跳加快和出汗，但病人能很快恢复定向力，处于清醒状态，部分病人难以再次入睡。

5. 睡行症　俗称梦游症，是睡眠和觉醒现象同时存在的一种意识模糊状态。主要表现为病人在睡眠过程前 1/3 的深睡期，突然起身下床徘徊数分钟至半小时，或进食、穿衣出家门等，病人一般不说话，问之不答，历时数分钟，少数持续 0.5～1 小时，继而自行上床或随地躺下入睡，次日醒后对所有经过不能回忆，若在睡行期内强行给予唤醒，病人可感到恐惧。睡行症多发生于生长发育期的儿童，以 11～12 岁最为常见。儿童期有睡行发作者，大多于青少年时期自行缓解。

护考链接

可能造成睡眠障碍的因素不包括
A. 急性应激反应　　B. 饮用浓咖啡　　C. 过度担心失眠
D. 睡前进食过多　　E. 安静环境
分析：急性应激反应、饮用浓咖啡、过度担心失眠、睡前进食过多均是造成睡眠障碍的因素，不包括安静环境。故选 E。

（三）心理-社会状况

了解询问病人是否有人际冲突或不和谐的人际关系；评估病人性格是否有敏感、多疑、对事物要求完美等特征；了解有无诱发失眠的社会事件，如工作调动、负性生活事件等；询问有无不良的生活习惯与不良的睡眠卫生习惯，如经常吸烟、饮酒、喝浓茶、饮咖啡等。

（四）辅助检查

1. 匹兹堡睡眠质量指数量表（PSQI）　用来评估病人最近一个月的睡眠质量。该表由 19 个自评条目和 5 个他评条目组成。通过此表可以了解病人的睡眠质量、睡眠潜伏期、睡眠持续时间、睡眠效率、睡眠紊乱、服用药物情况和白天功能状态。

2. 主观睡眠质量表 评估病人入睡前出现在大脑中特别影响情绪的非理性思想。此表由 30 个问题及 5 个分量表组成。分量表分别为：引起失眠原因的细微概念、诱发或加重失眠后果的不良原因、对睡眠的不现实期望、对知觉控制减弱以及对帮助睡眠的方法的不正确信念和认识。

3. 多导睡眠监测仪 可以在病人睡眠状态下连续并同时记下多个参数，形成多导睡眠图（PSG），可以显示常用的睡眠参数，如卧床时间（TIB）、运动时间、总睡眠时间（TST）、入睡后觉醒时间（WASO）、睡眠期时间（SPT）、睡眠效率（%）、睡眠潜伏期、REM 潜伏期，还可以监测眼电、肌电、呼吸等指标，可以客观评价病人睡眠质量、进入睡眠时间、睡眠效率及睡眠各期的情况。

二、常见护理诊断／问题

1. 睡眠型态紊乱 与社会心理因素刺激、睡眠环境改变、躯体疾病或药物影响等有关。

2. 有外伤的危险 与异常睡眠有关。

3. 疲乏 与觉醒和睡眠紊乱有关。

4. 焦虑 与对失眠、异常睡眠的恐惧、担忧有关。

5. 恐惧 与异常睡眠引起的幻觉、梦魇有关。

6. 个人应对无效 与长期处于失眠或异常睡眠有关。

三、护理措施

（一）失眠症病人的护理

1. 消除诱因 鼓励病人表达对失眠的内心感受与身体不适，了解病人失眠的生理、心理以及社会因素，帮助或指导病人消除引起失眠的诱发因素。

2. 创造良好的睡眠环境 保持病室空气清新，温度适宜，消除环境中的不良刺激，护理人员应尽量避免夜间操作，操作时要做到"四轻"。

3. 心理护理 对失眠病人的护理重在心理护理，通过各种心理护理措施，帮助病人认识失眠，纠正不良睡眠习惯，重建规律、有质量的睡眠模式。

（1）支持性心理护理：通过倾听、理解、陪伴等支持性心理护理技术，帮助病人缓解不良的情绪，同时指导病人学会自行调节情绪，认识不良情绪对睡眠的影响。

（2）认知疗法：失眠持续存在的原因多数是形成了失眠—焦虑—加重失眠的恶性循环。认知疗法可以帮助病人了解睡眠的基本知识，改变对睡眠的不合理信念和态度，使病人重塑正确的睡眠质量观。

（3）行为治疗：可以帮助病人重建规律、有质量的睡眠模式。可采取刺激控制训练手段帮助病人减少与睡眠无关的行为和建立规律性睡眠—觉醒模式，指导病人躺在床上如果没有了睡意就转移地点，直到有困意才上床，无论夜间睡眠质量如何，都必须按时起床；避免白天睡觉以形成对床的条件反射。

（4）其他疗法：放松疗法，指导病人进行渐进性肌肉放松、想象放松等。还可以根据病人失眠情况运用暗示疗法，通常选用某些营养药物作为安慰剂，配合暗示性语言，诱导病人进入睡眠。

4. 用药护理 失眠病人常常自行用药，造成药物耐受和药物依赖。因此需要指导病人按医嘱用药，并向病人讲解滥用药物的危害。用药前需了解病人的用药史和用药效果，指导病人不宜长期服用一种药物，使用最低有效剂量，间断给药每周2～4次，连续用药一般不宜超过4周，以免形成药物依赖。

考点：失眠症病人的护理要点

5. 健康教育 教育病人养成良好的睡眠习惯。①规律的生活，将三餐、睡眠、工作的时间尽量固定。②睡前2小时避免易兴奋的活动，如看紧张刺激的电视节目、长久谈话、进食等。避免浓茶、咖啡、巧克力、可乐等兴奋剂。③白天多参加户外活动，接受太阳光照。④用熟悉的物品或习惯帮助入睡，如听音乐、用固定的被褥等。⑤睡前使用诱导放松的方法，如腹式呼吸、肌肉松弛法等，使病人学会有意识地控制自身的心理生理活动。

（二）其他睡眠障碍病人的护理

对嗜睡症、发作性睡病、睡行症等病人主要任务是保证病人安全，减少发作次数，消除病人和家属的恐惧心理。

1. 保证安全 对嗜睡症及发作性睡病病人，尽量避免参加可能发生危险的活动，如高空作业、开车等，保证发作时的安全，防止意外事故发生。对睡行症的病人保证夜间睡眠环境的安全，如给门窗上锁，清除环境中的障碍物和危险物品。

2. 减少发作次数 建立良好规律的生活方式，适当体育锻炼，避免过度疲劳和高度紧张，减少心理压力等诱发因素。

3. 消除恐惧心理 使有嗜睡症、睡行症等异常睡眠病人及其家属认识疾病的性质、特点及发生原因，纠正对疾病的错误认识，消除恐惧、害怕心理。

链接

世界睡眠日

充足的睡眠、均衡的饮食和适当的运动，是国际社会公认的3项健康标准。为唤起全民对睡眠重要性的认识，2001年，国际精神卫生和神经科学基金会主办的"全球睡眠和健康计划"发起了一项全球性的活动，将每年3月21日定为"世界睡眠日"。此项活动的目的在于引起人们对睡眠重要性和睡眠质量的关注。2003年中国睡眠研究会把"世界睡眠日"正式引入中国。国际精神卫生和神经科学基金会在每一年的世界睡眠日都有一个主题，2016年世界睡眠日中国主题为："美好睡眠，放飞梦想"。

案例9-1分析

1. 病人有入睡困难、多梦、醒后难以入睡等失眠症状；极度关注失眠；每周大于3次，持续1个月以上；精神活动效率降低；排除继发性失眠。故病人睡眠障碍属于失眠症。

2. 健康教育：①做好睡眠卫生宣教；②创造良好睡眠条件；③严格遵守作息制度，养成良好睡眠习惯；④帮助病人学习使用一系列暗示、睡前诱导放松的方法促进睡眠；⑤用药指导，告知病人艾司唑仑对其失眠有效，不良反应较小，但为避免药物依赖，不宜长期服药，原则上每周不超过4次，连续用药不超过2周。

第九章 心理因素相关生理障碍病人的护理

小结

进食障碍是指以进食行为异常为显著表现的一组综合征,同时伴有体重改变和生理功能紊乱。

神经性厌食症的特征为故意限制饮食,使体重降至明显低于正常的标准。

神经性贪食症的特征为反复发作和不可抗拒的摄食欲望及暴食行为,病人有担心发胖的恐惧心理,常采取引吐、导泻、禁食等手段以消除暴食引起发胖的极端措施。

睡眠障碍是指各种心理社会因素引起的非器质性睡眠和觉醒障碍,失眠症是最常见的睡眠障碍,是对睡眠的质和量的不满意,每周至少出现3次,持续1个月以上。临床最常见的症状是难以入睡,其次是早醒和维持睡眠困难;嗜睡症是指日间睡眠过度,或反复短暂睡眠发作,或觉醒维持困难的状况,无法用睡眠不足来解释,且影响到病人的正常社会功能。睡眠过多是嗜睡症的核心症状。

一、A1 型题

1. 关于神经性厌食症的叙述正确的是
   A. 病人存在体像障碍,即使十分消瘦仍认为自己很胖
   B. 神经性厌食者因食欲减退而不愿进食
   C. 神经性厌食病人多知道自己体重过低、进食过少是病态,常主动就医
   D. 神经性厌食病人多同时并发抑郁症
   E. 神经性厌食病人病前多存在程度不等的内分泌与代谢障碍

2. 关于神经性贪食症的叙述,以下错误的是
   A. 其主要特征为发作性暴食
   B. 病人暴食后感到厌恶、内疚、担忧,甚至产生自杀观念和行为
   C. 多数病人发作间期食欲正常
   D. 病人常采取多种手段,如引吐、导泻、服减肥药等以避免体重增加
   E. 多数病人体重明显增加

3. 进食障碍的心理护理中首要目标是
   A. 纠正不正常的进食习惯
   B. 矫正进食障碍
   C. 增加病人的体重
   D. 将营养状况恢复至正常
   E. 矫正病人的错误认知

4. 对进食障碍的病人进行心理护理时,下列哪项是错误的
   A. 鼓励病人表达对自己体像的看法
   B. 鼓励病人参与决策
   C. 帮助病人认识"完美"的概念
   D. 评估病人对肥胖的感受和态度
   E. 鼓励病人进食时,适当的自身修饰和打扮

5. 睡眠障碍最常见的原因是
   A. 心理社会因素   B. 生理因素
   C. 环境因素   D. 酒精依赖症
   E. 呼吸困难

6. 下列不属于睡眠障碍的是
   A. 失眠症   B. 嗜睡症
   C. 做梦   D. 发作性睡病
   E. 睡行症

7. 失眠可引起
   A. 糖尿病   B. 高血压
   C. 冠心病   D. 焦虑、抑郁
   E. 精神分裂症

8. 失眠症最常见的症状是
   A. 易醒   B. 多梦
   C. 入睡困难   D. 无睡眠感
   E. 睡眠不深

9. 有关失眠症诊断标准,以下正确的是
   A. 每周失眠 2 次,持续 1 个月以上
   B. 每周失眠 3 次,持续 1 个月以上

C. 每周失眠 3 次，持续 2 个月以上
D. 每周失眠 2 次，持续 2 个月以上
E. 每周失眠 3 次，持续 3 个月以上

10. 指导失眠症病人不宜长期服用一种药物，使用最低有效剂量，间断给药每周 2～4 次，为避免药物依赖，连续用药的最长时间为
    A. 1 周　　　　　　B. 2 周
    C. 3 周　　　　　　D. 4 周
    E. 5 周

11. 梦游症属于
    A. 意识障碍　　　　B. 躯体障碍
    C. 运动障碍　　　　D. 睡眠障碍
    E. 分离性障碍

12. 护士帮助病人促进睡眠的最有效方法是
    A. 房间温湿度适宜
    B. 睡前吃大量食物
    C. 定时睡眠
    D. 睡前增加活动量
    E. 睡前避免浓茶、咖啡、巧克力、可乐等兴奋剂

13. 关于睡行症，以下叙述错误的是
    A. 睡行症通常发生于睡眠过程前 1/3 的深睡期
    B. 每次发作历时数分钟到半小时
    C. 事后对发作经过常能回忆
    D. 发作时呈朦胧状态或中度混浊状态，表现出低水平的注意力、反应性
    E. 多发生于生长发育期的儿童

14. 进食障碍病人的人格特点下列叙述正确的是
    A. 敏感、多疑，自尊心过强
    B. 暗示性强
    C. 爱表现自己，行为夸张、做作，渴望被别人注意
    D. 追求完美和与众不同、不成熟、依赖性强、自我评价低
    E. 极端自私与自我中心，冷酷无情

二、A2 型题

15. 病人表现有意过分地限制饮食，有时出现发作性暴食，暴食后自行诱发呕吐，体重明显减轻，伴有焦虑、忧郁情绪，该病人最适宜的诊断为

    A. 神经性厌食症
    B. 神经性厌食合并神经性贪食
    C. 抑郁症　　　　D. 神经性贪食症
    E. 神经性呕吐

16. 病人，女性，17 岁。近半年来出现情绪不稳、焦虑、常发脾气，一次可进食 6 个汉堡，两碗米饭，6 支冰激凌，进食后感到腹部胀痛、恐惧，即到卫生间自行诱发呕吐，该病人最可能的诊断是
    A. 焦虑症　　　　　B. 精神分裂症
    C. 神经性厌食症　　D. 神经性贪食症
    E. 人格障碍

17. 病人，男，45 岁。因工作压力大，近 2 个月出现入睡困难、多梦、早醒，醒后疲乏，白天思睡，晚上焦虑紧张，担心睡不着觉。该病人可能的诊断是
    A. 失眠症　　　　　B. 睡行症
    C. 嗜睡症　　　　　D. 抑郁症
    E. 觉醒与睡眠节律障碍

18. 病人，男性，25 岁，未婚，失眠近 1 年，自服多种药物均未见好转。近 1 个月病情加重，因每天担心睡不着觉，开始对床铺恐惧。护士评估该病人病情时，最先评估的是
    A. 引起失眠的主因　B. 既往健康状况
    C. 对失眠的恐惧程度　D. 失眠时的伴随症状
    E. 服用何种药物

19. 病人，女性，20 岁。白天总是竭力维持醒觉状态，但无能为力，在进餐、走路时也能入睡，该病人的症状是
    A. 猝倒症　　　　　B. 嗜睡症
    C. 睡眠瘫痪　　　　D. 发作性睡病
    E. 睡梦中呼吸停止

20. 病人因焦虑症入院，每天晚上总是躺在床上翻来覆去睡不着觉，一直到凌晨 1 点才入睡。病人的表现属于哪一种睡眠障碍
    A. 入睡困难　　　　B. 时睡时醒
    C. 睡眠规律倒置　　D. 彻夜不眠
    E. 浅睡眠

（凌　敏）

第十章 心境障碍病人的护理

心境障碍又称情感性精神障碍，是指以心境显著而持久的改变（高涨或低落）为基本临床表现，并伴有相应思维和行为异常的一类精神障碍。心境障碍的特点：有精神病性症状、周期性反复发作（间歇期精神正常）、及时治疗预后较好。

考点：心境障碍的特点

心境障碍包括抑郁症、躁狂症的单项发作；抑郁症、躁狂症的交替发作，即躁狂抑郁性精神病双相型；持续性心境障碍。不过仅有躁狂相发病者临床较少见。早在20世纪80年代，全国流行病学调查显示，当时抑郁症患病率仅有0.76%。现在，世界卫生组织对中国大陆地区的抑郁症患病率推测为7%～8%。短短30年我国抑郁症发病率就上升了100倍。

心境障碍的病因尚未完全清楚，大量的研究资料显示，可能与遗传因素、神经生化因素、心理社会因素等有关。本病有明显的家族遗传倾向，但遗传方式尚未获得证实。心境障碍病人的亲属患病率比一般人群高10～30倍，血缘关系越近，患病率越高；心境障碍可能与去甲肾上腺素（NE）、5-羟色胺（5-HT）等神经递质代谢紊乱密切相关。去甲肾上腺素功能亢进可导致躁狂，功能不足则可导致抑郁。5-羟色胺缺乏是本病的生化基础，构成发病素质和倾向。此外，多巴胺（DA）假说认为多巴胺功能活动降低可能与抑郁发作有关，多巴胺功能活动增高可能与躁狂发作有关；应激性生活事件与心境障碍，尤其与抑郁症的关系较为密切。

第一节 躁狂症病人的护理

案例 10-1

某病人，男，32岁。在病房内非常兴奋，整天滔滔不绝地与人说个不停，即使声音嘶哑了，仍端着一个茶杯到处找人说话。一见医生就用沙哑的声音说："医生，你好，Good morning! Good afternoon! Good bye!"医生问他感觉怎么样，立即回答说："很好，精力充沛，精神抖擞，力气过人，威力无穷，穷则思变，变化万千，千姿百态……"自诉脑子特别好用，考虑问题不用想，说话不用考虑，出口成章，记忆力好，医生要求他即兴作一首诗，他随即用刚才医生告诉他的周围11位医生的姓，串起来作了一首4句话的诗。

请问：
1. 此病人属于心境障碍的哪一种类型？如何评估？
2. 病人主要有哪些护理诊断？
3. 主要的护理措施有哪些？

心理与精神护理

一、护理评估

（一）健康史

询问病人或家属有无情绪高涨、口若悬河、滔滔不绝、活动明显增多等表现；持续时间长短等；有无消瘦、睡眠减少、饮食摄入量不足等症状；了解有无应激事件发生、家族中是否有躁狂症病人。

（二）精神-躯体状况

躁狂发作的临床表现是典型的"三高"症状，即情感高涨、思维奔逸、意志活动增强。部分病人可表现出精神病性症状，如幻觉、妄想等。

1. 情感高涨 病人心情特别愉快，情绪高涨而诙谐，整天喜气洋洋，笑逐颜开，似乎从来没有忧愁和烦恼。生动和高涨的情感与内心体验和周围环境基本协调一致，常可引起周围人的共鸣。但有的病人以易激惹为主要心境，情绪骤起骤落，变幻莫测。如为一些小事而发怒，暴跳如雷、怒不可遏，甚至伤人毁物，但往往片刻即逝，转怒为喜，若无其事。心境高涨时可出现幻觉与妄想。幻觉多见于幻听，内容多是称赞；妄想多是夸大妄想、关系妄想、被害妄想等，但一般持续时间不长。

2. 思维奔逸 病人联想明显加速，思维内容丰富多变、跳跃性强，感到自己的言语跟不上思维的速度，有明显的言语运动性兴奋。常表现为口若悬河、滔滔不绝、手舞足蹈，常因说话过多而口干舌燥、声音嘶哑。病人主观感到自己脑子特别灵，下笔千言、一挥而就，像加了"润滑油"一样。虽然病人联想加速，反应敏捷，但逻辑浮浅。病人注意力随境转移，可出现意念飘忽和音联、意联。

3. 意志活动增多 病人精力旺盛，动作快速敏捷，活动明显增多。其整日忙碌不停，不分场合的帮人做事，爱管闲事，片刻不得安宁，但有始无终，虎头蛇尾，一事无成。病人失去正常的行为判断，如挥金如土，随意将礼物赠送同事或路人；好打扮，但并不得体；行为轻浮，且好接近异性。病人自觉精力异常充沛，似乎可以永无倦怠地持续下去。病情严重时，可出现冲动毁物的行为。

4. 其他表现 病人自我感觉良好，很少有躯体不适主诉。常表现为面色红润，目光炯炯有神，无倦容；因持久兴奋，活动增多，体重多下降；心率加快，性欲亢进；入睡困难或早醒，每日只睡2～3小时。

> 考点：躁狂发作的"三高"临床表现

严重的躁狂发作可伴有明显的意识障碍、思维不连贯、错觉及幻觉等症状，称为谵妄性躁狂。此时典型的躁狂状态可一时被掩盖，容易被误诊为精神分裂症。多数病人在疾病的早期即丧失自知力。

（三）心理-社会状况

了解病人病前有无适应不良的人格，对应激事件的应对方式，评估病人是否存在长期处于高度紧张、生活不规律、不良的生活和应激事件的影响，评估病人及家属对本病的认知程度和心理承受能力，评估病人的家庭、婚姻、子女、生活环境及社会支持系统对病人的影响。

（四）辅助检查

运用家庭功能评估表、环境评估表、社会支持评估表评定病人社会支持水平，通过实验室检查了解其营养摄入的状况等。

二、常见护理诊断/问题

1. **有暴力行为的危险** 与失去正常的行为控制能力有关。
2. **营养失调：低于机体需要量** 与体力消耗过度及能量摄入不足有关。
3. **睡眠型态紊乱** 与持久兴奋有关。
4. **思维过程紊乱** 与思维形式和思维内容紊乱有关。
5. **社交障碍** 与思维过程改变有关。

三、护理措施

（一）安全护理

提供安静、安全的环境，病室应安静、整洁、温度适宜、避免拥挤及强光刺激；陈设简单，清除所有危险品。预防病人的暴力行为：护士需及时了解病人既往或现存发生暴力行为的诱发因素，设法消除或减轻其影响；密切观察病情，以便早期发现暴力行为的先兆，并及时予以干预。

（二）一般护理

限制病人过度活动，保证其营养和水分的足量摄入，可遵医嘱给予镇静催眠药物，以保证其睡眠时间和质量。

（三）对症护理

与病人谈话沟通时要善于引导，防止话题分散或转移。当病人情绪较为激动时，不要与其争论是非对错，并预测病人可能产生的行为，注意防范。

（四）用药护理

躁狂发作的药物治疗以心境稳定剂为主，必要时可合用抗精神病药或苯二氮䓬类药物。其用药遵循个体化用药、剂量开始用药、剂量逐步递增及全程治疗等原则。碳酸锂是躁狂症的首选药物，因锂盐的治疗剂量与中毒剂量接近，故应在治疗中动态监测血锂浓度，急性治疗最佳血锂浓度为 0.8～1.2mmol/L，维持治疗 0.4～0.8mmol/L，有效浓度上限为 1.4mmol/L，超过此浓度易引起中毒；对锂盐治疗无效、锂盐过敏或不能耐受锂盐副作用的病人，可选用卡马西平和丙戊酸盐，伴有精神病症状时可选择应用喹硫平，奥氮平等。护理人员应掌握用药目的、药物疗效、常用剂量及可能发生的副作用。

（五）心理护理

护士应关心，尊重病人，态度和蔼，与病人建立治疗性信任关系，对病人的过激行为不作评判，但不轻易迁就。

（六）健康教育

为病人讲解所患疾病的病因、临床特征、治疗手段、用药不良反应的观察以及复发先兆的识别，使病人真正获得对自己健康的主动权，并鼓励家属担负督导病人的责任。

链接

心境障碍的诊断标准

(1) 症状标准：以情绪高涨或易激惹为主，并至少有下列症状中的3项（如仅为易激惹，至少需4项）：①注意力不集中或随境转移；②语量增多；③思维奔逸（语速增快、言语急促），联想加快或意念飘忽的体验，注意力不集中或随境转移；④自我评价过高或夸大；⑤精力充沛、不感疲乏、活动增多、难以安静，或不断改变计划和活动；⑥鲁莽行为（如挥霍、不负责任、不计后果的行为等）；⑦睡眠需要减少；⑧性欲亢进。

(2) 严重标准：严重损害社会功能，或给别人造成危险或不良后果。如同时符合分裂症的症状标准，在分裂症状缓解后，满足躁狂发作标准至少1周。

(3) 病程标准：①符合症状标准和严重标准至少已持续1周；②可存在某些分裂性症状，但不符合分裂症状的诊断标准。如同时符合分裂症的症状标准，在分裂症状缓解后，满足躁狂发作标准至少1周。

(4) 排除标准：排除器质性精神障碍，或精神活性物质和非成瘾物质所致的躁狂。

案例10-1分析

1. 病人属于躁狂发作，主要症状是"三高"：即情感高涨、思维奔逸、意志活动增强。
2. ①有暴力行为的危险：与失去正常的行为控制能力有关。②思维过程紊乱：与思维形式和思维内容紊乱有关。
3. 主要的护理措施为安全护理、一般护理、对症护理、用药护理、心理护理、健康教育。

第二节　抑郁症病人的护理

案例10-2

小王，女，20岁，大二学生，因割腕被室友发现并护送到医院急诊。据室友反映，小王这几周总说失眠，半夜醒来就一直睡不着，常哭泣，好几次课没去上，人也瘦了不少，凌晨室友被哭泣声惊醒，发现小王正在割腕。医生问诊时，小王情绪低落，自感前途无望。诊断：心境障碍抑郁发作。

请问：
1. 请对小王目前的状态进行护理评估。
2. 请制订小王住院治疗期间的护理措施。

抑郁症是一种常见的心境障碍，以显著而持久的心境低落为主要临床特征的综合征。情感低落、思维迟缓与意志行为减退共同构成抑郁症的三主征（"三低"症状）。此病严重困扰病人的工作和生活，给家庭和社会带来沉重的负担，严重者可出现自杀念头和行为。多数病例有反复发作的倾向，每次发作大多数可以缓解，部分可有残留症状或转为慢性。

一、护理评估

（一）健康史

评估病人患病后的一般情况，如：面色、面容、食欲、体重、心率、性欲及睡眠情况；

职业、家庭工作环境、婚姻；家族有无自杀倾向等。

（二）精神-躯体状况

1. 情感低落 病人情绪低沉、高兴不起来、苦闷，具有晨重夜轻的特点，即凌晨醒来心情最为苦闷，觉得度日如年，傍晚明显减轻。情绪低落常导致无助感、无用感、无望感，病人觉得艰辛难过，严重时可产生自杀观念甚至行为，认为结束自己生命是最好的解脱。在情绪低落基础上，继发与抑郁心境相一致的自罪妄想、疑病妄想、幻听等，或者不具有抑郁基调的被害妄想、没有情感色彩的幻听等。

50%左右的抑郁症病人会出现自杀观念，轻者感到活着痛苦、没意思，重者求死欲望强烈并付诸行动，10%～15%最终死于自杀。有些病人虽然内心郁闷痛苦，但并不表露于外，会尽力掩饰伪装，谈笑如常，称为"微笑性抑郁"。少数病人会杀死别人后再自杀或是自首以求一死，称为"扩大性自杀"。抑郁发作的核心症状是：情绪低落、兴趣缺乏、乐趣丧失。

2. 思维迟缓 病人联想受到抑制，反应迟钝，思路闭塞，自感"脑子生了锈开不动"，缺少主动语言，语速慢，声音低，回答问题拖延良久，思考问题困难，记忆力减退，学习和工作能力下降。

3. 意志活动减退 病人意志活动显著抑制，生活被动，反应迟缓，终日独坐一处而不与他人交往，疏远亲友，回避社交，甚至个人卫生也懒于料理；病情严重时，可不语、不动、不食，称"抑郁性木僵"。

4. 其他表现 躯体症状有睡眠紊乱（早醒最具特征）、食欲下降、体重减轻、精力不足等。病人主诉躯体不适常涉及多个脏器，掩盖原有的抑郁情绪，而反复在综合医院非精神专科就诊求治，常被诊断为自主神经功能紊乱。

> **链接**
>
> **隐匿性抑郁**
>
> 临床表现主要是反复持续出现的各种躯体不适和自主神经紊乱，如头痛、头晕、心悸、胸闷、气短、厌食、腹部不适、腹泻、便秘、体重减轻、躯体各部疼痛、性欲丧失、失眠、周身乏力等，而抑郁情绪却往往被躯体症状所掩盖。在症状中以缺乏器质性证据的各种疼痛为最多见，病人多不找精神科医生。躯体检查无阳性发现。如仔细询问病史和作详细的精神检查，可发现心境抑郁、睡眠障碍，症状晨重晚轻，抗抑郁剂治疗可获得良好效果。

（三）心理-社会状况

了解病人的情感、认知、记忆及意志活动等情况，特别是对病人的自杀观念和自杀行为要进行重点评估。对病人的生活环境、社会支持系统等情况进行全面分析。

（四）辅助检查

使用抑郁自评量表测试病人的抑郁程度；使用90项精神症状自评量表（SCL-90）测试病人的抑郁程度，rosenberg自尊量表评估病人的自我概念；X线胸部摄片、心电图等检查有助于排除躯体器质性疾病。

二、常见护理诊断/问题

1. 有自杀的危险 与自责自罪观念、自杀企图和行为有关。

2. 营养失调：低于机体需要量 与食欲下降、木僵状态有关。

3. 睡眠型态紊乱 与严重抑郁有关。

4. 社交障碍 与精力和兴趣丧失有关。

5. 思维过程紊乱 与认知障碍、思维联想受到抑制有关。

6. 长期自尊低下 与悲观情绪、自责自罪有关。

三、护理措施

（一）安全护理

1. 提供安静、安全的环境 病室应安静、整洁、温度适宜、避免拥挤及强光刺激；陈设简单，严格管理所有危险品。

考点：抑郁症的安全护理

2. 预防病人的自杀行为 严密观察病情变化及异常言行，及时发现自杀先兆，如书写遗嘱、将物品送与他人等；帮助病人分析、认识精神症状，鼓励病人在出现自杀意图时立即向医护人员寻求帮助，必要时给病人发泄愤怒的机会；做好自伤、自杀后的心理疏导，了解病人的心理变化，制订进一步防范措施。

（二）一般护理

1. 供给所需的营养 了解病人拒食的原因，根据不同情况，制订出相应的计划，以保证病人的营养摄入。

2. 保证休息和睡眠 培养病人自行按时睡眠的习惯，教会其应对睡眠障碍的方法。护士应加强巡视，必要时按医嘱给予镇静催眠药物。

3. 协助做好日常生活护理 病人可能因情绪低落影响个人的生活自理，护士应提醒、督促或适当协助病人来完成。对木僵的病人，护士要保证床褥干燥平整，保持肢体功能位，做好排泄、皮肤、口腔等方面的护理，并做好记录。

4. 对症护理

（1）进行有效的治疗性沟通，鼓励病人抒发内心体验。①护士应理解病人痛苦的心境，保持稳定、温和与接受的态度，耐心倾听病人的诉说，帮助病人逐渐恢复正常思考的能力。②加强与病人的接触、沟通，讨论有关自杀的问题。谈论自杀对个人、家庭、社会带来的影响，以打消或动摇、缓解病人死亡的意念，积极预防自杀的发生。③在与病人语言交流的同时，应重视非语言沟通的作用。护士可通过眼神、手势等表达和传递对病人的关心，使抑郁症病人从中感受到被关心和支持，从而起到较好的安抚作用。

（2）改善病人的消极情绪，协助其建立新的应对技巧。①抑郁症病人的思维方式总是呈现出"负性的定式"，对周围的一切事物，总是认为对自己不利，是自己的无能造成的。对此，护士应帮助病人认识这些想法是负性的、消极的，同时尽可能地为病人创造正向的、积极的场合和机会，减少病人的负性体验，改善其消极的情绪。②护士应协助病人建立健康积极的人际交往，增加其社会交往技巧。消除病人对他人的依赖，通过学习、行为矫正训练等方式，使其树立全新的应对技巧，为今后重新融入社会奠定良好的基础。

（三）用药护理

抑郁发作的药物治疗可选用的抗抑郁药品种繁多，故临床用药应谨慎。药物与治疗方案的选择要根据病人的临床特征、伴随症状、生理特点以及躯体情况、药物的临床特点和既往药物治疗的经验。目前临床常用的抗抑郁剂有选择性5-羟色胺再摄取抑制剂（如氟西汀、舍曲林、帕罗西汀等）、其他新型抗抑郁剂（如文拉法辛、米氮平等）、单胺氧化酶抑制剂以及传统的三环类抗抑郁剂。抗抑郁剂在使用过程中应遵循以下原则：①治疗方案个体化；②尽可能单一用药；③足量、足疗程；④逐渐递增剂量；⑤症状缓解后不要立即停药；⑥联合心理治疗。护理人员应掌握用药目的、药物疗效、常用剂量和可能发生的副作用。

（四）心理治疗

心理治疗贯穿于整个治疗过程，采用认知疗法和行为疗法，可以纠正病人的认知扭曲，改善其行为应对能力和社会适应能力，为病人提供心理支持。

（五）电痉挛治疗及护理

对重症躁狂发作、抑郁性木僵、强烈自杀观念、药物治疗无效的病人，可采用电休克治疗。一般隔日一次，8～12次为一疗程。通电后，保护者不要强行按压各保护部位，防止骨折。治疗后安排专人护理，注意观察病人生命体征和意识的恢复情况。电休克治疗显效后仍需药物维持治疗，预防复发。

（六）心理护理

1. 态度温和 以平常的心态接受病人，对病人要有耐心和信心；讲话要以鼓励、劝告、指导为主；运用移情、倾听、证实、自我暴露等技巧更多地了解病人的健康状况和心理感受。

2. 阻断负向思考 抑郁症病人常会不自觉地对自己或事情保持负向的看法，护士应协助病人确认负向思考，帮助病人回顾自己的优点、长处、成就来增加正向思考。

3. 建立有效的护患沟通 在与抑郁症病人进行沟通的过程中，护理人员应允许病人对所遇到的问题有足够的反应和思考时间，并耐心地倾听病人的诉说，尽量避免使用直接训斥性的语言，且不可表现出冷漠，甚至讨厌的表情和动作。同时交流中应尽量选择一些病人感兴趣的、关心的话题，鼓励他们参与，并引导他们回忆以往曾有的愉快经历和体验，用讨论的方式激发他们对美好生活的向往。

4. 接纳病人 对实施自杀的病人，经过抢救，病情平稳后要做好心理护理，不能歧视和埋怨，而应一如既往地关心病人，了解其自杀前后的心理状态，做好自杀风险评估，完善护理措施。

护考链接

病人，女，30岁。话少流泪，情绪抑郁3个月。3个月来，木讷，说话逐渐减少，活动也比以前减少，不愿出门，在家唉声叹气，有时独自流泪，与其谈话时偶尔低声回答，说：脑子没用了，想事情想不出来了，病治不好了，自己做错事，应该死。食欲缺乏，体重明显下降，睡眠减少，清晨3～4点即醒来。对该病人护士首要解决的护理问题是

　　A. 营养失调　　　　B. 睡眠型态紊乱　　　　C. 社交障碍
　　D. 有自杀的危险　　E. 思维过程紊乱

　　分析：抑郁症临床最常见的症状就是有自杀倾向。因此首要解决的就是D选项。

（七）健康教育

向病人及家属介绍疾病的相关知识，指导其掌握疾病复发的先兆及如何预防复发。帮助病人掌握药物的不良反应和预防措施，鼓励病人坚持用药、定期门诊复查和咨询、主动参加家庭和社会活动、锻炼自理能力和社会适应能力。指导家属为病人创造良好的家庭环境和人际互动关系，保护病人，防止冲动或自伤行为，增强病人战胜疾病的信心。

案例 10-2 分析

1. 小王是抑郁症发作。
2. 主要护理措施：安全护理、一般护理、对症护理、用药护理、电休克治疗及护理、心理护理、健康教育。

链接

心境障碍的病程与预后

躁狂症起病较急，抑郁症起病多缓慢。躁狂症比抑郁症持续时间短，未经治疗的躁狂症发作病程一般持续3个月左右，未经治疗的抑郁症发作一般持续6～13个月。病情有反复发作倾向，发作次数愈多，年龄愈大，其病程持续时间愈长。治疗越早，病程缩短越显著，因此，早期发现、早期治疗具有重要意义。一般预后良好，少数病人迁移成慢性者，预后较差。

小结

心境障碍目前病因未明，现有的研究发现可能的发病机制涉及遗传、神经生化、神经内分泌及社会心理因素各个方面。主要症状是"三高""三低"症状。主要的护理措施有：安全护理、一般护理、对症护理、用药护理、电休克治疗及护理、心理护理、健康教育等。对于躁狂症要预防暴力行为的发生。对于抑郁症要防止自杀行为，阻断其负性思考。

自测题

一、A1 型题

1. 抑郁症情绪低落的特点是
   - A. 昼轻夜重
   - B. 昼重夜轻
   - C. 昼夜均重
   - D. 晨重夜重
   - E. 晨重夜轻

2. 治疗躁狂发作的首选药物是
   - A. 氯丙嗪
   - B. 碳酸锂
   - C. 丙咪嗪
   - D. 地西泮
   - E. 帕罗西汀

3. 在护理躁狂病人时，以下正确的做法是
   - A. 任由病人随意打扮
   - B. 参与病人的高谈阔论
   - C. 不予理睬病人
   - D. 鼓励病人用言语表达发泄其愤怒情绪
   - E. 满足病人的所有要求

4. 病人有自杀意图的表现为
   - A. 给家人写告别信
   - B. 将自己珍爱的东西送人
   - C. 情绪突然好转
   - D. 主动与人交往
   - E. 以上都是

5. 严重抑郁症病人最常出现的妄想为
   - A. 被害妄想
   - B. 关系妄想
   - C. 夸大妄想
   - D. 罪恶妄想
   - E. 钟情妄想

6. 抑郁发作睡眠障碍的主要特点是
   - A. 入睡困难
   - B. 早醒
   - C. 睡眠过多
   - D. 睡眠过少
   - E. 易惊醒

二、A2 型题

7. 病人，男，27岁。情绪兴奋与低落反复交替发作6个月，兴奋话多1个月，自我感觉良好，

喜管闲事，不认为自己有病，但可配合治疗，最佳治疗方案是
  A. 服用碳酸锂　　　B. 服用帕罗西汀
  C. 电休克治疗　　　D. 服用丙咪嗪
  E. 服用地西泮

8. 某抑郁症病人，对护士问话不答，对护理工作不配合，对此病人应采取的沟通方式为
  A. 问简单的是非问题
  B. 耐心等待病人说话
  C. 诱导病人说话
  D. 观察后开放式沟通
  E. 提高说话声调

9. 不属于抗抑郁药物的是
  A. 氟西汀　　　　　B. 三环类抗抑郁药物
  C. 氯氮平　　　　　D. 文拉法辛
  E. 米氮平

10. 三环类抗抑郁剂最严重的不良反应是
  A. 粒细胞缺乏　　　B. 变态反应
  C. 心率增快　　　　D. 心电图改变
  E. 以上都是

11. 下列不符合躁狂发作典型表现的是
  A. 思维奔逸　　　　B. 自杀观念
  C. 情感高涨　　　　D. 意志活动增强
  E. 睡眠减少

12. 抑郁发作"三低"症状正确的是
  A. 思维迟缓、意志活动减退、情感低落
  B. 幻觉、妄想、思维迟缓
  C. 幻觉、妄想、意志活动减退
  D. 幻觉、妄想、情感低落
  E. 思维迟缓、意志活动减退、情感高涨

13. 抑郁症病人可出现的症状为
  A. 思维贫乏　B. 木僵状态　C. 愚蠢行为
  D. 情感倒错　E. 意志增强

14. 抑郁症病人在自杀前的典型心理特点是
  A. 痛苦　　B. 焦虑　　C. 恐惧
  D. 紧张性　E. 冲动性

15. 心境障碍是以下列哪项表现为主的一组精神障碍
  A. 显著而短暂的心境高涨或低落
  B. 极端偶尔的情绪高涨或低落
  C. 显著而持久的心境高涨或低落
  D. 发作性情感障碍

E. 有间歇期和发作期

16. 病人，男，20岁。因2个月来兴奋异常，挥霍无度而就诊住院。病人近2个月来，情绪异常兴奋，整天兴高采烈，自我感觉良好，热衷于逛街购物。信口开河，妙语连珠，滔滔不绝。精力旺盛，忙忙碌碌，毫无睡意。进入病房后，蹦蹦跳跳，欢歌笑语，手舞足蹈，诙谐幽默。对医生、护士及病友热情非凡。对此病人护理错误的是
  A. 治疗过程中，饮食应清淡，控制钠盐的摄入
  B. 为病人提供一个安全、安静的环境
  C. 帮助病人建立良好的人际沟通
  D. 及时表扬以强化病人的正确行为
  E. 对病人的过激行为不轻易迁就

三、A3/A4型题

（17～18题共用题干）

病人，女，45岁。由于下岗，对生活失去信心，同时不能照顾家庭，伴失眠，被诊断为"抑郁症"。

17. 不可能出现的症状是
  A. 兴趣缺乏　　　　B. 睡眠障碍
  C. 思维贫乏　　　　D. 自责和厌世感
  E. 言语动作迟缓

18. 护士在接诊该病人时最应注意的是
  A. 介绍医院专长　　B. 护士自我介绍
  C. 直截了当地询问　D. 让病人放松情绪
  E. 直接给出明确诊断

（19～20题共用题干）

病人，女，32岁。2个月来，情绪低落，兴趣索然，自觉"高兴不起来"，生不如死，"自己的脑子不灵了""像是生了锈的机器"，认为自己成了家庭和社会的累赘，"成了废物"，诊断为抑郁症。

19. 矫正该病人的认知或思维方式的心理治疗方法是
  A. 行为治疗　　　　B. 认知疗法
  C. 贝克认知疗法　　D. 人本主义治疗
  E. 精神分析治疗

20. 最适宜采用认知疗法的疾病是
  A. 恐惧症　B. 适应障碍　C. 抑郁障碍
  D. 人格障碍　E. 精神分裂症

（王敏敏）

第十一章 神经症与癔症病人的护理

神经症旧称神经官能症,是一组精神障碍的总称,主要表现为精神活动能力下降、焦虑、恐惧、强迫、疑病、躯体化症状或神经衰弱症状,一般无精神病性症状、无器质性病变。起病多与精神应激或心理社会因素有关,病前多有一定的易患素质基础或人格特征。癔症以往属于神经症的一种类型,但中国精神疾病分类与诊断标准第3版(CCMD-3)已将癔症从神经症中分离出来,单列一病。

第一节 神经症病人的护理

案例 11-1

某病人,女性,36岁,某公司职员。因心烦、失眠1年就诊。1年前病人女儿发生交通意外而住院,病人边工作边照顾女儿,同时担心女儿会留下后遗症。女儿康复出院后,病人仍十分担心,经常感到焦虑不安,心烦意乱,伴有胸闷、心慌、出汗,时而出现莫名其妙的恐惧、坐立不安,夜间难于入睡,噩梦频频,有时彻夜难眠,为此影响了工作和生活,前来就诊。临床诊断为焦虑症。

请问:
1. 此病人焦虑症属于哪一种类型?如何评估?
2. 主要的护理诊断有哪些?
3. 如何对症护理?

神经症主要表现为持久的心理冲突,病人觉察到或体验到这种冲突并因之而深感痛苦,但没有任何可证实的器质性病理基础。病程大多持续迁延或呈发作性。

考点:神经症的共同特点

神经症的共同特点是:①起病常与心理社会因素有关,如长期而持续的工作压力、人际关系紧张及其他应激事件;②病前多有一定的易患素质或个性特征,常常感到难以控制本应该可以控制的意识或行为;③其症状没有任何可以证实的器质性病变作为基础;④对疾病有相当的自知力,精神痛苦、有求治欲望,其现实检验能力不受损害;⑤无明显或持续的精神病性症状;⑥社会功能相对完好,一般意识清楚,与现实接触良好,人格完整,无严重的行为紊乱,行为通常保持在社会规范允许的范围之内;⑦表现为广泛性焦虑、惊恐发作、恐怖、强迫、疑病和神经衰弱症状;⑧病程大多持续迁延或呈发作性。

神经症的患病率国外报告为5%左右,我国1990年的调查结果为1.5%,近年来神经症的患病率显著上升,2003年WHO报道的神经症的终身患病率为13.1%,2005

年我国深圳地区流行病学调查资料显示，神经症的终身患病率为 13.35%。神经症以 40～44 岁患病率最高，但初发年龄多为 20～29 岁；女性患病率高于男性；文化程度低、经济状况差、家庭气氛紧张者患病率较高。神经症在精神科各类疾病中患病率最高，在精神科门诊约占 50%；在综合性医院门诊病人中，神经症约占 10%。

神经症包括焦虑症、恐惧症、强迫症、躯体形式障碍、神经衰弱、其他或待分类的神经症。本节主要介绍焦虑症、强迫症。

一、焦虑症病人的护理

焦虑症又称焦虑性神经症，是一种以广泛和持续性焦虑或反复发作的惊恐不安为主要表现，伴有自主神经功能紊乱、肌肉紧张与运动不安等特征的一类神经症。

（一）护理评估

1. 健康史　询问病人有无惊恐、紧张不安、心烦意乱、坐卧不安等症状；持续时间长短等；有无潮热、多汗、口干、头痛、头晕、失眠、心悸、胸闷、乏力、食欲不振、全身不适等症状；了解病人有无应激事件发生、有无躯体疾病。

2. 精神-躯体状况　焦虑症临床分为广泛性焦虑与惊恐障碍两种形式。

1）广泛性焦虑：又称慢性焦虑症，是焦虑症最常见的表现形式。可见于任何年龄，较多见于 40 岁之前。常缓慢起病，以泛化且持久、无明确对象的烦恼、过分担心和紧张不安为特征，占焦虑症的 57%。具体表现如下。①精神方面：过分担心而引起的焦虑体验是广泛性焦虑的核心症状，病人不能明确意识到担心的对象或内容，而只是一种强烈的提心吊胆、惶恐不安的内心体验。②躯体方面：表现为运动不安、肌肉紧张和多种躯体症状。如病人不能静坐，不停地来回走动，搓手顿足，无目的的小动作增多；病人主观上感到一处或多处肌肉不舒服的紧张感，严重时有肌肉酸痛，多见于胸部、颈部和肩背部肌肉，紧张性头痛也很常见。自主神经功能紊乱表现为心动过速、胸闷气短、皮肤潮红或苍白、口干、便秘或腹泻、出汗、尿急尿频等。③警觉性增高：表现为对外界过于敏感、注意力难以集中、易受干扰、难以入睡、情绪激惹、感觉过敏等。

2）惊恐障碍：又称急性焦虑症。其特点是发作的不可预测性和突然性，反应程度强烈，伴有严重的濒死感和失控感，有严重的自主神经功能紊乱症状。病人在没有客观危险的环境下发作，突然出现强烈恐惧感，觉得大难临头、即将死去，或惊叫、呼救，伴胸闷、心动过速、心律不齐、呼吸困难或过度换气、头晕、头痛、出汗、全身发抖或全身无力等自主神经系统症状。惊恐发作常起病急骤，终止迅速，一般历时 5～20 分钟，很少超过 1 个小时，但不久可再次发作。发作期间始终意识清晰，事后能回忆发作经过。60% 的病人由于担心发病时得不到帮助而产生回避行为，不敢单独出门，不敢到人多热闹的场所，逐渐发展为广场恐惧症。惊恐发作者可伴有抑郁症状，甚至有自杀倾向。

考点：焦虑症的概念、分类及特点

3. 心理-社会状况　了解病人的个性特点，有无易烦恼、过分自责、适应能力差、敏感多疑等性格特征，对应激事件的应对方式，如有无认知方式消极、对人对事过于敏感，行为有无患得患失、犹豫不决。评估病人的家庭、婚姻、子女、生活环境及社会支持系统对病人的影响。

4. 辅助检查　可借助于焦虑自评表测试病人的焦虑程度；还可运用家庭功能评估表、环境评估表、社会支持评估表测试病人社会支持水平。X 线胸部摄片、心电图等检查有助于发现引起焦虑的躯体疾病。

（二）常见护理诊断/问题

1. 焦虑 与负性生活事件等有关。

2. 恐惧 与病人预感性的担心自身健康、安全将受到威胁有关。

3. 睡眠型态紊乱 与焦虑引起的生理、心理症状有关。

4. 个人应对无效 与焦虑、恐惧而无力应对压力情境有关。

5. 营养失调：低于机体需要量 与无法停止焦虑影响进食有关。

（三）护理措施

1. 一般护理 为病人提供安静、安全、舒适、无刺激的环境，室内光线要柔和。病室及床单位设置简单安全。严重惊恐发作时，应有专人看护，并及时使病人脱离应激源。

2. 心理护理

（1）评估焦虑程度：观察记录病人的焦虑的行为与言语，全面评估躯体功能、引起焦虑的原因以及目前正在使用的控制焦虑的技巧。

（2）认同病人感受：建立良好的护患关系，以真诚、理解、接纳的态度对待病人。鼓励病人表达自己的情绪和不愉快的感受，有助于病人释放内心的焦虑。此时护士要态度和蔼，耐心倾听病人的心声，给以足够的时间让病人诉说，并及时鼓励，逐步深入，帮助病人识别和接受自己的焦虑情绪，找出引起负性情绪发生的应激源和诱因。

（3）减轻焦虑情绪：帮助病人学会放松技术，如慢跑、深呼吸、静坐、听音乐、练气功、打太极拳，也可利用生物反馈仪训练肌肉放松等。

（4）提供社会支持：帮助病人认清现有的人际资源，扩大社会交往的范围，使病人的合理需求获得更多的满足，并可防止或减少病人使用身体症状来表达情绪的倾向。同时，协助病人和家庭维持正常的角色行为。

3. 用药护理 苯二氮䓬类使用广泛，抗焦虑作用强，起效快。常用药物有地西泮、氯硝西泮、阿普唑仑等。其缺点是长期大剂量使用时易产生耐药性和依赖性，突然停药时又可出现戒断症状，故服药时间一般不宜超过6周。丁螺环酮对广泛性焦虑障碍有效，但起效较苯二氮䓬类慢，较少产生药物依赖和戒断症状。

4. 健康教育

（1）教育病人正确对待生活事件，指导病人学会自我疏导和自我放松，耐心地向病人讲解本病的相关知识。

（2）与病人共同探讨其产生焦虑的应激源和诱因，以及其焦虑时的行为模式，制定和尝试适合于病人减轻焦虑的应对方式，并加以训练与强化。

考点：焦虑症的心理护理与用药护理

📚 链接

肌肉放松训练法

目的：协助紧张焦虑者减轻压力，并有助于睡眠。

目标：病人能在面临压力时随时使用肌肉放松，以减轻身心的不适。

具体方法：

1. 选择安静、灯光微弱的地方。

2. 协助病人采取舒适的姿势。

3. 请病人闭上双眼，并以轻松的心情聆听护理人员的指示。

4. 指导病人由脸部开始，首先绷紧脸部肌肉，然后慢慢放松，同一部位可重复做数次。

5. 以同样的方法，在身体各肌肉群重复执行。可按照如下顺序：脸部→牙齿（咬紧牙根）→肩膀→手臂肌肉→手掌（握拳）→背部→腹部→腿→足趾。以上皆以先收缩肌肉后放松的原则进行。

6. 直到病人感受到放松，且能舒适休息时即可结束。

7. 嘱咐病人利用零碎的时间反复练习。

8. 告诉病人此法可在任何时刻、任何地点只要感到有压力即可执行。

二、强迫症病人的护理

案例 11-2

某病人，女性，40岁，某公司会计。因反复检查东西是否遗漏2年，加重1个月就诊。病人向来小心谨慎，只要钞票一到手，就反复数个不停，出门买东西前，也一定要事先列清单，并一再地重复检查清单，生怕会有遗漏。出门后，门与灯虽然已关了，但仍不放心，一而再，再而三地重复检查。近1个月来，检查次数明显增多，有时反复十多次而无法自控，她的这种过度细心的行为已经严重地影响其工作和生活，病人焦虑、紧张、夜间睡眠差，前来就诊。临床诊断为强迫症。

请问：

1. 此病人的主要症状有哪些？
2. 主要的护理诊断有哪些？
3. 主要的护理措施有哪些？

强迫症又称强迫性神经症，是一种以反复出现强迫观念和强迫动作为主要特征的神经症。发病年龄平均为16～30岁，男女发病率相近，脑力劳动者居多。

（一）护理评估

1. 健康史 了解病人强迫观念的内容、出现频率、持续的时间及强迫行为的表现形式；了解强迫症状发作时有无相应的诱发因素，病人情绪是否稳定，有无焦虑、沮丧、烦躁、厌世等，以及强迫症状与焦虑的关系；询问强迫症状有无导致病人其他异常行为，如冲动、攻击、自伤等破坏性行为。

2. 精神-躯体状况 强迫症是以强迫症状为主要临床相的一类神经症。其特点是有意识的自我强迫和反强迫同时存在，二者的强烈冲突使病人感到焦虑和痛苦。病人意识到强迫症状的异常性，但自身无法摆脱。病程迁延者可表现为仪式动作为主而精神痛苦减轻，但社会功能严重受损。

1）强迫观念

A. 强迫怀疑：病人对自己所做过事情的正确性反复产生怀疑，明知毫无必要，但难以摆脱。如怀疑门窗是否关好，水龙头是否关好等。

B. 强迫性穷思竭虑：病人对一些常见的事情、概念或现象反复思考，明知毫无现实意义但不能自控。如反复思考："太阳为什么每天从东边升起而不是从西边升起？"。

C. 强迫联想：病人头脑中出现一个观念或看到一句话便不由自主地联想起另一个观念或词句，且大多是对立性质的，如看到"胜利"，马上就联想到"失败"等。

D. 强迫回忆：病人不由自主地反复在头脑中出现经历过的事情，无法摆脱，感到苦恼。

2）强迫动作和行为

A. 强迫检查：多为减轻强迫怀疑引起的焦虑而采取的行为。常表现为反复检查门窗、煤气是否关好，电源插头是否拔掉，账目是否算错等。

B. 强迫洗涤：多源于害怕受到污染这一强迫观念而表现为反复洗手、洗衣物、消毒家具等。

C. 强迫询问：病人常常不相信自己，为了消除疑虑或穷思竭虑带来的焦虑，常反复询问家人、护士等，以获得解释与保证。

D. 强迫性仪式动作：多是为了对抗某种强迫观念所引起的焦虑而逐渐发展起来的一套复杂的仪式化程序。

3）强迫意向：病人体验到一种强烈的内在冲动要去做某种违背自己意愿的事情，但一般不会转变为行动，因为病人知道这种冲动是非理性的、荒谬的，所以努力克制，但无法摆脱内心冲动。如站在高处就有一种想跳下去的冲动。

> 考点：强迫症的概念及表现

3. 心理 – 社会状况 了解病人病前人格，是否有过分的仔细、谨慎、刻板和固执、追求完美等强迫性人格；近期有无重大生活事件发生，内容及强度如何；病人面对压力的应对方式；了解病人的社会背景、受教育程度；社会交往及人际关系是否受影响；学习和工作效率是否受影响；询问家属对病人的态度和评价。

4. 辅助检查 可使用90项精神症状自评量表（SCL-90）测试病人的强迫程度；焦虑自评表（SAS）测试病人的焦虑程度；艾森克人格问卷（EPQ）了解病人的人格特点。

（二）常见护理诊断/问题

1. 焦虑 与强迫思维、强迫行为无法控制有关。

2. 睡眠型态紊乱 与焦虑、抑郁、强迫思维有关。

3. 社交障碍 与焦虑情绪及强迫症状有关。

4. 有暴力行为的危险 与易激惹、强迫症状有关。

5. 有皮肤完整性受损的危险 与损害自身的强迫行为有关。

（三）护理措施

1. 一般护理

（1）护士应同情、关心、充分理解病人，密切观察病人出现的强迫症状及其情绪变化，耐心倾听病人对疾病体验的诉说。

（2）保证病人营养的摄入，减少强迫症状干扰日常生活所致的躯体损害；营造良好的睡眠环境，鼓励病人白天多参加工娱治疗活动，晚间多陪伴与疏导病人以减轻焦虑情绪。

2. 心理护理 以预防法、自我控制法、阳性强化法等行为治疗理论为指导，帮助病人减少和控制强迫症状。

（1）在病人自愿的前提下，当病人出现强迫症状之前向护士汇报。

（2）帮助病人分析强迫症状发生时的心态和不良感受，进而转移其注意力，引导病人参与其喜欢的活动。

（3）当病人按计划执行时，立即给予奖励与强化，使病人及时体验成功，并鼓励其继续尝试。

（4）首次尝试很重要，治疗中护士应始终陪伴病人，给予支持和鼓励。

（5）重视了解病人的感受，根据具体情况及时调整护理措施，避免给予病人过大的压力。

3. 安全护理

（1）密切观察强迫行为对躯体的损害情况，采取相应的保护措施。

（2）对自身伤害严重时，立即给予制止，对伤害部位及时进行处理。

（3）对有自杀和伤害他人行为的病人，应严密看护，必要时清除危险物品。

4. 用药护理

（1）氯米帕明对强迫症状和伴随的抑郁症状均有效，一般在达到治疗剂量2～3周后开始显效，4～6周无效者可考虑换药，用药时间不少于6个月。

（2）选择性5-羟色胺再摄取抑制剂（SSRIs），如氟西汀、帕罗西汀、舍曲林、氟伏沙明和西酞普兰为目前治疗强迫症的一线药物。

5. 健康教育

（1）指导病人及其家属了解有关强迫症及治疗的相关知识，使病人了解坚持服药的必要性及出现药物不良反应时的处理方法。

（2）指导病人调适心态，自我控制训练和放松方法，用合理的行为模式代替原有不良的行为模式，减少强迫症状和焦虑情绪。

考点：强迫症的心理护理与用药护理

（3）帮助病人找出自身性格上的弱点，教给病人完善人格的科学方法，指导病人寻求良好的支持系统的帮助。

> **链接**
>
> **暴露与反应阻断疗法**
>
> 近年来，强迫症的治疗已经取得重大进展。有一种技术，它的有效性已被行为治疗学家逾20年的研究所证实，那就是暴露与反应阻断疗法。研究显示"暴露与反应阻断疗法"是治疗强迫症的有效方法，这种方法要求将病人系统地暴露于会引发症状的刺激源中。强迫症病人在行为治疗师的专业指导下，学习如何在强迫想法的刺激之下暴露自己，且学习如何对抗强迫想法、冲动。例如：指导一位过分怕脏的病人，去触摸脏东西而禁止洗手，这时病人的焦虑水平会大幅度上升，随之治疗师辅导和帮助病人降低焦虑水平，避免习惯性的强迫行为而以新的健康的行为所取代，使病人最终赢得了更好的控制症状的能力。

> **案例 11-2 分析**
>
> 1. 病人的主要症状：强迫怀疑、强迫计数、强迫检查、焦虑、睡眠障碍。
>
> 2. 病人的主要护理诊断：①焦虑，与强迫思维、强迫行为无法控制有关；②睡眠型态紊乱，与焦虑、抑郁、强迫思维有关。
>
> 3. 护理：①接纳病人的不放心感受，并以富有同情心的沟通技巧，增强其自我肯定；②应用心理分析治疗法，探索病人的行为意义以及其内在的冲突，并与病人共同寻找其焦虑源；③鼓励病人参与她感兴趣的活动，转移注意力并疏通其情绪；④帮助病人减少和控制症状，当病人有进步时给予鼓励和强化。

护考链接

病人，女性，无目的的担心、害怕、惶惶不可终日，并伴有心悸、出汗等自主神经功能紊乱症状。该病人的症状属于

A. 情绪低落　　B. 广泛性焦虑　　C. 恐惧
D. 情绪不稳　　E. 易激惹

分析：广泛性焦虑的表现为：常缓慢起病，以泛化且持久、无明确对象的烦恼、过分担心和紧张不安特征，常伴有自主神经功能的紊乱。故答案为B。

第二节　癔症病人的护理

案例 11-3

某病人，女性，20岁，小学文化，工人。平时爱幻想，以自我为中心，易受暗示。2天前不慎丢失手机，焦虑自责，又被家人责骂，情绪烦躁。昨日工作时突然倒地，双目紧闭，时有呻吟，呼之不应，全身僵直，四肢抖动，持续约数分钟自行恢复。病人发作时无外伤、口舌咬伤及大小便失禁。今晨起床后又发作一次，故前来就诊。临床诊断为癔症。

请问：
1. 该病人的人格特征有哪些？
2. 病人癔症发作时，家属焦虑紧张，你如何应对？

癔症又称歇斯底里，是由于明显的心理精神因素，如重大生活事件、内心冲突或强烈的情绪体验、暗示或自我暗示，作用于易患个体引起的精神障碍。主要表现为分离症状和转换症状，没有可证实的器质性病变基础，并与病人的现实处境不相称。症状具有做作、夸大或富有情感色彩等特点，有时可由暗示诱发，也可由暗示而消失，有反复发作的倾向。

癔症的发病率报告不一。多数学者认为，文化落后、经济状况差的地区患病率高。首发年龄以20～30岁多见，病人多为女性。一般认为癔症预后较好，60%～80%的病人可在一年内自发缓解。

一、护理评估

（一）健康史

了解病人癔症发病的原因、频度、严重性、持续性及症状特点；询问病人是否有感觉异常，躯体不适等；了解病人有无情感爆发、意识障碍、痉挛发作，发作前有无诱发因素。询问病人的睡眠、进食、营养情况，以及躯体表现是否有病理学基础。病人出现癔症性瘫痪时，了解四肢肌肉是否有失用性萎缩；当病人出现意识障碍时，躯体是否受到损伤，生活自理能力等。

（二）精神-躯体状况

1. 癔症性精神障碍　又称分离性障碍。主要表现为急骤发生的意识范围狭窄、具

有发泄特点的情感爆发、选择性遗忘以及自我身份识别障碍等。

（1）意识障碍：表现为周围环境意识和自我意识障碍。周围环境意识障碍又称意识改变状态，主要指意识范围狭窄，以朦胧状态或昏睡较多见，严重者可出现癔症性木僵，表现为在相当长时间维持固定的姿势，完全或几乎没有言语和自发的有目的活动，没有器官系统器质性改变，一般持续十几分钟可自行醒转。也可表现为癔症性神游，即病人突然从家中或工作场所出走，貌似有目的的旅行，此时病人意识范围缩小，但日常的基本生活（如饮食起居）能力和简单的社交接触（如乘车、购物、问路等）依然保持正常。历时几十分钟到几天，清醒后对病中经过不能回忆。自我意识障碍又称癔症性身份障碍，表现为对自己身份的觉察障碍，对自己原来的身份不能识别，常为鬼魂或神灵附体，此时病人丧失个人身份识别能力和对周围环境的完全意识。有时表现为两种或两种以上不同的人格交替出现，即交替人格、双重人格、多重人格等。

（2）情感爆发：是癔症发作的常见表现，病人表现为在精神刺激之后突然发作，时哭时笑、捶胸顿足、呼天抢地、吵闹不安，有尽情发泄的特点。可出现自伤、伤人、毁物行为。多人围观时发作更为剧烈。

（3）癔症性痴呆：为假性痴呆的一种。在精神创伤之后突然出现严重的智力障碍，但无器质性病变或其他精神病存在，表现为对简单的问题给予近似回答，如1+1=3，一只手有4个指头等，称Ganser综合征；精神创伤之后突然表现为儿童样的幼稚语言、表情和动作；病人以幼儿自居，逢人就称"叔叔""阿姨"，称为童样痴呆。

（4）癔症性遗忘：又称选择性遗忘。表现为病人无器质性大脑功能损害，突然出现的不能回忆某一阶段的经历或某一性质的事件，遗忘内容往往与精神刺激有关。

（5）癔症性精神病：除典型的癔症症状外，通常在有意识朦胧或漫游症的背景下出现行为紊乱、哭笑无常、表演性矫饰动作、思维联想障碍或片段幻觉、妄想、人格解体等症状。病程一般不超过3周，可突然痊愈而无遗留症状。

2. 癔症性躯体障碍 又称转换性障碍。表现为运动障碍和感觉障碍。其特点是经各种检查均未发现神经系统和内脏器官相应的器质性损害。

（1）运动障碍

1）肢体瘫痪：可表现为单瘫、截瘫或偏瘫，被动活动明显抵抗，无神经系统损害的体征，但病程持久者可有失用性肌萎缩。

2）痉挛发作：表现为缓慢倒地，全身僵直或足弓反张，肢体呈不规则抖动、呼吸急促、呼之不应。肌阵挛表现为一群肉的快速抽动，类似舞蹈样动作。一般无外伤或大小便失禁。

3）失音症或缄默症：病人想说话，但发不出声音，或只能用耳语或嘶哑的声音交谈，称为失音症。如不用言语回答问题，但可用手势或书写表达思想，称为缄默症。

（2）感觉障碍

1）感觉缺失：局部或全身皮肤感觉缺乏，可为半身痛觉消失，或呈手套、袜套型感觉缺失，其范围与神经分布不一致。

2）视觉障碍：可表现为失明、管窥、视野缩小等。常突然发生，也可经过治疗突然恢复正常。病人虽有视觉丧失的主诉，但却惊人地保留着完好的活动能力。

3）听觉障碍：表现为突然听力丧失，电测听和听诱发电位检查正常。

4）感觉过敏：表现为皮肤对触觉特别敏感，实际并无神经病变。

5）癔症球：咽部有异物感、梗阻感，而咽喉部检查无异常。

考点：癔症的概念及表现

（三）心理-社会状况

了解病人的人格特征，有无情感反应强烈，富于幻想，易于接受暗示，表情夸张做作，以自我为中心的表演性人格障碍；病人的情绪反应类型、对刺激的应对方式及适应能力、易受暗示的程度、情感反应的特点等。评估病人的人际交往能力，以及社会支持系统资源、性质及数量。

（四）辅助检查

详细的躯体和神经系统检查以及脑电图、肌电图、头颅 CT 检查排除器质性病变，有助于癔症的诊断。

二、常见护理诊断/问题

1. **营养失调：低于机体需要量有关**　与情感爆发、痉挛发作等导致进食障碍有关。
2. **知识缺乏**　与病人不能认知疾病及心理问题有关。
3. **自理能力下降**　与癔症性躯体障碍有关。
4. **个人应对无效**　与内心冲突或需要有关。
5. **有暴力行为的危险**　与发作时意识活动范围狭窄、情感爆发有关。
6. **有受伤的危险**　与漫游时意识障碍有关。
7. **有失用综合征的危险**　与癔症性瘫痪有关。

三、护 理 措 施

（一）安全和生活护理

1. 安全护理　提供安全舒适的环境，加强不安全因素和危险物品的管理。密切观察病情，做好自杀、自伤或冲动行为的预防。

2. 饮食护理　对躯体化症状的病人，应用暗示性言语鼓励其进食或分散注意力，避免其过分关注自己的进食障碍。选择营养丰富易消化适合病人口味的食物。

3. 睡眠护理　指导病人养成按时作息的生活习惯，鼓励白天适当参加工娱活动和体育锻炼，有利于夜间正常睡眠。教会病人运用放松技巧转移注意力，帮助入睡。严重入睡困难者，必要时遵医嘱予以药物治疗。

（二）心理护理

1. 建立良好的护患关系，取得病人的信任。接触病人时，避免用过于激烈的言词刺激病人，或过分地关注病人。鼓励病人回忆病情发作时的感受，接纳、理解病人的不愉快感受，并与病人讨论应对发作的方法。

考点：癔症的心理护理与发作时的特殊护理

2. 应用支持性语言帮助病人了解疾病知识，使病人认识到过分关注自身症状无益于恢复健康。反复强调病人的能力和优点，尽量忽略其缺点和功能障碍。

3. 应选择适当时机，结合正常的检查结果，向病人讲解其障碍并非器质性病变所引起，针对其自我为中心的个性特点，加强心理疏导和教育。

（三）用药护理

遵医嘱使用对症的药物，如紧张、失眠可用抗焦虑药，情感爆发、朦胧状态可选用地西泮或抗精神病药注射，以尽快恢复意识状态。

（四）特殊护理

1. 在癔症发作时，护士不宜流露出紧张、厌烦情绪，应将病人和家属隔离，避免众人围观；出现情感爆发或痉挛发作时，应将病人安置于单人房间，适当约束，防止碰伤。

2. 病人出现癔症性瘫痪时，应注意避免出现失用综合征。病人的症状虽无任何神经系统的阳性体征，但若长时间得不到有效治疗，病人长期卧床、不能下地行走，会导致躯体系统处于退化的危险状态，甚至出现躯体并发症，如压疮、便秘、泌尿系感染等。因此，给病人讲清疾病的性质，减轻病人的恐惧和焦虑情绪。护士要会运用药物、催眠、结合良性语言暗示的方法和技巧协助医生，帮助病人定期训练肢体，鼓励病人下床走动，防止肌肉萎缩。每日协助病人对皮肤的受压部位进行按摩，防止压疮的发生。为病人提供高纤维素类的食物，嘱病人多饮水，防止便秘。

3. 对癔症性失明、失聪的病人，通过检查证明无器质性损害，让病人了解其功能障碍是暂时的，在暗示治疗见效时，加强言语、听力或视力训练。

4. 对病人当前的应对机制表示认同和支持，鼓励病人以可控制与可接受的方式表达焦虑、激动，允许自我发泄，但不要过分关注。

（五）健康教育

1. 病人健康教育　指导病人认识疾病的性质，帮助病人分析自身性格与疾病的关系。教会病人科学的、适用的处理问题的方法，学会处理人际关系，调整不良的情绪，增强心理承受能力。

2. 家属健康教育　要有针对性的帮助病人家属了解有关癔症的相关知识，避免无意识的行为或语言起到不良暗示作用。要多给予正性的鼓励，使病人能从中获得更有效的帮助。

> **案例 11-3 分析**
>
> 1. 癔症好发于年轻女性，病人患病前常有情感丰富，富于幻想，善于模仿易受暗示、自我中心等人格特点，在某些刺激或暗示下，突然发病。此案例中病人，20岁，为年轻女性，具有爱幻想、以自我为中心、暗示性强的表演型人格特点，在丢失手机、又受到责骂的精神刺激下，情绪紧张，心理承受能力下降而发病。
>
> 2. 对症护理：护士应给病人积极的语言暗示，告诉病人功能障碍是暂时的，很快就会好转。给病人创造一个安静的环境，避免多人围观，将家属与病人分开，向病人家属讲解癔症的疾病知识，消除其焦虑情绪，并告诉家属正确对待病人疾病发作，不要过分关注。

护考链接

病人，女性，23岁，有一次与人发生口角，对方声音洪亮，自感不是对手。第二天起病人出现无法说话，与之交谈只能用手势表示。能正常咳嗽，耳鼻喉科检查正常。

1. 该病人可能患有

A. 癔症　　　　　　B. 焦虑症　　　　　　C. 恐惧症

D. 惊恐发作　　　　E. 急性应激性障碍

2. 该病人的表现是

A. 缄默　　　　　　B. 违拗症　　　　　　C. 躯体化障碍

D. 分离性障碍　　　E. 转换性障碍

分析：病人受精神刺激，想说话，但发不出声音，只能用手势交谈，称为失音症，故答案选 A。此为癔症的转换性障碍，故答案为 E。

小结

神经症是一组精神障碍的总称，主要表现为持久的心理冲突，病人觉察到或体验到这种冲突并因之而深感痛苦且妨碍心理功能或社会功能，但没有任何可证实的器质性病理基础。病程大多持续迁延或呈发作性。

焦虑症是一种以广泛和持续性焦虑或反复发作的惊恐不安为主要表现，伴有自主神经症状和运动不安等特征的一类神经症。

强迫症是一种以反复出现强迫观念和强迫动作为主要特征的神经症。

癔症是指一种以分离症状和转换症状为主的一组精神障碍，其临床表现多种多样。护理措施有一般护理、心理护理、用药护理、癔症发作时的特殊护理以及健康教育。

一、A1 型题

1. 焦虑症的主要临床表现不包括
   A. 运动性不安　　B. 过分警觉
   C. 焦虑性情绪　　D. 抑郁性情绪
   E. 自主神经功能兴奋

2. 关于强迫性思维，下列说法不正确的是
   A. 强迫怀疑　　B. 强迫性对立观念
   C. 强迫性意向　　D. 强迫性穷思竭虑
   E. 强迫性回忆

3. 帮助强迫症病人减少和控制症状，护士应该
   A. 对病人的症状加以限制和批评
   B. 用明确的态度指出异常行为，使其努力减少
   C. 给病人施加压力，使其控制强迫行为
   D. 转移注意力，引导病人参与其感兴趣的活动
   E. 激怒病人，转移其注意力

4. 关于癔症的叙述不正确的是
   A. 癔症又称歇斯底里
   B. 可找到相应的器质性病变
   C. 起病常与心理应激有关
   D. 一般认为癔症的预后较好
   E. 有自知力

二、A2 型题

5. 病人，男，46 岁。上班乘公交车时总是担心会出现危险，尤其是车厢内人员拥挤的时候，症状加重，出现心悸、头晕、出汗、发抖、胸闷、好像透不过气来。此症状特点是
   A. 症状为外部力量强加
   B. 症状产生无明确客观对象
   C. 症状产生于某一客观对象
   D. 症状源于自己的主观体验
   E. 症状不受自己主观意愿控制

6. 病人，女，19 岁，学生。近 1 年来经常脑内反复思考问题，如做数学题时，反复核对答案，明知不对，但又无法控制，最可能的诊断是
   A. 神经衰竭　　B. 焦虑症　　C. 癔症
   D. 强迫症　　E. 精神分裂症

7. 病人，女，42 岁。平时小心谨慎，只要一拿钱，就重复数个不停，买东西前，要先列清单，并反复检查清单，恐怕会有遗漏。该病人的情况属于
   A. 强迫回忆　　B. 强迫意向　　C. 强迫思维
   D. 强迫联想　　E. 强迫动作

8. 病人，女，24 岁。近日总是在想"人为什么要分男女""天为什么要下雨"。此症状属于
   A. 强迫怀疑　　B. 强迫询问
   C. 强迫意向　　D. 强迫性穷思竭虑
   E. 强迫回忆

9. 病人，女，21 岁。每次出门时，必须先向前走两步，再向后退一步，然后才出门，否则病人便感到强烈的焦虑不安，无法控制而去就医。该病人的症状属于
   A. 强迫检查　　B. 强迫性仪式动作
   C. 强迫意向　　D. 强迫性穷思竭虑
   E. 强迫回忆

10. 病人，男，21 岁。自述"站在天桥上看到火车开过来，就出现想跳下去自杀的念头"，虽不伴有相应的行动，但却因此感到焦虑、

紧张。护士评估时考虑为

A. 强迫疑虑 B. 强迫动作

C. 强迫意向 D. 强迫性穷思竭虑

E. 强迫回忆

11. 某女与同事吵架之后，突然倒地，全身挺直，双手乱动。几分钟后，号啕大哭，捶胸顿足，10 分钟后安静下来。其症状包括

A. 假性痴呆 B. 情感暴发 C. 精神病态

D. 情感倒错 E. 情感不协调

12. 病人，女，28 岁。当得知爱人溺水身亡后突然精神失常，当大夫检查时，问她："你多大岁数？"答："5 岁。"问"3+2=？"答"6。"自称是小宝宝，见护士称呼"阿姨"。这一症状属于

A. 作态 B. 错构 C. 遗忘

D. 痴呆 E. 假性痴呆

13. 病人，男，29 岁。3 天前上午突然收拾衣服从家出发，下午发现自己已经到达离家不远的县城。自己也不知道怎么来到县城。脑电图检查正常，此人可能出现

A. 分离性遗忘 B. 分离性神游症

C. 癔病性精神病 D. 分离性恍惚状态

E. 分离性身份障碍

三、A3/A4 型题

（14～15 题共用题干）

病人，女，41 岁。诊断为焦虑症，整日处于惶恐不安中，感觉"太难受了"，服用苯二氮䓬类药物治疗。

14. 该病人的主要护理诊断是

A. 焦虑 B. 社交障碍

C. 预感性悲哀 D. 自杀的危险

E. 思维过程的改变

15. 护士在给病人做药物指导时应提示病人

A. 长期服用 B. 小剂量服用

C. 易出现依赖 D. 症状控制后停药

E. 症状控制后服 6～8 周

（16～17 题共用题干）

病人，女，20 岁。与同事发生争吵时情绪激动，突然倒地，全身僵直，肢体抖动。

16. 该病人的症状是

A. 运动障碍 B. 感觉障碍 C. 思维障碍

D. 知觉障碍 E. 情感障碍

17. 护理该病人时护士应保持的态度是

A. 热情 B. 紧张 C. 焦虑

D. 镇静 E. 恐惧

（18～20 题共用题干）

病人，女，46 岁。病人因关窗户而扭伤腰部无法下床活动，每天大多数时间卧床，要求家人带其去检查，医生认为腰伤不会导致病人不能下床活动。后其丈夫提出离婚，病人情绪激动不愿意离婚，哭泣，腰部不适加重，不能行走，整日卧床，生活不能自理。

18. 病人可能患有

A. 其他分离障碍 B. 分离性神游症

C. 分离性运动障碍 D. 分离性木僵状态

E. 分离性身份障碍

19. 该病人主要的护理诊断

A. 自伤的危险 B. 睡眠形态紊乱

C. 有受伤的危险 D. 个人应对无效

E. 失用综合征的危险

20. 有效的护理措施

A. 尊重病人的行为模式

B. 尽量满足其合理要求

C. 正确认识心理社会压力

D. 重建或学习适应性应对方法

E. 暗示法训练病人自身的生活能力

（凌　敏）

第十二章 精神分裂症病人的护理

精神分裂症是临床上发病率较高的精神障碍,其症状丰富,变化多样,类型较多。在临床精神障碍中是常见的重要疾病。

第一节 概 述

一、概 念

考点: 精神分裂症的概念

精神分裂症是临床上常见的一组病因未明的重型精神障碍,突出表现为思维障碍,并有感知、情感、意志行为障碍,以精神活动与周围环境不协调,自身知、情、意不协调和人格解体等"分裂"症状为主要特征。常意识清晰,智能尚好,多起病于青壮年,缓慢而迁移,部分病人最终发展为精神衰退。

二、病 因

精神分裂症的病因还不十分清楚,目前较一致的观点有以下因素。

1. 遗传因素 是精神分裂症发病的主要因素,有精神分裂症家族史的人群患病率比一般人群高 10 倍,与病人血缘关系越近,发病率越高。大量研究结果提示,精神分裂症可能是多基因遗传。

2. 环境中的生物学和社会心理因素 环境因素包括子宫内感染与产伤,研究发现妊娠期患有病毒感染或产科并发症多的新生儿,其成年后精神分裂症的患病率要比一般人高。社会心理因素是精神分裂症的诱发因素,多发生在低经济社会阶层;病人病前大多性格内向、孤僻、敏感、沉溺于幻想,与其他家庭成员关系紧张,不能融入社会;许多病人在发病前有重大生活事件刺激,如离异、失恋、重大财产损失、升学受挫等。

3. 大脑病理和脑结构的变化及神经发育异常假说 研究资料表明,精神分裂症病人有神经发育异常,可伴有脑结构的变化。

4. 神经生化病理研究 多巴胺(DA)功能亢进假说认为:精神分裂症病人脑内可能存在多巴胺功能亢进,经典抗精神病药物均是通过阻断 DA 受体发挥治疗作用。

第二节 精神分裂症病人的护理

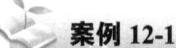

案例 12-1

张女士,35 岁,已婚,干部。近 4 个月总觉得家里被别人安装了窃听器,不敢大声讲话;

上下班走在路上，感到有人尾随跟踪自己；独自一人在家时，凭空听到有人谈论自己。因此，不敢外出，对周围人甚至整个世界充满了恐惧和敌意。曾因过度害怕、不安打110报警。久而久之，正常的工作和生活均受到严重影响，令其痛苦不堪。平素性格内向，朋友很少，喜欢独处。查体未见异常。入院精神检查：意识清晰，智能尚好。可引出幻听、被害妄想等精神症状。

请问：
1. 针对该病人的主要护理诊断有哪些？
2. 主要的护理措施有哪些？

一、护理评估

（一）健康史

询问病人有无重大躯体疾病史，如癫痫、心脑血管疾病、传染疾病、骨折外伤等；既往有无精神疾病史，详细记述有关疾病的发病、持续时间、病情演变、用药等情况；了解病人的平素性格特点及近期有无刺激性生活事件发生；父母两系三代中有无精神障碍病史，有无物质滥用、自杀者等。

（二）精神-躯体状况

1. 临床表现　本病临床精神症状复杂多样，差异很大，主要表现为五维症状：即阳性症状、阴性症状、认知损害、情感症状、攻击敌意等。

（1）阳性症状群

1）感知觉障碍

①幻觉：精神分裂症最突出的感知觉障碍就是幻觉，其内容荒谬离奇、脱离现实。最常见的幻觉是幻听，主要是言语性幻听，内容多是对病人本人的谩骂、斥责、威胁、侮辱等，以命令性（威胁或命令病人做或不做某事）、评论性（品评病人的好或坏）、争论性（凭空听到两人以上争执病人言行的对或错）多见，也最有临床诊断意义。幻听也可重复病人所想，以思维鸣响或思维化声的方式表现出来。幻觉还可以是真性的或假性的。除幻听外，其他形式的幻觉也可出现。受幻觉影响，病人可出现自言自语、自笑自哭，或呈侧耳倾听状，或沉醉于幻听内容中，可继发妄想，出现伤人、自伤、自杀等意外行为。

②感知综合障碍：少见。以形体感知综合障碍多见，如看见镜子中自己的腿像大象腿一样粗，也可表现为视物变形症如视物显大或显小，或其他形式的感知觉综合障碍，如失真感、视物显近或显远等。

2）妄想：精神分裂症的核心症状是思维障碍。思维内容障碍中的妄想是精神分裂症最主要的思维障碍，其中原发性妄想（突然发生的，完全不能用病人当时的处境和心理背景来解释）是最具有特征性和诊断价值的。本病妄想多荒谬离奇、易泛化。临床以被害、关系和物理影响妄想最常见，也可表现为夸大、嫉妒、钟情、非血统妄想等。病人可表现一种或几种妄想。妄想可影响其行为及睡眠等。妄想内容常与病人的生活背景和教育背景有一定联系。

3）被动体验：病人感觉自己的躯体、精神活动已不受自己控制支配，而受他人控制，常与被害妄想联系。可表现为思维中断、强制性思维（又称思维云集）、物理影响妄想、内心被揭露感（被洞悉感）。如被控制感、强制性思维与假性幻觉、内心被揭露感相结合出现，称康金斯基综合征（又称精神自动症），对精神分裂症的诊断有特殊意义。

4）思维形式障碍：精神分裂症最具有特征性的是联想障碍。可通过交谈和病人的文字材料中获取。联想障碍可表现为思维散漫、思维破裂、思维贫乏等，逻辑障碍可表现为语词新作、逻辑倒错性思维、病理性象征性思维等。最典型的为破裂性思维。

（2）阴性症状群：包括情感平淡、言语贫乏、意志缺乏、无快感体验等。

1）情感迟钝、平淡或淡漠：情感淡漠、情感不协调是精神分裂症的特征性症状。情感淡漠最早表现为对亲人、朋友缺乏关心和体贴，逐渐对周围事物变得迟钝，严重时甚至对与自己密切相关以及生离死别的人及事物也丧失情感联系，内心缺乏相应的情感体验，并同时出现情感反应与周围环境不协调，与思维内容不统一。

2）思维贫乏：缺乏主动言语，回答问话极其简短，多为一两个字，可导致行为孤僻、退缩、被动。

3）意志减退：病人活动减少，主动性缺乏，行为孤僻、懒散、被动、退缩，社会功能明显受损如无故旷工、旷课等。严重者生活自理能力下降，懒散、不修边幅，不讲个人卫生，终日无所事事，呆坐或卧床。

考点：精神分裂症阴、阳性症状的鉴别

4）兴趣减退与社交缺乏：少有感兴趣的事，对娱乐活动甚至性活动的兴趣都下降。不主动与人交往，人际关系较差。

（3）认知症状群：出现智力损害（低于正常人群或自己患病前水平）、学习与记忆功能损害、注意损害、运动协调性下降、言语功能损害（用词不当、使用较偏词汇）等。

（4）情感症状群：主要包括情感平淡或淡漠、情感不协调、情感倒错和矛盾情感等。

（5）行为症状群

1）冲动攻击行为：在精神症状支配下出现反复谩骂、威胁或破坏等行为，甚至自伤、自杀或攻击他人等。

2）紧张综合征：包括紧张性木僵和紧张性兴奋，两者可交替出现，以紧张性木僵为主。紧张性木僵是在病人意识清晰状态下出现的，对任何刺激缺乏反应，不饮不食，不言不动，不吐唾液，不解二便，并伴有肌张力增高，严重者表现为蜡样屈曲如"空气枕头"等。可突然出现冲动、毁物等，即紧张性兴奋。

3）行为障碍：表现为独处、发呆、退缩、无故发笑、冲动等行为。还可出现意向倒错（吃常人不能吃的东西，如粪便等）、违拗、模仿动作、刻板动作等。

2. 临床类型 常见的是下述前四种类型。

（1）单纯型：突出一个"懒"字，以思维贫乏、情感淡漠、意志减退等阴性症状为主，起病于青少年，缓慢进行性发展，早期多表现类似"神经衰弱"症状，逐渐出现日益加重的孤僻退缩、情感淡漠、生活懒散、兴趣丧失、缺乏社交活动、生活毫无目标，日益脱离现实生活，幻觉、妄想不明显。疾病初期常不引起人们的重视，往往在病程多

护考链接

孙阿姨，45岁，诊断为精神分裂症。以下哪一项不属于阳性症状？
A. 幻觉　　　　B. 妄想
C. 无快感体验　D. 思维贫乏
E. 被动体验

分析：精神分裂症的阳性症状包括幻觉、妄想、被动体验和思维形式障碍（包括思维贫乏），无快感体验属于阴性症状。因而，正确选项是C。

年后才就诊，社会功能严重受损，预后差。

（2）青春型：突出一个"乱"字，以思维、情感、行为障碍为主。起病于青春期，急性或亚急性起病，病情进展快，常在2周内达到高峰。主要表现为言语增多、荒谬离奇，甚至思维破裂。情感喜怒无常，变化莫测，极不协调。行为幼稚愚蠢、怪异奇特、兴奋冲动。本能活动亢进，可有意向倒错。幻觉生动，妄想片段、不固定。可自发缓解，易复发。治疗及时，取得较好效果。

（3）紧张型：突出一个"僵"字，以明显的精神运动紊乱为主，表现为紧张性兴奋和紧张性木僵，可单独或交替发生。典型表现是紧张综合征。紧张性木僵，突出表现为精神运动性抑制，意识清晰，偶有幻觉妄想；紧张性兴奋，突出表现为精神运动性兴奋、冲动等。此型预后较好。

（4）偏执型：最常见的类型，突出一个"疑"字，以相对稳定的妄想为主，伴有幻觉，情感、意志、行为障碍不突出。较少出现显著的人格改变和精神衰退。越早治疗，效果较好。

考点：精神分裂症上述四种临床类型之间的鉴别

（5）未分化型：临床表现同时具备两种以上亚型的特点，无法归入上述分型中的任一亚型。目前临床较多见。

（6）残留型：发病至少2年内一直未完全缓解，仍残留个别阳性症状或个别阴性症状。

（7）精神分裂症后抑郁：精神分裂症病情好转而未痊愈时出现抑郁症状，且持续2周以上，排除抑郁症、分裂情感性精神病。

（三）心理-社会状况

了解病人的病前有无孤僻、多疑、沉默、敏感等个性特点，对应激事件的应对方式，评估病人是否存在生活压力事件，评估病人及家属对本病的认知程度和心理承受能力；评估病人的家庭、婚姻、子女、生活环境及社会支持系统对病人的影响。应重视病人家属、朋友、同事提供的资料。

（四）辅助检查

可使用护士用住院病人观察量表（NOSIE）、症状自评量表（SCL-90）等量表评估病人的心理状态，通过各种常规生化、X线胸部摄片、心电图、CT等检查有助于确诊和排除器质性病变。

二、常见护理诊断/问题

1. 思维过程改变 与思维障碍（妄想）等有关。

2. 有冲动、暴力行为的危险（对自己或他人） 与幻听、妄想、精神运动性兴奋、缺乏自知力等有关。

3. 生活自理能力缺陷 与行为障碍、精神衰退致生活懒散有关。

4. 营养失调 与幻觉、妄想、极度兴奋躁动有关。

5. 不合作 与思维障碍、自知力缺乏有关。

6. 睡眠型态紊乱 与幻听、妄想、兴奋、睡眠规律紊乱等有关。

三、护理措施

(一)一般护理

1. 提供安静、舒适、安全的住院环境,严格执行各项护理操作规程和病区安全管理制度。

2. 掌握不同病人的接触交流技巧,建立良好的治疗性人际关系。

3. 做好生活护理,养成良好的生活习惯。新入院病人做好卫生处置,卧床者定时翻身,防压疮。集体进餐过程中防止拒食、暴食、藏食、噎食、窒息等。每天观察病人的排泄情况。便秘者多食粗纤维食物,必要时给予缓泻剂或清洁灌肠;排尿困难或尿潴留者先诱导排尿,无效时导尿;训练病人养成规律的排便习惯。督促病人养成良好的睡眠习惯,减少白天卧床;避免睡前兴奋、紧张和观看带刺激性的电视节目,必要时给予药物诱导睡眠。

4. 严密观察病人的病情变化,对重点病人做到心中有数,加强巡视,做好重点病人严格交接班、重点监护。

(二)对症护理

1. 幻觉 认真观察病人的言语、表情及行为,从中掌握幻觉出现的时间、频率、内容、规律及特点。安排病人于重症室,派专人监护。督促病人按时进食,耐心倾听,不要过早指明病人病态表现,不与病人争论,不引导病人反复再现病理体验。护士应遇事冷静,不受病人病态情绪影响,鼓励和督促病人参加各种工娱活动。病情好转后,适当对其病理体验给予合理解释。

2. 妄想 建立信任关系,掌握其妄想内容,限制其活动范围。外出做检查,一定有工作人员陪护。焦虑或冲动者,必要时给予保护性约束。护士不可贸然触及病人的妄想内容,或唐突询问,不要与其争辩妄想内容。鼓励日间多参加工娱活动。护士不要在病人面前议论是非或低声耳语,以免病人强化妄想内容。当妄想涉及同室病友时,应及时将病人与其隔开。当工作人员涉及妄想对象时,切忌做过多解释,尽量减少接触,注意安全。护士避免与病人争辩妄想的正确性,注意接触交谈方式,耐心引导,预防暴力行为。被害妄想病人可采取集体进食。关心体贴病人,鼓励病人表达对治疗的感受。

3. 兴奋躁动 掌握病人的内心动态,防止兴奋躁动的发生。首先建立良好的护患关系,避免激惹性刺激,尽量满足合理要求。及时处理兴奋躁动征兆者,必要时给予保护性约束;持续躁动者,防虚脱、脏器衰竭等并发症。加强基础护理,维持水电解质、酸碱平衡。

考点:精神分裂症的对症护理要点

4. 木僵 加强基础护理,避免压疮等并发症,保证营养和水分的供给;掌握亚木僵病人在夜深人静或安静时,可出现主动进食、去厕所小便等行为,为防止意外,必要时可行保护性措施。保证病人安全,将病人安置在易观察的病室;采取保护性医疗措施,避免在病人面前谈论病情及无关的事情;将病人的肢体放置于舒适的功能位,加强口腔护理,保证呼吸道通畅,平卧时头偏向侧位,做好大小便护理,随时增减衣物。减少不良刺激,减少对病人的干扰。

（三）用药护理

精神分裂症临床最常用新型抗精神病药物，即非经典抗精神病药物，包括利培酮（维思通）、奥氮平、喹硫平、齐拉西酮和阿立哌唑。护理人员应掌握给药的目的、药物疗效、常用剂量和可能发生的副作用，护士按床号顺序认真核对药签，由2名以上护士负责发药，合作者先，不合作者后，发药到手，看服到口，严格执行三查十对制度。睡意朦胧者，唤醒后再服药；老年病人，可把药磨成粉后服；拒服者，耐心劝导；极度兴奋躁动者或意识障碍者宜鼻饲或注射给药。注意给药后及时整理用物。注意观察疗效及药物副作用。

（四）心理护理

建立良好的护患关系，了解病人的心理需要，鼓励病人参加集体活动，及时做好病人的心理疏导，积极协调社会、家庭等支持系统帮助病人度过心理危机，鼓励病人努力克服性格中的缺陷。

（五）健康教育

指导病人和家属学习有关精神分裂症的知识，教会病人和家属应对各种危机（如自杀、自伤、冲动等）的方法，争取家庭和社会的支持。指导家属学习有关精神疾病知识及如何预防疾病复发的常识，改善病人在家庭环境中的人际关系。告知病人长期维持用药是精神分裂症康复的重要措施。指导家属帮助病人保管好药物并监护病人按时服药，密切观察药物副作用和病情变化。指导家属学会如何简单识别疾病的复发，一旦发现及时就诊。

小结

精神分裂症具有思维、情感、行为等多方面的障碍与环境不协调为特征。意识清晰，智能尚好。多起病于青壮年，缓慢起病，病程迁延，呈慢性衰退倾向。精神分裂症与遗传关系密切。病前性格多内向、孤僻，好幻想。身体状况评估阳性症状、阴性症状、认知损害、情感症状、攻击敌意等。临床常见类型包括单纯型、青春型、偏执型、紧张型等。精神分裂症的护理诊断主要包括思维过程改变、有冲动暴力行为危险、生活自理缺陷、不合作等。护理时，在建立良好护患关系的基础上进行多方面的护理如一般护理、对症护理（幻觉、妄想、兴奋躁动、木僵等）、用药护理、健康教育等。

一、A1型题

1. 有关精神分裂症的概念，哪项不正确
   A. 病因未明
   B. 具有思维、情感、行为等多方面的障碍
   C. 慢性病人可有意识障碍
   D. 常缓慢起病，病程迁延，最终精神衰退
   E. 一般智能无损害

2. 精神分裂症中典型的思维联想障碍是
   A. 思维散漫
   B. 思维贫乏
   C. 思维破裂
   D. 思维奔逸
   E. 思维松弛

3. 精神分裂症中最常见的幻觉
   A. 言语性听幻觉
   B. 视幻觉
   C. 非言语性幻觉
   D. 触幻觉
   E. 内脏幻觉

4. 精神分裂症的主要情感障碍为

A. 情绪低落　　　　B. 情绪不稳
C. 情绪高涨　　　　D. 情感迟钝或平淡
E. 欣快

二、A2 型题

5. 曲先生，36 岁，精神分裂症。病人常在照镜子时感觉自己的脸和下肢变形了，时长时短，时粗时细。此症状是
A. 妄想　　　　　　B. 幻觉
C. 知觉障碍　　　　D. 感知综合障碍
E. 思维障碍

6. 段先生，27 岁，以精神分裂症入院 3 个月。不属于该病人阴性症状的是
A. 情感淡漠　　　　B. 思维贫乏
C. 意志减退　　　　D. 被动体验
E. 兴趣减退

7. 郭女士，34 岁，因凭空闻语入院。护士在观察该病人时应注意
A. 幻觉出现的时间、频率、内容、规律
B. 情绪状态
C. 紧张违拗
D. 同情安慰
E. 满足合理需要

8. 病人，男，29 岁，诊断为精神分裂症。第 2 次复发住院治疗后定于明日出院。护士在对病人进行出院指导时，应重点强调
A. 规律生活　　　　B. 锻炼身体
C. 加强营养　　　　D. 维持药物治疗
E. 参与社会工作

三、A3/A4 型题

(9～11 题共用题干)

病人，男，38 岁，其父有精神分裂症史。近 3 个月以来，常怀疑有人在其饭菜中下毒而拒食，还认为有人想害自己，整日不敢外出，不敢睡觉。

9. 初步考虑此疾病为
A. 焦虑症　　　　　B. 抑郁症
C. 强迫症　　　　　D. 精神分裂症
E. 睡眠障碍

10. 该病人思维属于
A. 关系妄想　　　　B. 夸大妄想
C. 被害妄想　　　　D. 罪恶妄想
E. 物理妄想

11. 该病人主要的护理问题是

A. 社交障碍　　　　B. 睡眠型态紊乱
C. 思维过程改变　　D. 营养失调
E. 生活自理能力下降

(12～14 题共用题干)

病人，男，24 岁。感觉街上人们都在注意他，对其有敌意，房子里有人安装摄像头，监视他的行动；时而自言自语、自笑；不吃家人做的饭菜，因害怕有毒；对家人漠不关心，对父亲住院无动于衷。

12. 该病人情感属于
A. 欣快　　　　　　B. 情感淡漠
C. 情感高涨　　　　D. 情感低落
E. 情感暴发

13. 该病人的可能诊断为
A. 精神分裂症偏执型　B. 精神分裂症青春型
C. 精神分裂症单纯型　D. 精神分裂症紧张型
E. 精神分裂症未定型

14. 该病人主要采取的治疗是
A. 药物＋心理治疗　　B. 药物治疗
C. 心理治疗　　　　　D. 物理治疗
E. 康复治疗

(15～17 题共用题干)

李先生，35 岁，精神分裂症。终日卧床，不食不动，不咽不吐，对周围刺激不起任何反应，口水任其流下。

15. 该病人属于
A. 精神分裂症偏执型　B. 精神分裂症青春型
C. 精神分裂症单纯型　D. 精神分裂症紧张型
E. 精神分裂症未定型

16. 该病人的临床表现一个字
A. "疑"　　　　　　B. "乱"
C. "懒"　　　　　　D. "僵"
E. 以上均不正确

17. 当出现蜡样屈曲症状时，护士
A. 随时保证肢体处于功能位状态
B. 引起病人注意
C. 帮助病人进食
D. 任其发展，症状消失后协助活动
E. 观察病人

(18～20 题共用题干)

小玲，17 岁，高中生，内向，不善言笑，未恋爱。母亲曾因"精神分裂症"住院。2 天前

无故失眠，上课走神，并一反常态地突然要求家长为其介绍男友，逐渐发展到不上学，到处闲逛，言语零乱，半夜大声歌唱，扮丑脸，作怪态，头插鲜花，甚至裸体、喝他人尿液，让人难以理解。

18. 首先考虑的诊断为
    A. 偏执型精神分裂症　　B. 青春型精神分裂症
    C. 单纯型精神分裂症　　D. 紧张型精神分裂症
    E. 精神分裂症未定型
19. 对该病人最有效的维持治疗是
    A. 较长时间住院
    B. 坚持服药
    C. 坚持服药并参加工作
    D. 逐渐减药并参加工作
    E. 心理治疗
20. 对该病人的基础护理是
    A. 促进病人认知功能的康复
    B. 必要时给予病人保护性约束
    C. 帮助病人建立自理模式
    D. 注意在服药后检查病人的口腔
    E. 避免主动引导病人回忆病理性妄想

（汪永君）

实训指导

实训1 气质类型问卷、A型行为问卷调查分析

通过气质类型问卷、A型行为问卷调查可以帮助学生大致确定自己的气质和性格类型,进而不断调适自己,有助于自己的学习、生活、工作、身心健康;便于了解护理对象的不同人格,进而提高护理效果。

任务引领

王同学,女,18岁,在校学生。她遇事急躁、说话直率,因此常让人感觉不愉快。她与同学一起做事时总是感觉着急,觉得别人不靠谱或太拖拉。她常制订一些在别人看来要求太高的学习目标,还常参加学校兴趣小组活动。所以总显得忙忙碌碌,吃饭、走路都很快,每晚睡觉晚,睡眠时间常不足6小时,但精神状态不错,精力充沛。虽然忙碌,但总是不能完成计划,虎头蛇尾,她因而时有焦虑、烦躁情绪。也常常会自责、情绪低落,以至失眠,学习效率越来越低。

1. 王同学属于哪种气质类型?各种气质类型的主要表现是什么?
2. 王同学是否具有A型行为特征?A型行为特征的主要表现及对健康的影响有哪些?

【实训目的】

1. 掌握气质类型问卷和A型行为问卷的调查方法,学会做问卷调查。
2. 通过实践,了解自己的气质类型和A型行为特征,提高自我认识。
3. 培养和塑造健康的人格,并学会理解自己、他人、护理对象的个性特征和行为处事方式。

【实训准备】

1. 用物准备 气质类型问卷、A型行为问卷(见附录)、计算器、笔。
2. 环境准备 教室或实训室的环境整洁、安静、舒适。
3. 操作者准备 预习气质类型问卷和A型行为问卷题目及答题方法;保持平常安静心态,态度认真。

【操作方法与流程】

1. 学生自我评定,各自阅题,答卷,计算,结果评价。教师巡回指导,提醒学生相关的注意事项,评定结束后要求学生写出分析报告。
2. 教师应依据学生的分析报告及时对学生进行指导,促进学生形成良好的人格。

具体的评定方法如下:

(1) 气质类型问卷分析

1) 适用对象:学生、各类人群、护理对象等。
2) 评分标准:符合自己情况的记2分,比较符合的记1分,介于符合与不符合之

间的记 0 分，比较不符合的记 -1 分，完全不符合的记 -2 分。

3）记录：将结果填入实训表 1-1。

实训表 1-1　气质类型问卷分析

胆汁质	题号	2	6	9	14	17	21	27	31	36	38	42	48	50	54	58	总分
	得分																
多血质	题号	4	8	11	16	19	23	25	29	34	40	44	46	52	56	60	总分
	得分																
黏液质	题号	1	7	10	13	18	22	26	30	33	39	43	45	49	55	57	总分
	得分																
抑郁质	题号	3	5	12	15	20	24	28	32	35	37	41	47	51	53	59	总分
	得分																
计算结果		你的气质是															

4）评定标准（常模）：①如果某一类气质得分明显高出其他三种，均高出 4 分以上，则可定为该类气质，如果该型气质得分超过 20 分，则为典型型，该型得分在 10～20 分，则为一般型；②两种气质类型得分接近，其差异低于 3 分，而且又明显高于其他两种类型 4 分以上，则可定为这两种气质的混合型；③三种气质得分接近，而且得分均高于第四种，则为三种气质的混合型。

（2）A 型行为问卷分析

1）适用对象：学生、各类人群、护理对象等。

2）评分标准：凡是符合您的情况的就在"是"字上打个对号；凡是不符合您的情况的就在"否"字上打个对号。

3）统计指标：此量表包含 60 个题目，分成 3 部分。① TH：含 25 个题目，表示时间匆忙感、紧张感、做事快等。② CH：含 25 个题目，表示争强好胜、怀有戒心、敌意和缺乏耐心等。③ L：含 10 个题目，为真实性纠正题。

每题的回答与标准答案（实训表 1-2）相符者记 1 分。首先计算 L 量表得分，如 L≥7 者表示真实性不大，需剔除该问卷。L＜7 分者则进一步调查其他两个部分的积分。A 型行为类型问卷评定是以 TH 加 CH 的得分多少来计算的。

实训表 1-2　A 型行为量表标准答案

答"是"	答"否"
TH：2、3、6、7、10、11、19、21、22、26、29、34、38、40、42、44、46、50、53、55、58	TH：14、16、30、54
CH：1、4、5、9、12、15、17、23、25、27、28、31、32、35、39、41、47、57、59、60	CH：18、36、45、49、51
L：8、20、24、43、56	L：13、33、37、48、52

4）结果分析：得分超过 29 分为 A 型行为倾向；37～50 分为 A 型；30～36 分为中间偏 A 型；27～29 分为中间型；19～26 分为中间偏 B 型；1～18 分为 B 型。

【实训评价】

实训结束后，学生汇报心理测试过程中的收获和体会。教师汇总、小结、评价护生实践效果。

【注意事项】

1. 根据自己的实际情况和行为表现如实回答问题，不要受他人影响，不要去判断答案的对错，答案没有对与不对，好与不好之分。

2. 看清题目意思后请尽快回答，不要作过多思考，不要考虑"应该怎样"，只回答自己平时"是怎样的"就行了。

3. 每项题目都要回答，不要空题。每个问卷在10分钟内答完。

【实训作业】

1. 分析自己的气质类型，写出自己气质调查分析报告。

2. 确定和分析自己是否具有A型行为特征，思考如何改善A型行为模式。

（肖　苹）

实训2　SCL-90、SAS、SDS量表测验

症状自评量表（SCL-90）、焦虑自评量表（SAS）、抑郁自评量表（SDS）是当前使用较为广泛的精神障碍和心理疾病门诊检查量表。SCL-90量表协助个体从10个方面来了解自己的心理健康程度；SAS、SDS量表可以帮助个体及时发现自己的焦虑和抑郁情绪，有助于自己的学习、生活、工作、身心健康，便于了解护理对象的心理健康状态，进而提高护理效果。

任务引领

心理门诊来了两位来访者：王女士，教师，40岁，平时性情较急躁，容易激动，有事常心烦意乱，甚至头晕头痛。经常失眠，多梦，月经也不规律，一遇急事就要上厕所。家人也说她脾气大，没耐心。喜欢教学工作，也关心学生，但因为缺少耐心，常为一点小事大发雷霆，事后自己后悔，学生和家长都有意见。病人似乎没有安全感，经常提心吊胆，总担心有什么不好的事情发生。李先生，36岁，记者，每个月都有很大的稿件任务压力，但能发出来的稿件不多，于是，他一方面担心稿件任务完不成，另一方面又因为稿件质量不被单位承认，就总觉得自己能力不行。感觉自己的人生很失败，情绪低落、感觉疲劳。睡眠不好，中途常醒。

1. 王女士和李先生是否有焦虑和抑郁倾向？

2. 如何对两位来访者进行SCL-90、SAS、SDS量表测验？

【实训目的】

1. 掌握各量表测验的具体方法及各项目数值代表的临床意义。

2. 通过各量表测验，了解自己的心理健康状态。

3. 培养和塑造健康的人格，并学会理解自己、他人、护理对象的个性特征和行为处事方式。

【实训准备】

1. 用物准备　SCL-90、SAS、SDS量表（见附录）、计算器、笔。

2. 环境准备　在教室或实训室进行，环境应安静、整洁、舒适，光线、温度、湿度适宜。

3. 操作者准备　预习SCL-90、SAS、SDS量表测验的具体方法，做到心中有数。

【操作方法与流程】

1. 学生自我评定，教师巡回指导，提醒学生相关的注意事项，评定结束后要求学生写出分析报告。

2. 教师应依据学生的评估报告及时对有心理问题的学生进行心理辅导，促进其健康人格的形成和发展。

具体的评定方法如下：

(1) 症状自评量表 (SCL-90)

1) 适用对象：SCL-90的适用范围较广，适用于精神科或非精神科的成年病人，适用于成年的神经症、适应障碍及其他轻型精神障碍病人。不适合于躁狂症和精神分裂症病人。

2) 评分标准：SCL-90量表一般采取1～5分的5级评分标准。"1"无；"2"轻度；"3"中度；"4"偏重；"5"严重。

3) 统计指标：主要有总分和因子分。

①总分：即为90个项目的得分总和。

②因子分：SCL-90量表共包括10个因子，即90项分为十大类，每一因子反映受检者的一方面情况，其计算公式如下：

$$因子分 = \frac{组成某一因子的各项目数总分}{组成某一因子项目数}$$

下面是各因子名称与所包含项目及其含义：

A. 躯体化：1、4、12、27、40、42、48、49、52、53、56、58，共12项，主要反映主观的身体不舒服感。

B. 强迫症状：3、9、10、28、38、45、46、51、55、65，共10项，主要反映强迫症状。

C. 人际关系敏感：6、21、34、36、37、41、61、69、73，共9项，主要反映个人的不自在感和自卑感。

D. 抑郁：5、14、15、20、22、26、29、30、31、32、54、71、79，共13项，主要反映抑郁症状。

E. 焦虑：2、17、23、33、39、57、72、78、80、86，共10项，主要反映焦虑症状。

F. 敌对：11、24、63、67、74、81，共6项，主要反映敌对表现。

G. 恐怖：13、25、47、50、70、75、82，共7项，主要反映恐怖症状。

H. 妄想：8、18、43、68、76、83，共6项，主要反映猜疑和关系妄想等精神症状。

I. 精神病性：7、16、35、62、77、84、85、87、88、90，共10项，主要反映幻听、被控制感等精神分裂症症状。

J. 其他：19、44、59、60、64、66、89，共7项，主要反映睡眠及饮食情况。

4) 结果分析：总分160分为临床界限，超过160分说明测试人可能存在着某种心理障碍。并且任一因子得分超过2分为阳性，说明可能存在着该因子所代表的心理障碍。每一种心理问题的阳性因子个数大于2，则说明在该种心理问题上存在问题。

(2) 焦虑自评量表 (SAS)

1) 适用对象：适用于具有焦虑症状的成年人。

2）评分标准：SAS 采用 4 级评分，主要评定项目所定义的症状出现的频度，其标准为："1"没有或很少时间；"2"小部分时间；"3"相当多的时间；"4"绝大部分或全部时间（其中"1""2""3""4"均指计分分数）。若为正向评分粗分依次为 1、2、3、4。在 20 个题目中，有 5 个题目为反向评分（量表中有 * 号者），反向评分则为 4、3、2、1。

3）统计指标：SAS 的主要统计指标为总分，将 20 个项目的各项得分相加，得粗分后再乘以 1.25 以后取得整数部分，便得到标准分。也可以查"粗分标准分换算表"作相同的转换。标准分越高，症状越严重。

4）结果分析：阴性项目数表示被试在多少个项目上没有反应，阳性项目数表示被试在多少个项目上有反应。总粗分：20 个项目各项得分相加，分界值为 40 分。标准分（Y）：总粗分 ×1.25，分界值为 50 分。50～59 分为轻度焦虑；60～69 分为中度焦虑；70 分以上为重度焦虑。

(3) 抑郁自评量表（SDS）

1）适用对象：适用于具有抑郁症状的成年人。

2）评分标准：SDS 采用 4 级评分，主要评定项目所定义的症状出现的频度，其标准为："1"没有或很少时间；"2"小部分时间；"3"相当多的时间；"4"绝大部分或全部时间（其中"1""2""3""4"均指计分分数）。若为正向评分粗分依次为 1、2、3、4；反向评分则为 4、3、2、1。量表中有 * 号者为反向评分项目。

3）统计指标：将 20 个项目的各个得分相加即得粗分，再乘以 1.25 以后取得整数部分，便得到标准分。也可以查"粗分标准分换算表"作相同的转换。标准分越高，症状越严重。

4）结果分析：总粗分分界值为 40 分，标准分分界值为 53 分。53～59 分为轻度抑郁；60～69 分为中度抑郁；70 分以上为重度抑郁。

【实训评价】

实训结束后，学生汇报心理测试过程中的收获和体会。教师汇总、小结、评价护生实践效果。

【注意事项】

1.测验时应事实求是，力求测验结果客观真实。根据自己的实际情况和行为表现如实回答问题，不要受他人影响，不要去判断答案的对错，答案没有对与不对，好与不好之分。

2.看清题目意思后请尽快回答，不要作过多思考，不要考虑"应该怎样"，只回答自己平时"是怎样的"就行了。

3.每项题目都要回答，通常是评定一周以来的实际情况。强调反向评分的项目。

【实训作业】

1.分析自己的 SCL-90、SAS、SDS，写出自己的调查分析报告。

2.确定和分析自己是否具焦虑和抑郁倾向、阳性因子的数量，思考将如何改善不良的心理状态和认知模式。

（谢旭光）

实训3 精神障碍案例分析

精神障碍病因、分类、症状在临床上有明显的个体差异，只有结合临床案例的分析才能很好的鉴别和判断。

任务引领

钱先生，30岁，因坚信有人要迫害自己，三次自杀未遂，被家人送到医院治疗。病人一年前因被单位评为"先进个人"，为此受到同事议论，生闷气、少语，后来又因为和女朋友闹意见，以后逐渐出现精神异常。怀疑别人说他坏话，怀疑别人对他不怀好意，路人故意冲他吐唾沫、吐痰等。有自言自语，自笑，追逐异性等行为，才引起家人注意。入院前有自言自语、自笑，思维内容离奇，病人自语："我要死了，同志们再见，拜上帝，微波控制我"，"XX，咱们结婚吧。"对异性不礼貌。

1. 该病人是哪类精神疾病？
2. 该病人异常精神活动的症状和典型表现有哪些？如何正确分析、整理案例资料？
3. 如何运用沟通技巧，取得病人的合作？

【实训目的】
1. 通过临床见习和病例讨论，了解精神障碍的分类、掌握精神障碍的病因、理解精神症状的特点。
2. 在带教老师的指导下，通过沟通、观察正确判断病人出现的精神症状。
3. 培养学生良好的职业素质和行为习惯，注重人文关怀。

【实训准备】
1. 用物、环境准备　病例资料；环境安静舒适，光线适宜，必要时使用屏风。
2. 操作者准备　针对临床联系的精神病人情况做好相关知识的预习，明确见习目的。要求学生仪表端庄、衣帽整洁。
3. 病人准备　提前与当地精神病院或精神卫生科相关科室取得联系，有针对性地选取一些典型病例并说明本次实践的目的、方法、意义、大致所需时间，以取得医院支持及病人配合。

【操作流程及护理配合】
1. 学生每6～8人为一组，先由带教老师示范讲解，然后在带教老师的指导下接触病人，收集资料。没有见习条件的，可在实训室采用角色扮演进行模拟实践或病例讨论。
(1) 评估（病人、用物、环境），核对、解释，取得病人的配合。
(2) 协助病人采取自然放松的体位，面向操作者。
(3) 评估病人的精神障碍的病因、精神症状、文化背景、人格特征、社会支持系统等。
(4) 评估时注意以下语言和非语言沟通技巧：态度和蔼、距离恰当、语言清晰、语速适中、耐心倾听、真诚赞赏、合理共情等。
(5) 小组观察、讨论

1) 精神障碍的类型：①错幻觉的类型；②思维形式、逻辑障碍的类型；③妄想的类型；④情感、意志障碍的类型；⑤注意、记忆、定向力、自知力、智能障碍的类型。

2）精神障碍的病因、独特的精神症状、人格特征等。

3）和不同病人的沟通技巧。

（6）操作结束，礼貌告别病人，记录。

2. 各小组对收集到的病例资料进行整理分析，讨论观察到的病人精神障碍常见的症状，并归纳总结。

3. 带教老师巡回指导，指导学生规范操作。

【注意事项】

1. 接触病人整个过程要求语言通俗易懂，态度和蔼，沟通有效。

2. 尊重病人的人格，不要与病人争辩，保护病人的隐私。

【实训总结与评价】

实训结束后，学生以小组为单位汇报实施过程中的收获和体会。老师对实训进行点评、总结、评价护生实践的效果。

【实训作业】

1. 要求每位学生写出本次实践课后的体会。

2. 针对一些典型病例比较各种精神障碍的常见症状。

（陈依妮）

实训4　精神障碍病人的安全用药指导

精神障碍病人的安全用药指导是精神科临床护理工作的重要内容之一，在护理过程中，一方面要求护士能够做到安全、有效的用药，另一方面要求护士与病人加强沟通来提高病人的服药依从性。从而有利于病人的痊愈与康复。

任务引领

王先生，男，38岁。1年前工作压力大，出现情绪低落，整天闷闷不乐，无愉快感，感到"心里压抑，高兴不起来。" 2周前与同事为工作之事产生分歧，发生争执后症状逐渐加重。近日整天悲观绝望，郁郁寡欢，称自己无能力、无作为。伴有阵阵心慌不适，注意力不易集中，记忆力明显下降，食欲下降，睡眠差，早醒，有自杀倾向。

1. 该病人是哪类精神疾病？使用何种药物治疗？

2. 该药物治疗时的常见不良反应、注意事项及护理措施有哪些？

3. 如何提高病人的服药依从性？

【实训目的】

1. 通过病例讨论，了解精神疾病常用的药物，理解药物治疗的适应证、禁忌证，掌握药物治疗过程中的注意事项，提高病人服药的依从性。

2. 在老师的指导下，通过具体的护理操作掌握精神障碍病人的安全用药指导。

3. 培养学生良好的职业素质和行为习惯，注重对精神障碍病人的人文关怀。

【实训准备】

1. 用物准备　常用精神药物，肌内注射、静脉注射、鼻饲常用护理用物等。

2. 操作者准备　针对临床联系的精神病人情况，做好相关知识的预习，明确见习目的。要求操作者仪表端庄、衣帽整洁。

3. 病人准备　选取一例典型病例并说明本次实践的目的、方法、意义、大致所需时间，以取得医院支持及病人配合。

【操作流程及护理配合】

1. 学生每 6～8 人为一组，先由老师讲解病例，然后在老师的指导下接触病人，收集资料，指导安全用药。没有见习条件的，可在实训室采用角色扮演进行模拟实践。

（1）评估（病人、用物、环境）、核对、解释，取得病人的配合。

（2）协助病人采取自然放松的体位，面向操作者。

（3）评估病人病情、文化背景、人格特征、服药能力、社会支持系统等。

（4）小组讨论并制定精神障碍病人安全用药指导计划。

（5）进行安全用药指导，内容如下。①向病人讲述服药的意义、目的及常见不良反应，列举实例，给予启发。②向病人讲解疾病知识、药理知识，告诉病人药物治疗是安全可靠的方法，药物的不良反应是可以适当调整的。③发动同种疾病康复期的病人，介绍自己配合治疗的成功经验，创造机会让他们直接交流，使病人尽快摆脱消极对抗心理，并认识到坚持服药的好处，打消他们思想上的顾虑。④讲解拒药、藏药的危害：增加病人的经济负担，影响治疗效果，医嘱用药不能准确服下，病人症状长时间得不到控制，延长了住院时间。⑤根据病人的藏药心理特点和藏药行为，做好心理护理和心理指导，对藏药的病人讲解药物知识，如为什么要服药，药物可能出现的副作用及正确处理方法，藏药的危害性等，使病人认识到服药的必要性。

（6）评估和健康指导时注意以下语言和非语言沟通技巧：态度和蔼、距离恰当、语言清晰、语速适中、耐心倾听、真诚赞赏、合理共情等。

（7）小组观察、讨论。

（8）操作结束，礼貌告别病人，记录。

2. 各小组对收集到的病例资料整理分析，讨论病人安全用药指导落实情况。

3. 带教老师巡回指导，指导学生规范操作。

【实训总结与评价】

实训结束后，学生以小组为单位汇报实施过程中的收获和体会。老师对实训进行点评、总结、评价护生实践的效果。

【注意事项】

1. 接触病人时整个过程要求语言通俗易懂，态度和蔼，沟通有效。

2. 尊重病人的人格，保护病人的隐私。

【实训作业】

1. 要求每位学生写出本次实训课后的体会。

2. 针对老师提供的病例写出具体的安全用药指导计划。

（冯艳华）

实训 5　阿尔茨海默症病人安全的护理

作为一名临床精神科护士，掌握对阿尔茨海默症（AD）病人安全的护理是最基础的要求，也是很重要的实践课题。

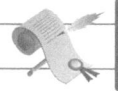

心理与精神护理

王奶奶，78岁，已婚，汉族，大学文化，离休干部，育三子一女，老伴健在。于2009年无明显诱因出现精神失常，敏感多疑，常疑心保姆偷她的东西，逐渐发展为疑心老伴偷她的钱，在家骂人，要辞退保姆。家人劝说后能听从，此期间生活尚可自理，无明显记忆衰退表现。2015年底，病人病情加重，天天哭闹，家无宁日。坚信老伴和保姆有不正当关系，且在外面有外遇，闹着要离婚。期间，病人凭空听见声音议论她，说"你老了，没用了，你丈夫喜新厌旧，小心你丈夫害你"。故病人不吃保姆或老伴做的饭，认为里面有毒。病人记忆力越来越差，常把事情发生的时间记错，记不住自己的出生日期，也想不起自己是什么时候结婚的。2016年初，首次入住精神病医院，诊断为阿尔茨海默症。病人入院表现情绪激动，不承认自己记忆力有问题。

1. 如何对王奶奶及家属开展健康宣教？
2. 如何实施阿尔茨海默症病人的安全护理？

【实训目的】

1. 通过临床见习和病例讨论，了解阿尔茨海默症病人的精神症状和心理状态。
2. 在带教老师的指导下，掌握对阿尔茨海默症病人的安全护理、基础护理、心理护理和健康教育的方法。
3. 培养学生良好的职业素质和行为习惯，注重对病人的人文关怀。

【实训准备】

1. 用物、环境准备 病例资料、住院/家庭安全评估项目表、笔；环境安静舒适，光线适宜，必要时使用屏风。
2. 操作者准备 针对临床联系的病人情况，做好相关知识的预习，明确见习目的。要求操作者仪表端庄、衣帽整洁。
3. 病人准备 提前与当地精神病院或精神卫生科相关科室取得联系，有针对性的选取一些典型病例并说明本次实践的目的、方法、意义、大致所需时间以取得医院支持及病人配合。

【操作流程及护理配合】

1. 学生每6～8人为一组，先由带教老师示范讲解，然后在带教老师的指导下接触病人，收集资料，实施安全护理。没有见习条件的，可在实训室采用角色扮演进行模拟实践。

(1) 评估（病人、用物、环境）、核对、解释，取得病人的配合。

(2) 协助病人采取自然放松的体位，面向操作者。

(3) 评估AD病人的病情、文化背景、安全环境、人格特征、确保自身安全的能力、社会支持系统等。

(4) 进行住院/家庭安全项目的评估，见实训表5-1。

(5) 小组讨论并制定AD病人安全护理计划。

(6) 实施AD病人安全护理

1) 服药安全：要认真仔细检查，以防积存药物错服、误服。病人所服的药品要代为妥善保管，送服到口。

实训指导

实训表 5-1 住院/家庭安全评估项目

项目	是	否
1. 地板是否防滑、有扶手？	1	2
2. 是否对病人吸烟有良好的看护（如收好打火机、火柴）？	1	2
3. 卫生间有保护装置（如安全扶手、防滑垫）吗？	1	2
4. 房间、用物是否贴有标签？	1	2
5. 病人是否可以安全散步？	1	2
6. 热水的温度是否太高？	1	2
7. 是否将药品、洗涤用品及刀、剪等尖锐物品保管好？	1	2
8. 房间照明是否足够消除黑暗带来的恐慌？	1	2
9. 是否有什么东西（如相片、镜子等）让病人感到恐慌？	1	2
10. 病人是否穿着鲜明的衣服，并标有姓名、病房及电话号码等？	1	2

2）防损伤的安全：对于刀剪、体温表、缝衣针及剧毒药品应严格交班，发现遗失应及时查清。禁止病人单独使用刀、剪等危险物品。

3）洗澡安全：照顾者在病人洗澡时，要把淋浴器或水温调至 37℃ 以下，以免烫伤病人。

4）潜在危险：不要让病人独自使用煤气和热水器等电器，以免发生煤气中毒、火灾等意外。不要让病人独自留在厨房，电器用过后把电器钮盖住或拔掉电源。病人的日常生活用品，应放在其看得见和找到的地方。把火柴、药、热水瓶、电源及刀、剪等危险品放在安全、不容易拿到的地方。

5）走失的预防：为病人制作写有姓名和联系电话的安全卡，放在口袋内；或手腕部戴上写有家人联系方式的黄手环；或戴有防止走失的感觉器，以防病人迷路。

6）呛咳和呛噎的处理：当病人吃东西时会忘记咀嚼，将食物下咽发生呛咳。出现呛咳时，护理者应扶托病人使其弯腰低头，下颌靠近胸部，在肩胛骨之间快速连续叩击，使食物残渣咳出。当病人发生呛噎时，病人不能呼救，可从病人涨红的面容和痛苦、慌乱的表情中得到提示。这时不要惊慌，可按海氏急救法排除梗阻气道的食物。

（7）评估和健康指导时注意以下语言和非语言沟通技巧：态度和蔼、距离恰当、语言清晰、语速适中、耐心倾听、真诚赞赏、合理共情等。

（8）小组观察、讨论。

（9）操作结束，礼貌告别病人，记录。

2. 各小组对收集到的病例资料整理分析，讨论病人安全护理落实情况。

3. 带教老师巡回指导，指导学生规范操作。

【实训评价】

实训结束后，学生以小组为单位汇报实施过程中的收获和体会。带教老师点评、总结、评价护生实践效果。

【注意事项】

1. 接触病人整个过程要求语言通俗易懂，态度和蔼，沟通有效。

2. 尊重病人的人格，保护病人的隐私。

【实训作业】

1. 要求每位学生写出本次实训课后的体会，提出对阿尔茨海默症病人安全护理的操作规范。

2. 课后收集典型病例，归纳典型症状和安全护理措施。

（牛　利）

实训6　抑郁症病人的健康教育

抑郁症病人经常伴随非常极端的思维和极端的行为，严重危害到他人或自身的健康，不能进行正常的人际交往和工作。对抑郁症病人开展健康教育，不但可以尽快的帮助病人改善症状，提高病人的自我护理能力，而且纠正其错误认知，消除不健康心理或行为，维护身心健康。

任务引领

王阿姨，61岁，初中文化，已婚，退休教师，失眠，情绪低落2个月，伴有想死的念头3天。由丈夫和弟弟陪同就诊。自我陈述：退休后，觉得无聊、烦躁，对什么事都没兴趣。每天丈夫出门后就担心这一天该怎么过，他下班后会好些。晚上只睡2小时左右，记忆也越来越差。越想越觉得自己没用，再这样下去会害了家人，所以我想死了算了（哭泣）。丈夫反映：妻子刚退休时还能勤快地做家务，但2个月前出现闷闷不乐，做事没精神，说话反应慢。人越来越瘦，吃饭没胃口，还说胸口被东西堵住了，性生活也明显减少。近2～3天特别厉害，她饭也不做了，还说活着没意思。今天早上发现她正在系绳子准备上吊，说不想活了。

1. 案例中王阿姨最主要的护理问题是什么？
2. 如何对王阿姨进行健康教育？
3. 如何与抑郁症病人进行有效的沟通？

【实训目的】

1. 通过实践学会采集、整理分析病人资料，制订抑郁症病人健康教育护理计划，正确有效地实施健康教育。

2. 在带教老师的指导下，学会通过沟通、观察正确识别病人出现的自杀倾向，阻断病人的负向思考。

3. 培养学生良好的职业素质和行为习惯，以极大的耐心和爱心去关心、理解和支持抑郁症病人。

【实训准备】

1. 用物、环境准备　病例资料、自杀风险评估量表（NGASR）、笔；环境安静舒适，光线适宜，必要时使用屏风。

2. 操作者准备　针对临床联系的病人情况，做好相关知识的预习，明确见习目的。要求操作者仪表端庄、衣帽整洁。调整好语音和语调，控制语速，以便掌控谈话内容，进行有效的交流。

3. 病人准备　提前与当地精神病院或精神卫生科相关科室取得联系，有针对性的选取一些典型病例并说明本次实践的目的、方法、意义、大致所需时间以取得医院支持及病人配合。

【操作流程及护理配合】

1. 学生每 6～8 人为一组,先由带教老师示范讲解,然后在带教老师的指导下接触病人,收集资料,实施健康教育。没有见习条件的,可在实训室采用角色扮演进行模拟实践。

(1) 评估(病人、用物、环境)、核对、解释,取得病人的配合。

(2) 协助病人采取自然放松的体位,面向操作者。

(3) 评估抑郁症病人的病情、文化背景、宗教信仰、心理防御方式、人格特征、社会支持系统等。

(4) 评估病人的自杀风险因素见实训表 6-1。

实训表 6-1　自杀风险评估量表(NGASR)

项目	是	否
1. 绝望感	1	2
2. 近期负性生活事件	1	2
3. 被害妄想或有被害内容的幻听	1	2
4. 情绪低落/兴趣丧失或愉快感缺乏	1	2
5. 人际和社会功能退缩	1	2
6. 言语流露自杀意图	1	2
7. 计划采取自杀行动	1	2
8. 自杀家族史	1	2
9. 近期亲人死亡或重要的亲密关系丧失	1	2
10. 精神病史	1	2
11. 鳏夫/寡妇	1	2
12. 自杀未遂史	1	2
13. 社会-经济地位低下	1	2
14. 饮酒史或酒精滥用	1	2
15. 罹患晚期疾病	1	2

量表评分标准:绝望感(+3)、近期负性生活事件(+1)、被害妄想或有被害内容的幻听(+1)、情绪低落/兴趣丧失或愉快感缺乏(+3)、人际和社会功能退缩(+1)、言语流露自杀意图(+1)、计划采取自杀行动(+3)、自杀家族史(+1)、近期亲人死亡或重要的亲密关系丧失(+3)、精神病史(+1)、鳏夫/寡妇(+1)、自杀未遂史(+3)、社会-经济地位低下(+1)、饮酒史或酒滥用(+1)、罹患晚期疾病(+1)。

上述 15 个条目量表根据加分规则得出总分,分数越高代表自杀的风险越高。≤5 分为低自杀风险;6～8 分为中自杀风险;9～11 分为高自杀风险;12 分为极高自杀风险。

(5) 小组讨论并制订抑郁症病人的健康教育计划。

(6) 根据评估情况对抑郁症病人及家属进行健康教育。

1) 讲解此病的基本概念及治疗前景,减轻病人紧张焦虑心理,给予心理支持,增强其治疗信心。

2）教会病人学会缓解心烦、焦虑的方法，如全身肌肉放松术、注意力转移法等。

3）讲解负性想法与情绪低落之间的恶性循环，指导病人学会"捕捉"和检验抑郁性的想法，并努力去寻找比较现实的或恰当的替代想法，采取行动，打破这种恶性循环。

4）讲解用药知识，药物治疗与心理治疗的关系，药物的性质、作用、副作用、服药时间、注意事项、减轻不良反应的方法等。

5）指导病人合理安排饮食、睡眠、适当参加体育锻炼，正确接受疾病而非排斥疾病。

（7）健康指导过程要求语言通俗易懂，态度和蔼，沟通有效。

（8）操作结束，礼貌告别病人，记录。

2.各小组对收集到的病例资料整理分析，讨论健康指导落实的情况。

3.带教老师巡回指导，指导学生规范操作。

【实训总结与评价】

实训结束后，学生以小组为单位汇报实施过程中的收获和体会。带教老师点评、总结、评价护生实践效果。

【注意事项】

1.接触病人整个过程要求语言通俗易懂，态度和蔼，沟通有效。应随时地经常对教育效果、预期目标进行评价，不断调整计划，改进方法，使健康教育体现出是一个连续的、动态的过程。

2.尊重病人的人格，保护病人的隐私。

【实训作业】

1.写出本次实践课后的体会。

2.课后收集典型病例，写出抑郁症病人的健康教育计划。

（王敏敏）

实训 7 精神分裂症病人的护患沟通

精神分裂症病人受到病情的影响失去了正常的生活方式，也不能适应各种生活环境，甚至会妨碍社会治安。有效的护患沟通可以增进护患之间的相互理解，让病人在接受治疗和护理的过程中体会到被尊重、被关爱，提高病人对护理人员的信任，使其能够正视现实，增强自信心和自尊心，促进心身康复。作为一名临床精神科护士，学会护患有效沟通是很重要的基本功之一，也是很重要的实践课题。

任务引领

郭女士，32岁，已婚，公司职员。近4个月上下班时，总感觉身后有人跟踪，图谋不轨，甚至还在其家中安装监视器。由于恐惧不安，常闭门不出，独自一人在家时，时而凭空听到有人议论如何谋害自己。曾多次拨打110报警，以寻求公安人员的保护。长时间来，郭女士的正常工作及生活受到极大影响，令其痛苦不堪，难以言表。平素性格内向、孤僻，朋友较少。查体：体格检查未见异常。入院精神检查：意识清晰，智力正常。可引出幻听、被害妄想及物理妄想等。诊断为"偏执型精神分裂症"。

1. 护士如何根据郭女士的病情进行护理评估？
2. 作为郭女士的责任护士，如何进行有效的护患沟通？

【实训目的】
1. 通过临床见习和病例讨论，学会对精神分裂症病人进行护理评估。
2. 在带教老师的指导下，学会与精神分裂症病人的护患沟通技巧，能对精神分裂症病人及家属进行健康指导。
3. 培养学生良好的职业素质和行为习惯，培养良好的护患沟通能力，树立"以病人为中心"的人文关怀理念。

【实训准备】
1. 用物、环境准备 病例资料；环境安静舒适，光线适宜，必要时使用屏风。
2. 操作者准备 针对临床联系的精神病人情况，做好相关知识的预习，明确见习目的。要求操作者仪表端庄、衣帽整洁。
3. 病人准备 提前与当地精神病院或精神卫生科相关科室取得联系，有针对性选取一些典型病例并说明本次实践的目的、方法、意义、大致所需时间，以取得医院支持及病人配合。

【操作流程及护理配合】
1. 学生每6～8人为一组，先由带教老师示范讲解，然后在带教老师的指导下接触病人，收集资料。没有见习条件的，可在实训室采用角色扮演进行模拟实践或病例讨论。
   (1) 评估（病人、用物、环境）、核对、解释，取得病人的配合。
   (2) 协助病人采取自然放松的体位，面向操作者。
   (3) 评估精神分裂症病人的病情、文化背景、宗教信仰、心理防御方式、病前人格特征、社会支持系统等。
   (4) 根据评估情况选择有效的护患沟通技巧
   1) 注意倾听，鼓励病人表达、宣泄情绪，说出真实感受和体验。讲话态度要专注而亲切，即使其注意力分散，也不要忽视病人。
   2) 讲话要缓慢、平和，内容要简明。如果要向病人提出问题，或吩咐做事，每次只能说一件事，否则就会使其无所适从。
   3) 经常用语言和行动来表达对病人的关怀与挚爱，有时谈谈对童年生活的回忆，或许可以创造一个比较愉快的气氛。
   4) 不论其在生活和工作中取得了多么微小的进步，都应加以鼓励，借此重建病人的自尊和自信，尽量避免抱怨和责备。
   5) 对于病人明显脱离现实的想法，不要试图去说服他，更不要同他争辩或嘲笑。
   6) 培养病人更多的兴趣爱好，适当地为其提供社交的机会，并鼓励其表达自己的喜怒哀乐。
   7) 与不同病人沟通，要选择不同的技巧：多疑敏感病人，交谈时保持一定距离，避免敏感话题且注重耐心；情绪低落、悲观病人，耐心开导，鼓励其倾诉内心的痛苦，用关切话语正确引导和转移，保护隐私；主动性差的病人，不随意打断谈话；情绪焦虑病人，待其情绪稳定后再交谈，使其感觉到痛苦被理解；病人康复出院时，指导出院后的继续治疗或回归社会，适应新的环境变化。

（5）护患沟通过程要求语言通俗易懂，态度和蔼，沟通有效。

（6）操作结束，礼貌告别病人，记录。

2. 各小组对收集到的病例资料整理分析，讨论沟通技巧的落实情况。

3. 带教老师巡回指导，指导学生规范操作。

【实训总结与评价】

实训结束后，学生以小组为单位汇报实施过程中的收获和体会。带教老师点评、总结、评价护生实践效果。

【注意事项】

1. 接触病人时注意态度和蔼、距离恰当、语言清晰、耐心倾听、共情等。

2. 尊重病人人格，保护病人隐私。

【实训作业】

1. 要求每位学生根据案例或临床见习病人，书写一份精神分裂症的健康指导计划。

2. 课后小组讨论本次实训课的体会，相互交流与精神分裂症病人的沟通技巧，收集典型的精神分裂症病例。

（汪永君）

附 录

一、气质问卷调查表

下面60道题可以帮助您大致确定自己的气质类型，在回答这些问题时，您认为：

符合自己情况的	记2分
比较符合的	记1分
介于符合与不符合之间的	记0分
比较不符合的	记-1分
完全不符合的	记-2分

1. 做事力求稳妥，不做无把握的事。
2. 遇到可气的事就怒不可遏，想把心理话全说出来才痛快。
3. 宁肯一个人干事，不愿很多人在一起。
4. 到一个新环境很快就能适应。
5. 厌恶那些强烈的刺激，如尖叫、噪音、危险的情境等。
6. 和人争吵时，总是先发制人，喜欢挑衅。
7. 喜欢安静的环境。
8. 善于和人交往。
9. 羡慕那种善于克制自己感情的人。
10. 生活有规律，很少违反作息制度。
11. 在多数情况下情绪是乐观的。
12. 碰到陌生人觉得很拘束。
13. 遇到令人气愤的事，能很好的自我克制。
14. 做事总是有旺盛的精力。
15. 遇到问题常常举棋不定，优柔寡断。
16. 在人群中从不觉得过分拘束。
17. 情绪高昂时，觉得干什么都有趣；情绪低落时，又觉得什么都没有意思。
18. 当注意力集中于一事物时，别的事很难使我分心。
19. 理解问题总比别人快。
20. 碰到危险情景，常有一种极度恐怖感。
21. 对学习、工作、事业怀有很高的热情。
22. 能够长时间做枯燥、单调的工作。
23. 符合兴趣的事情，干起来劲头十足，否则就不想干。
24. 一点小事就能引起情绪波动。
25. 讨厌那些需要耐心、细致的工作。
26. 与人交往不卑不亢。
27. 喜欢参加热烈的活动。
28. 爱看感情细腻、描写人物内心活动的文学作品。
29. 工作、学习时间长了，常感到厌倦。
30. 不喜欢长时间谈论一个问题，愿意实际动手干。
31. 宁愿侃侃而谈，不愿窃窃私语。
32. 别人说我总是闷闷不乐。

33. 理解问题长比别人慢些。
34. 疲倦时只要短暂的休息就能精神抖擞，重新投入工作。
35. 心理有话宁愿自己想，不愿说出来。
36. 认准一个目标就希望尽快实现，不达目的，誓不罢休。
37. 学习、工作同样长的时间后，常比别人更疲倦。
38. 做事有些鲁莽，常常不考虑后果。
39. 老师讲授新知识时，总希望他讲慢些，多重复几遍。
40. 能够很快地忘记那些不愉快的事情。
41. 做作业或做一件事情，总比别人花的时间多。
42. 喜欢运动量大的剧烈体育活动，或参加各种文艺活动。
43. 不能很快地把注意力从一件事转移到另一件事上去。
44. 接受一个任务后，就希望把它迅速解决。
45. 认为墨守成规比冒风险要强一些。
46. 能够同时注意几件事物。
47. 当我烦闷的时候，别人很难使我高兴。
48. 爱看情节起伏跌宕，激动人心的小说。
49. 对工作抱认真严谨，始终一贯的态度。
50. 和周围人们的关系总是相处不好。
51. 喜欢学习学过的知识，重复做自己掌握的工作。
52. 希望做变化大、花样多的工作。
53. 小时候会背的诗歌，我似乎比别人记得清楚。
54. 别人说我"出语伤人"，可我并不觉得这样。
55. 在体育活动中，常因反应慢而落后。
56. 反应敏捷，头脑机智。
57. 喜欢有条理而不甚麻烦的工作。
58. 兴奋的事常使我失眠。
59. 老师讲新概念，常常听不懂，但是弄懂以后就难忘记。
60. 假如工作枯燥乏味，马上就会情绪低落。

二、A型行为问卷

	是	否
1. 我常常力图说服别人同意我的观点	□	□
2. 即使没有什么要紧事，我走路也很快	□	□
3. 我经常感到应该做的事情很多，有压力	□	□
4. 我自己决定了的事，别人很难使我改变主意	□	□
5. 我常常因为一些事大发脾气，或和人争吵	□	□
6. 遇到买东西排长队时，我宁愿不买	□	□
7. 有些工作我根本安排不过来，只能临时挤时间去做	□	□
8. 我上班或赴约会时，从来不迟到	□	□
9. 当我正在做事，谁要是打扰我，不管有意无意，我都非常恼火	□	□
10. 我总看不惯那些慢条斯理、不紧不慢的人	□	□
11. 有时我简直忙的透不过气来，因为该做的事情太多了	□	□
12. 即使跟别人合作，我也总想单独完成一些更重要的部分	□	□
13. 有时我真想骂人	□	□
14. 我做事情喜欢慢慢来，而且总是思前想后	□	□

续表

	是	否
15. 排队买东西，要是有人插队，我就忍不住指责他或出来干涉	□	□
16. 我觉得自己是一个无忧无虑、逍遥自在的人	□	□
17. 有时连我自己都觉得我所操心的事远远超过我应该操心的范围	□	□
18. 无论做什么事，即使比别人差，我也无所谓	□	□
19. 我总不能像有些人那样，做事不急不慢	□	□
20. 我从来没想过要按照自己的想法办事	□	□
21. 每天的事情都使我的精神高度紧张	□	□
22. 在公园里赏花、观鱼等，我总是先看完，等着同来的人	□	□
23. 对别人的缺点和毛病，我常常不能宽容	□	□
24. 在我所认识的人里，个个我都喜欢	□	□
25. 听到别人发表不正确的见解，我总想立即就去纠正他	□	□
26. 无论做什么事，我都比别人快一些	□	□
27. 当别人对我无礼时，我会立即以牙还牙	□	□
28. 我觉得我有能力把一切事情办好	□	□
29. 聊天时，我也总是急于说出自己的想法，甚至打断别人的话	□	□
30. 人们认为我是一个相当安静、沉着的人	□	□
31. 我觉得世界上值得我信任的人实在不多	□	□
32. 对未来我有许多想法，并总想一下子都能实现	□	□
33. 有时我也会说人家的闲话	□	□
34. 尽管时间很宽裕，我吃饭也快	□	□
35. 听人讲话或报告时我常替讲话人着急，总想还不如我来讲哩	□	□
36. 即使有人冤枉了我，我也能够忍受	□	□
37. 我有时会把今天该做的事拖到明天去做	□	□
38. 人们认为我是一个干脆、利落、高效率的人	□	□
39. 有人对我或我的工作吹毛求疵时，很容易挫伤我的积极性	□	□
40. 我常常感到时间晚了，可一看表还早呢	□	□
41. 我觉得我是一个非常敏感的人	□	□
42. 我做事总是匆匆忙忙的，力图用最少的时间办尽量多的事情	□	□
43. 如果犯错误，我每次全都愿意承认	□	□
44. 坐公共汽车时，我总觉得司机开得太慢	□	□
45. 无论做什么事，即使看着别人做不好我也不想拿来替他做	□	□
46. 我常常为工作没做完，一天又过去了而感到忧虑	□	□
47. 很多事情如果由我来负责，情况要比现在好得多	□	□
48. 有时我会想到一些坏得说不出口的事	□	□
49. 即使受工作能力和水平很差的人所领导，我也无所谓	□	□
50. 必须等待什么的时候，我总是心急如焚，"像热锅上的蚂蚁"	□	□
51. 当事情不顺利时我就想放弃，因为我觉得自己能力不够	□	□
52. 假如我可以不买票白看电影，而且不会被发觉，我可能会这样做	□	□

续表

	是	否
53. 别人托我办的事，只要答应了，我从不拖延	□	□
54. 人们认为我做事情很有耐性，干什么都不会着急	□	□
55. 约会或乘车、船，我从来不迟到，如果对方耽误了，我就恼火	□	□
56. 我每天看电影，不然心里不舒服	□	□
57. 许多事情本来可以大家分担，可我喜欢一个人去干	□	□
58. 我觉得别人对我的话理解太慢，甚至理解不了我的意思似的	□	□
59. 人们说我是个厉害的暴性子的人	□	□
60. 我常常比较容易看到别人的缺点而不大容易看到别人的优点	□	□

三、90 项症状自评量表（SCL-90）

	无	轻度	中度	偏重	严重
1. 头痛	1	2	3	4	5
2. 神经过敏，心中不踏实	1	2	3	4	5
3. 头晕或晕倒	1	2	3	4	5
4. 头脑中有不必要的想法或字句盘旋	1	2	3	4	5
5. 对异性的兴趣减退	1	2	3	4	5
6. 对旁人责备求全	1	2	3	4	5
7. 感到别人能控制你的思想	1	2	3	4	5
8. 责怪别人制造麻烦	1	2	3	4	5
9. 忘性大	1	2	3	4	5
10. 担心自己的衣饰整齐及仪态的端正	1	2	3	4	5
11. 容易烦恼和激动	1	2	3	4	5
12. 胸痛	1	2	3	4	5
13. 害怕空旷的场所或街道	1	2	3	4	5
14. 感到自己的精力下降，活动减慢	1	2	3	4	5
15. 想结束自己的生命	1	2	3	4	5
16. 听到旁人听不到的声音	1	2	3	4	5
17. 发抖	1	2	3	4	5
18. 感到大多数人都不可信任	1	2	3	4	5
19. 胃口不好	1	2	3	4	5
20. 容易哭泣	1	2	3	4	5
21. 同异性相处时感到害羞不自在	1	2	3	4	5
22. 感到受骗，中了圈套或有人想抓您	1	2	3	4	5
23. 无缘无故地突然感到害怕	1	2	3	4	5
24. 自己不能控制地大发脾气	1	2	3	4	5
25. 怕单独出门	1	2	3	4	5
26. 经常责怪自己	1	2	3	4	5

续表

	无	轻度	中度	偏重	严重
27. 腰痛	1	2	3	4	5
28. 感到难以完成任务	1	2	3	4	5
29. 感到孤独	1	2	3	4	5
30. 感到苦闷	1	2	3	4	5
31. 过分担忧	1	2	3	4	5
32. 对事物不感兴趣	1	2	3	4	5
33. 感到害怕	1	2	3	4	5
34. 我的感情容易受到伤害	1	2	3	4	5
35. 旁人能知道您的私下想法	1	2	3	4	5
36. 感到别人不理解您,不同情您	1	2	3	4	5
37. 感到人们对您不友好,不喜欢您	1	2	3	4	5
38. 做事必须做得很慢以保证做得正确	1	2	3	4	5
39. 心跳得很厉害	1	2	3	4	5
40. 感到比不上他人	1	2	3	4	5
41. 恶心或胃部不舒服	1	2	3	4	5
42. 肌肉酸痛	1	2	3	4	5
43. 感到有人在监视您、谈论您	1	2	3	4	5
44. 难以入睡	1	2	3	4	5
45. 做事必须反复检查	1	2	3	4	5
46. 难以做出决定	1	2	3	4	5
47. 怕乘电车、公共汽车、地铁或火车	1	2	3	4	5
48. 呼吸有困难	1	2	3	4	5
49. 一阵阵发冷或发热	1	2	3	4	5
50. 因为感到害怕而避开某些东西,场合或活动	1	2	3	4	5
51. 脑子变空了	1	2	3	4	5
52. 身体发麻或刺痛	1	2	3	4	5
53. 喉咙有梗塞感	1	2	3	4	5
54. 感到对前途没有希望	1	2	3	4	5
55. 不能集中注意力	1	2	3	4	5
56. 感到身体的某一部分软弱无力	1	2	3	4	5
57. 感到紧张或容易紧张	1	2	3	4	5
58. 感到手或脚发沉	1	2	3	4	5
59. 想到有关死亡的事	1	2	3	4	5
60. 吃得太多	1	2	3	4	5
61. 当别人看着您或谈论您时感到不自在	1	2	3	4	5
62. 有一些不属于您自己的想法	1	2	3	4	5
63. 有想打人或伤害他人的冲动	1	2	3	4	5
64. 醒得太早	1	2	3	4	5

续表

	无	轻度	中度	偏重	严重
65. 须反复洗手、点数目或触摸某些东西	1	2	3	4	5
66. 睡得不稳不深	1	2	3	4	5
67. 有想摔坏或破坏东西的冲动	1	2	3	4	5
68. 有一些别人没有的想法或念头	1	2	3	4	5
69. 感到对别人神经过敏	1	2	3	4	5
70. 在商店或电影院等人多的地方感到不自在	1	2	3	4	5
71. 感到任何事情都很难做	1	2	3	4	5
72. 感到在公共场合吃东西很不舒服	1	2	3	4	5
73. 一阵阵恐惧或惊恐	1	2	3	4	5
74. 经常与人争论	1	2	3	4	5
75. 单独一人时神经很紧张	1	2	3	4	5
76. 别人对您的成绩没有作出恰当的评价	1	2	3	4	5
77. 即使和别人在一起也感到孤单	1	2	3	4	5
78. 感到坐立不安、心神不宁	1	2	3	4	5
79. 感到自己没有什么价值	1	2	3	4	5
80. 感到熟悉的东西变成陌生或不像是真的	1	2	3	4	5
81. 大叫或摔东西	1	2	3	4	5
82. 害怕会在公共场合晕倒	1	2	3	4	5
83. 感到别人想占您的便宜	1	2	3	4	5
84. 为一些有关"性"的想法而很苦恼	1	2	3	4	5
85. 认为应该因为自己的过错而受到惩罚	1	2	3	4	5
86. 感到要赶快把事情做完	1	2	3	4	5
87. 感到自己的身体有严重问题	1	2	3	4	5
88. 从未感到和其他人很亲近	1	2	3	4	5
89. 感到自己有罪	1	2	3	4	5
90. 感到自己的脑子有毛病	1	2	3	4	5

四、焦虑自评量表（SAS）

项目	没有或很少时间	少部分时间	相当多时间	绝大部分或全部时间
1. 我觉得比平时容易紧张和着急				
2. 我无缘无故地感到害怕				
3. 我容易心里烦乱或觉得惊恐				
4. 我觉得我可能将要发疯				
*5 我觉得一切都很好，也不会发生什么不幸				
6. 我手脚发抖打颤				
7. 我因为头痛、颈痛和背痛而苦恼				
8. 我感觉容易衰弱和疲乏				

续表

项目	没有或很少时间	少部分时间	相当多时间	绝大部分或全部时间
*9. 我觉得心平气和,并且容易安静坐着				
10. 我觉得心跳得很快				
11. 我因为一阵阵头晕而苦恼				
12. 我有晕倒发作,或觉得要晕倒似的				
*13. 我呼气、吸气都感到很容易				
14. 我手脚麻木和刺痛				
15. 我因胃痛和消化不良而苦恼				
16. 我常常要小便				
*17. 我的手常常是干燥温暖的				
18. 我脸红发热				
*19. 我容易入睡并且一夜睡得很好				
20. 我做噩梦				

注：标*者为反向记分

五、抑郁自评量表（SDS）

项目	没有或很少时间	少部分时间	相当多时间	绝大部分或全部时间
1. 我觉得闷闷不乐,情绪低沉				
*2. 我觉得一天之中早晨最好				
3. 我一阵阵哭出来或觉得想哭				
4. 我晚上睡眠不好				
*5 我吃得跟平常一样多				
*6. 我与异性密切接触时和以往一样感到愉快				
7. 我发觉我的体重在下降				
8. 我有便秘的苦恼				
9. 我心跳比平时快				
10. 我无缘无故的感到疲乏				
*11. 我的头脑跟平常一样清楚				
*12. 我觉得经常做的事情并没有困难				
13. 我觉得不安而平静不下来				
*14. 我对将来抱有希望				
15. 我比平常容易生气激动				
*16. 我觉得作出决定是容易的				
*17. 我觉得自己是个有用的人,有人需要我				
*18. 我的生活过的很有意思				
19. 我认为如果我死了别人会生活得好些				
*20. 平常感兴趣的事我仍然照样感兴趣				

注：标*者为反向记分

心理与精神护理教学大纲

(38课时)

一、课程性质和任务

《心理与精神护理》是中等卫生职业教育护理、助产专业一门重要的专业课程。《心理与精神护理》是护理学与心理学、精神医学相结合，将心理学和精神医学的知识、原理与技能运用于现代护理领域。本课程的任务是使学生初步学会应用护理程序对护理对象进行心理与精神的整体护理；掌握心理社会因素对人的心理、精神健康的影响；使学生明确心理、精神健康的重要性，培养学生良好的心理品质和健全的人格；培养学生运用心理学和精神科护理学的基本知识和技能去解决护理对象心理精神问题的职业能力；提高学生主动进行心理健康教育的意识和能力；使学生学会将心理与精神护理的基本知识和技能与临床实践相结合，提高全民的精神卫生水平，降低精神障碍的发病率。

二、课程教学目标

(一) 知识教学目标

1. 了解心理社会因素对健康的影响。
2. 熟悉人的心理现象及其规律。
3. 掌握护理心理学、精神科护理学的基本知识。
4. 掌握精神障碍的病因与常见症状。
5. 掌握精神分裂症、抑郁症、焦虑症、强迫症、癔症等精神疾病的护理。

(二) 能力培养目标

1. 具有与心理精神护理相关的社会人文知识的临床应用能力。
2. 具有应用护理程序为心理、精神疾病病人提供整体护理的专业能力。
3. 具有运用心理学知识对服务对象进行心理健康宣传教育的能力、与服务对象共情的能力。

(三) 素质教育目标

1. 加强职业道德修养、培养人际沟通能力和团结协作精神。
2. 培养严谨的学习态度、科学的思维能力和敢于创新的精神。
3. 培养良好的职业素质和行为习惯，注重人文关怀。
4. 培养良好的心理品质和健全的人格。

三、教学内容和要求

教学内容	教学要求			教学活动参考	教学内容	教学要求			教学活动参考
	了解	熟悉	掌握			了解	熟悉	掌握	
一、绪论				理论讲授 多媒体演示 小组讨论	(二)护理工作中的应激现象				
(一)概述					1. 护理工作中常见的应激源		√		
1. 心理与精神护理的基本概念			√		2. 护理工作中的应激对护理人员健康的影响			√	
2. 心理社会因素对健康的影响		√			3. 护理工作中应激的应对策略			√	
3. 心理健康的概念和标准			√		(三)心理危机干预				
4. 心理与精神护理中护士应具备的素质			√		1. 引起心理危机的常见原因		√		
(二)心理现象与心理实质					2. 心理危机干预的原则		√		
1. 心理现象		√			3. 心理危机干预技术		√		
2. 心理实质			√		四、心理评估与心理治疗				理论讲授 多媒体演示 小组讨论 案例分析 心理测评
二、心理过程与人格				理论讲授 多媒体演示 案例分析	(一)心理评估				
(一)心理过程					1. 心理评估的概念		√		
1. 认知过程			√		2. 心理评估应具备的条件		√		
2. 情绪和情感过程			√		3. 心理评估常用的方法			√	
3. 意志过程		√			4. 几种常用的评定量表			√	
(二)人格					(二)心理治疗				
1. 人格的概念和特征			√		1. 心理治疗的概念及原则			√	
2. 人格心理特征			√		2. 常用的心理治疗方法		√		
3. 人格倾向性			√		实训2:SCL-90、SAS、SDS量表测验	熟练掌握			技能实践
4. 自我意识			√						
5. 人格的形成与发展		√			五、病人的心理护理				理论讲授 多媒体演示 病例讨论 角色扮演
6. 常见的人格障碍			√		(一)心理护理概述				
实训1:气质类型问卷 A 型行为问卷调查分析	熟练掌握			技能实践	1. 心理护理的概念		√		
					2. 心理护理的原则			√	
三、心理应激与危机干预				理论讲授 多媒体演示 小组讨论 案例分析	(二)病人角色及心理需要				
(一)心理应激					1. 病人角色			√	
1. 心理应激的概念		√			2. 病人的心理需要			√	
2. 心理应激的过程			√		(三)不同年龄阶段病人的心理护理				
3. 心理应激对健康的影响		√			1. 儿童期病人的心理护理			√	
4. 应对策略			√		2. 青年病人的心理护理		√		
5. 应激相关障碍		√			3. 中年期病人的心理护理		√		

续表

教学内容	教学要求 了解	教学要求 熟悉	教学要求 掌握	教学活动参考	教学内容	教学要求 了解	教学要求 熟悉	教学要求 掌握	教学活动参考
4. 老年期病人的心理护理			√		1. 护理评估			√	护考练习
(四)不同病症病人的心理护理					2. 常见护理诊断/问题		√		
					3. 护理措施			√	
1. 急危重症病人的心理护理			√		(二)阿尔茨海默症病人的护理				
2. 慢性病病人的心理护理		√			1. 护理评估			√	
3. 手术病人的心理护理			√		2. 常见护理诊断/问题		√		
4. 传染病病人的心理护理		√			3. 护理措施			√	
5. 恶性肿瘤病人的心理护理			√		实训5:阿尔茨海默症病人安全的护理	熟练掌握			技能实践
六、精神障碍的基础知识				理论讲授 多媒体演示 情景教学 案例分析	九、心理因素相关生理障碍病人的护理				理论讲授 多媒体演示 角色扮演 案例分析 护考练习
(一)精神障碍的病因与诊断					(一)进食障碍病人的护理				
1. 精神障碍的病因		√			1. 护理评估		√		
2. 精神障碍的分类与诊断	√				2. 常见护理诊断/问题		√		
(二)精神障碍的常见症状					3. 护理措施			√	
1. 精神症状的特点		√			(二)睡眠障碍病人的护理				
2. 常见的精神症状			√		1. 护理评估		√		
实训3:精神障碍案例分析	学会			技能实践	2. 常见护理诊断/问题		√		
七、精神疾病的治疗与护理				理论讲授 多媒体演示 情景教学 分析讨论 护考练习	3. 护理措施			√	
(一)精神药物治疗与护理					十、心境障碍病人的护理				理论讲授 多媒体演示 角色扮演 案例分析 护考练习
1. 常用抗精神障碍药物		√			(一)躁狂症病人的护理				
2. 精神药物治疗的护理			√		1. 护理评估		√		
(二)电痉挛治疗与护理					2. 常见护理诊断/问题		√		
1. 概述	√				3. 护理措施			√	
2. 治疗过程及护理		√			(二)抑郁症病人的护理				
(三)心理治疗与护理					1. 护理评估		√		
1. 概述	√				2. 常见护理诊断/问题		√		
2. 心理治疗与护理		√			3. 护理措施			√	
(四)工娱治疗和康复治疗与护理					实训6:抑郁症病人的健康教育	学会			技能实践
1. 工娱治疗与护理			√		十一、神经症与癔症病人的护理				理论讲授 多媒体演示 小组讨论 案例分析 护考练习
2. 康复治疗与护理		√			(一)神经症病人的护理				
实训4:精神障碍病人的安全用药指导	学会			技能实践	1. 焦虑症病人的护理		√		
八、器质性精神障碍病人的护理				理论讲授 多媒体演示 小组讨论 案例分析	2. 强迫症病人的护理		√		
(一)谵妄综合征病人的护理					(二)癔症病人的护理				

续表

教学内容	教学要求			教学活动参考	教学内容	教学要求			教学活动参考
	了解	熟悉	掌握			了解	熟悉	掌握	
1. 护理评估			√		(二)精神分裂症病人的护理				
2. 常见护理诊断/问题		√			1. 护理评估			√	
3. 护理措施			√		2. 常见护理诊断/问题		√		
十二、精神分裂症病人的护理				理论讲授多媒体演示案例讨论护考练习	3. 护理措施			√	
(一)概述					实训7:精神分裂症病人的护患沟通	熟练掌握			技能实践
1. 概念		√							
2. 病因		√							

四、学时分配建议(38学时)

序号	教学内容	学时数		
		理论	实践	合计
1	绪论	2	0	2
2	心理过程与人格	6	1	7
3	心理应激与危机干预	3	0	3
4	心理评估与心理治疗	2	1	3
5	病人的心理护理	3	0	3
6	精神障碍的基础知识	3	1	4
7	精神疾病的治疗与护理	2	1	3
8	器质性精神障碍病人的护理	2	1	3
9	心理因素相关生理障碍病人的护理	2	0	2
10	心境障碍病人的护理	2	1	3
11	神经症与癔症病人的护理	2	0	2
12	精神分裂症病人的护理	2	1	3
	合计	31	7	38

五、教学大纲说明

(一)适用对象与参考学时

本教学大纲可供护理、助产等专业使用,总学时为38学时,其中理论教学31学时,实践教学7学时。

(二)教学要求

1. 本大纲对理论教学部分要求有掌握、熟悉、了解三个层次。掌握是指学生对《心理与精神护理》所学的基本知识和理论有深刻的认识,并能运用所学的知识综合分析和灵活解决护理实践中的实际问题。熟悉是指学生能运用逻辑思维和清晰的语言对所学的知识进行叙述和说明,并能在实践中应用。了解是指学生对所学基本知识有一定的认识，并能记忆和理解。

2. 本大纲对实践教学部分的要求有学会和熟练掌握两个层次。熟练掌握是指能够独立娴熟地进行正确的实践技能操作；学会是指能够在教师指导下进行实践技能操作。

（三）教学建议

1. 教师在教学过程中应采用现代多媒体教学技术、案例分析、讨论、角色扮演和见习参观等教学手段，使学生加深对教学内容的理解和掌握。充分发挥教师的主导作用和学生的主体作用。注意培养学生的人际沟通能力、分析问题和解决问题的能力等。教学中应注重理论联系实际，激发学生的学习兴趣。

2. 教师在教学过程中应强调重点、突破难点，并注重德育渗透。

3. 教学评价应通过课堂提问、布置作业、单元目标测试、案例分析讨论、实践考核、期中期末考试等多种形式，对学生进行学习能力、实践能力和应用新知识能力进行综合考核，以期达到教学目标提出的各项任务。

参考文献

白洪海，薛花.2008.医护心理学基础.第2版.北京：科学出版社
郭念锋.2009.心理咨询师（基础知识）.北京：民族出版社
郭延庆.2008.精神障碍护理学.长沙：湖南科学技术出版社
郭争鸣.2011.心理与精神护理.第2版.北京：高等教育出版社
郝伟.2004.精神病学.北京：人民卫生出版社
郝伟，于欣.2013.精神病学.第7版.北京：人民卫生出版社
姜小鹰，胡荣.2014.2015全国护士执业资格考试考点精编.北京：人民卫生出版社
雷慧.2012.精神科理学.郑州：郑州大学出版社
雷慧.2014.精神科护理学.北京：人民卫生出版社
李丽华.2008.心理与精神护理.第2版.北京：人民卫生出版社
李丽华.2014.护理心理学基础.北京：人民卫生出版社
李凌江.2002.精神科护理学.北京：人民卫生出版社
李轶.2011.心理学基础.北京：科学出版社
刘晨.2003.精神科护理学.北京：科学出版社
刘哲宁.2012.精神科护理学.第3版.北京：人民卫生出版社
陆斐.2002.心理学基础.北京：人民卫生出版社
马存根.2013.医学心理学与精神病学.第3版.北京：人民卫生出版社
钱明.2008.护理心理学.北京：人民军医出版社
沈丽华.2015.心理与精神护理.第3版.北京：人民卫生出版社
孙素珍，谢旭光.2008.心理与精神护理.郑州：河南科学技术出版社
覃远生.2013.精神疾病护理学.北京：人民卫生出版社
王丽君.2013.精神科护理学.上海：上海科学技术出版社
王荣俊.2010.精神科护理学.合肥：安徽科学技术出版社
许冬梅，杨立群.2014.精神科护理学.第2版.北京：清华大学出版社
薛萍.2006.精神科护理技术.南京：东南大学出版社
杨萍.2008.心理与精神护理.北京：人民卫生出版社
曾慧.2010.精神科护理.北京：高等教育出版社
张小燕，田连珍.2010.心理与精神护理.第2版.北京：科学出版社
张小燕，田连珍.2013.心理与精神护理.第2版.北京：科学出版社
张晓念.2013.精神科护理.上海：第二军医大学出版社
章虹.2014.护理心理学.北京：科学出版社
Peter Salmon.2007.实用医疗心理学.陈建国，蔡厚德译.北京：中国轻工业出版社

自测题参考答案

第1章
1. D 2. E 3. E 4. C 5. D 6. D 7. E 8. B 9. D 10. E 11. D 12. B 13. B
14. C 15. A 16. A 17. C 18. A 19. A 20. C

第2章
1. C 2. C 3. D 4. A 5. A 6. C 7. E 8. B 9. C 10. E 11. D 12. D 13. C
14. D 15. B 16. B 17. E 18. B 19. D 20. A

第3章
1. D 2. B 3. E 4. B 5. B 6. A 7. E 8. B 9. E 10. D 11. E 12. C 13. D
14. C 15. A 16. A 17. C 18. B 19. E 20. A

第4章
1. D 2. A 3. C 4. B 5. A 6. D 7. A 8. D 9. C 10. B 11. C 12. D 13. B
14. B 15. D 16. D 17. B 18. B 19. C 20. D

第5章
1. C 2. A 3. A 4. A 5. D 6. E 7. D 8. D 9. A 10. D 11. C 12. E 13. E
14. E 15. A 16. B 17. D 18. D 19. E 20. D

第6章
1. A 2. A 3. D 4. B 5. A 6. B 7. E 8. C 9. A 10. C 11. B 12. D 13. E
14. D 15. B 16. C 17. E 18. B 19. A 20. D

第7章
1. E 2. B 3. B 4. C 5. C 6. B 7. C 8. C 9. B 10. E 11. C 12. D 13. A
14. B 15. A 16. D 17. B 18. A 19. C 20. A

第8章
1. D 2. C 3. B 4. A 5. D 6. C 7. C 8. C 9. A 10. B 11. E 12. C 13. C
14. B 15. D 16. E 17. B 18. B 19. D 20. D

第9章
1. A 2. E 3. E 4. C 5. A 6. C 7. D 8. C 9. B 10. D 11. B 12. E 13. C
14. D 15. A 16. D 17. A 18. A 19. B 20. A

第10章
1. E 2. B 3. D 4. E 5. D 6. B 7. A 8. D 9. C 10. E 11. B 12. A 13. B
14. E 15. C 16. D 17. D 18. D 19. B 20. C

第11章
1. D 2. C 3. D 4. B 5. B 6. D 7. E 8. D 9. B 10. C 11. B 12. E 13. B
14. A 15. D 16. A 17. B 18. C 19. E 20. E

第12章
1. C 2. C 3. A 4. D 5. D 6. D 7. A 8. D 9. D 10. C 11. C 12. B 13. A
14. B 15. D 16. D 17. A 18. B 19. C 20. C